KB074697

나는 내 인생의 '리더'다

언터쳐블 '나'를 만드는 수업

『자기 브랜드 리더십』 개정증보판 ― 최혜림 지음

나는 내 인생의 '리더'다
언터쳐블 '나'를 만드는 수업

호연글로벌

감사의 글

자신의 존재감을 찾기 위해 만학을 결심,
뒤늦은 중년의 나이에 미국 유학에서 박사학위를 받기까지
물심양면 지원해 준 남편 박호식 씨와 늘 곁에서 용기를 주며,
엄마를 자랑스러워해 준 사랑하는 딸, 연희에게

그리고 공부를 더 하고 싶은 소박한 소원에서 시작되어 애정으로 돌볼 수 있는
학생들이 있고, 마음속에 그려 보았던 내 서재가 생기고,
꿈 속에서나마 조심스레 상상해 보았던 첫 책이 출간되기까지
끊임없이 가치 있는 삶을 향해 열정으로 달려가는
나 자신에게 이 책을 바칩니다.

공부에는 나이가 상관이 없다는 것, 그리고 얼마든지 잘할 수 있다는
용기를 드리기 위해 이 책을 썼습니다. 자신의 재능을 찾아
보다 나은 자신으로, 사회에 도움이 되는 사회 구성원으로
새롭게 거듭나고 싶어하는 분들께 이 책을 선사합니다.

마지막으로 자신의 어린시절 꿈을 회상하며
때로는 고민하고 좌절해도 늘 솔직한 심정으로
자신의 비전 설계를 설명해 주는 과정으로
나에게 깊은 감동을 준
'자기 브랜드 리더십' 수업 수강생 모두에게
진심어린 애정과 고마움을 표합니다.

"이 과목의 장점은 내 미래에 대해 정말 진지하게 고민해 볼 수 있는 시간을 가질 수 있다는 것이다. 모든 20대들이 미래 계획을 갖기 위해서 최선을 다하지만 바쁜 생활 속에서 따로 시간을 내서 미래를 계획하기가 힘들다. 하지만 이 과목에서는 주기적으로 오랜 기간 본인의 비전, 미션, 목표를 설계할 수 있다."

"이 강의의 가장 큰 장점은 '자기 브랜드'라는 목표 아래 자신에 대해 성찰할 수 있고 발전시킬 수 있으며, 꿈을 향해 나아가게 해 주는 힘을 준다는 것입니다."

"자기에 대해 완벽하게 알 수 있는 시간이었다. 강의 내용도 유익하고 계속 생각하게 되는 계기가 될 수 있는 점이 참 좋았다. 강의를 들으면서 학문적이라기보단 인간적으로 느끼는 것이 많았던 강의였다. 전인적인 교육이 목표인 교육이라면 꼭 필요한 강의라고 생각한다."

"매주 리더 역할을 번갈아 가면서 토론하는 방식, 그리고 교수님의 지루하지 않은 강의와 PPT 자료 등의 구성이 인상적이었습니다. 또한 리플렉션 페이퍼를 매주 쓰다 보니 자연스럽게 글쓰는 능력이 향상된 기분입니다. 전반적인 수업에서 교수님이 학생들을 아끼고 배려해 주시는 것이 느껴져서 한 학기 동안 감사히 수업을 들었습니다."

"대학교를 다닌 지 얼마 되지 않았지만 이렇게 학생들과 소통하고 열정적으로 수업에 임하는 분은 처음이었습니다. 또한 수업 외적으로도 피드백을 받을 수 있어서 너무 보람찬 수업이었습니다."

"자기 브랜드 리더십" 수업은 예상 외로 정말 자아 성찰 하는 수업이 되어서 좋았습니다. 교수님도 어머님 같은 느낌이 있어서 좋았습니다. 감사합니다."

"교수님의 수업을 들을 수 있어서 영광이었다. 이 강의를 통해 앞으로 나의 브랜드를 가져야 한다는 것을 깨닫고, 갭분석을 통해 나의 미래를 가져야 한다는 것을 깨닫고 나의 미래를 구체화할 수 있는 기회를 얻어 감사하다."

"무엇보다도 좋았던 점은 중간과 기말 평가 방식이 평가를 위한 것이 아니라 그것을 통해 얻을 수 있는 것이 있었다는 것입니다. 수업 내내 좋은 가르침 주셔서 감사합니다."

"대학에 들어와서 진짜 대학 강의답다고 느낀 강의입니다. 자신의 인생을 설계할 수 있는 강의, 정말 최고입니다. 교수님께서 학생들을 사랑하고 위하는 마음도 다 보입니다. 미래의 인재를 육성하겠다는 교수님의 힘찬 포부에 상응하는 강의입니다. 정말 큰 도움 받았습니다. 한 학기 동안 감사했습니다."

"자신이 대학생활에 회의를 느끼거나 무얼 해야 할지 모르겠다면 꼭 듣기를 추천한다. 강의를 통해 무언가를 배운다기보다는 앞으로 자신이 무얼 해야 하는지 어떻게 대학생활을 해야 하는지 알게 해 주고 스스로 생각할 시간을 갖게 해 주는 강의다. 이번 학기 강의 중 가장 좋은 강의였다."

"정말 대학교 들어와서 들었던 교양수업 중에서 최고의 수업이라고 생각합니다. 필수 교양으로 지정되면 좋겠습니다. 한 학기 동안 정말 수고 많으셨고 제가 제 자신에 대해 고민 많이 하게 해 주셔서 감사합니다."

"이 수업을 통해 제 꿈도 찾고 미래 설계도 해 보면서 저 자신의 브랜드를 확립할 만한 토대를 세운 것 같아요. 강의력 좋은 교수님과 교수님의 멋진 리더십 프로그램이 빛을 발한 과목입니다."

"자신을 발견하고 자신을 분석하고 자신을 어떻게 업그레이드해야 하는지, 전체적으로 나의 브랜드 가치를 높이기 위해서는 어떻게 시작해야 하는지 알려 주는 수업이었습니다."

"신선하고 새로운 수업이었다. 취준생들이 들으면 더 좋을 수업이지만 그렇다고 저학년들에게 필요없는 수업이 아니라 더 많은 도움이 되는 수업이었다. 조원들과 토론 발표 활동을 하며 좋은 인맥도 생겼고 교수님의 카리스마에 매번 반하는 시간이었다."

"보통의 강의와는 다른 색다른 방식의 수업과 평가가 이루어져서 신선했다. 학생이 주도적으로 참여할 수 있는 수업이어서 굉장히 즐거웠던 강의였다."

"수업이 쉬운 것 같으면서도 쉽지 않다. 활동 자체는 널널하고 쉽게 느껴지는데 하나하나 참여하고 마지막에 돌아보면 정말 많은 것을 했음이 느껴지는 수업이다."

"이 수업에서는 생각할 꺼리를 던져 주고 그것에 대해서 수업을 듣는 학생들과 토론할 수 있었던 것이 좋았다. 이 수업은 개선할 점이 없다. 완벽한 수업이었다."

※ 서강대학교 '자기 브랜드 리더십' 강의 평가 결과에서 발췌한 글입니다.

나에게 꿈은 있는가?

나는 이 책의 개정판을 쓰기 위해 사무실 구석 책상에 동떨어져 앉아 있다. 첫 장을 펼치니 미국 캘리포니아 LAX 공항 모습이 재현되면서 내 영상기 속의 11년 전 '나'의 모습이 연상된다. 그 당시 나는 내가 현재의 '나'(교수이자 작가이며 연구소 대표)가 되리라고는 상상도 하지 못했다. 나는 10년 만에 내가 조심스레 염원한 것을 모두 이룬 셈이다.

나는 2006년 7월 18일 대학에 입학하는 딸과 함께 미국으로 향했다. 커리어 경력이 전무한 46세 중년 주부가 만학의 꿈을 안고 유학을 간 것이다. 인간은 누구나 경험해 보지 않은 선택에 두려움을 느끼기 마련이다. 새로운 일에 도전한다는 것은 남보나 용감해서가 아니라 두려움을 극복할 정도로 절실했기 때문이다. 외국에서 공부를 해 본 적 없는 국내 토종파인 나는 오로지 공부를 더 해보고 싶다는 열망과 내 일생 후회하지 않을 선택이 될 거라는 의욕으로 유학 준비에 뛰어 들었다. 뒤늦은 나이에 새로운 인생을 준비하는 나에게 정말로 필요한 정보와 조언을 주는 사람은 없었다. 대다수 사람은 남들이 가지 않은 길에 대해 부정적이고 회의적이었고, 앞으로 펼쳐질 타국에서의 도전의 삶에 걱정해 주는 극소수의 지인들만 존재했다.

유학 가기 전에 다닌 한국외국어대학교 국제대학원의 한 미국인 교수님이 "너는 반드시 공부를 해야 하는 사람이고, 미국 가서도 아주 잘 할 거다."라고 말씀해 주셨다. 나는 그 교수님에게서 들은 "반드시", "아주 잘"이라는 단어를 곱씹으며 토플과 GRE 시험을 치렀고 원하는 캘리포니아 주립대학교(CalState LA) 석사과정에 무난하게 입학하게 되었다.

석사과정을 밟는 학생들 중에서 유일한 외국인이었고, 박사과정에서는 대만 친구와 나만이 외국인이었다. 나의 유학 생활은 언어와 문화의 갭으로 인해 결코 쉽지 않았다. 하지만 내 인생 최고의 지적 황금기였다고 해도 과언이 아니다. 박사과정 학생들의 평균 연령은 37세 정도였지만 내 자신이 최고령은 아니었다. 그 곳은 자신의 경력을 바탕으로 나이와 상관없이 성장의 삶을 도전하는 사람들로 학습 의욕이 큰 집단이었다. 4년간의 미국 유학 시절은 나의 정체성, 잠재력, 인생 철학과 비전을 생각해 볼 수 있었던 소중한 계기가 되었고, '누가 되어야 할 것인가(becoming)'에서 '내가 누구인가(being)'의 철학적 성찰에 집중할 수 있었던 자기 충만감(self-sufficiency)의 시기였다.

USC(서던캘리포니아대학교)의 교육학 박사과정의 코스에는 리더십(Leadership), 학습(Learning), 동기부여(Motivation), 다양성(Diversity)을 전공기초과목으로 수강하게 되어 있다. '다양성(Diversity)' 과목 첫 수업에서 교수님께서 하신 말씀이 아직까지도 내 뇌리 속에 남아 있다.

"박사란 최고의 엘리트층이기에 앞으로 사회를 위해 무엇을 할 것인가 고민하라. 그것이 바로 엘리트이며 너희들이 이곳에 있는 이유다."

교수님의 이 말씀은 나의 뒤통수를 때리는 것 같았다. 내가 한국에서 교육을 받을 때 어느 누구도 나의 재능과 실력이 사회를 위해 공헌해야 한다는 말을 해 주지 않았기 때문이다.

나는 내 인생의 '리더'다

엘리트란 특권 계급이 아닌 공헌 계급이어야 한다는 미국의 교육은 나에게 '가치'라는 중요한 단어를 내 가슴 속 깊이 새겨 준 셈이다.

우리 사회에서는 내가 누구이고 어떤 재능이 있는가를 고려하지 않은 채 사회적 지위와 안정된 직업에 초점을 맞추다 보니 대부분의 사람이 삶의 주체라기보다 타인의 관점의 틀 속에 자리잡은 삶의 객체로 살아간다. 내가 만나 본 한국 유학생들 중에서 자신이 진정으로 하고 싶은 일을 선택하여 유학 온 이는 거의 없었다. 유학은 자신이 추구하는 학문에 매진하기 위한 수단이고 전문성을 획득하기 위한 방법이어야 하며, 영어 습득은 단지 도구일 뿐이다.

2009년 즈음 USC 입학처에서 일하는 할리 퍼거슨(Holly Ferguson)이라는 동료에게 물어 본 적이 있다.

"그 많은 외국인 지원자 중에서 왜 나와 대만 친구 짐(Jim) 둘이 뽑혔을까? 너희 미국인들의 입학 사정 평가 기준은 무엇인지 알려 줘."

"우리의 입학 평가가 정확하다는 증거가 바로 너야. 나는 우리 전공생들 중에서 네가 가장 똑똑하다고 생각하거든." 할리 퍼거슨은 빙긋이 웃으면서 나에게 답하고는 바로 연이어 물었다.

"이번에는 내가 너한테 하고 싶은 질문이야. 이번 학기 의대에 입학한 한 한국 학생이 자신의 적성과 맞지 않아 다른 전공으로 바꾸고 싶은데 부모님 허락을 받지 못해 난감해 하며 상담을 하러 왔어. 왜 부모님이 반대하는 건데?"

나는 그의 예상치 못한 질문에 말문이 막혀 제대로 답변하지 못했다.

어떻게 들어간 의대인데 어느 부모가 적성에 맞지 않는다고 쉽사리 그만두라고 할 것인가? 우리에게는 타인의 기준과 규범에 따른 비자발적 계획만이 존재해 왔고, 자유롭게 인생의 꿈을 꿀 자유가 허용되지 않아 왔다.

나는 미국에서의 경험을 바탕으로 한국에 돌아와서 확신하게 된 점이 있다. 학업이란 자아실현을 통한 성장과 행복 구현에 목적을 두어야 한다는 참된 진리 말이다. 자기 주도성을 가지고 도전하고 성장하는 비전을 가진 한국 청년들을 육성하기 위한 내 꿈의 열망은 나이 50세에 시작된 셈이다.

꿈을 그리는 자만이 꿈을 만난다

한번 주변을 돌아보라. 그리고 주변의 사람들에게 "당신의 꿈은 무엇입니까?"라고 한번 물어 보라. 당신은 꿈을 가지고 살지 않는 많은 사람들의 숫자에 한번 놀랄 것이요, '꿈'이라는 단어에 대한 그들의 냉랭함에 다시 한번 놀랄 것이다. 나라를 다스리는 대통령을, 세계를 누비는 외교관을, 세계적인 발명가를 꿈꾸어 왔던 동심의 꿈은 성인이 되어서 어느새 슬그머니 사라져 버리고 만다. 어쩌면 우리나라 어린이들의 꿈이 혹은 부모님들이 우리 자녀들에게 거는 기대가 소위 일류대일지도 모른다. 본인이 꿈꾸던 일류대나 원하던 대기업의 직장을 성취하고 나서 또 다른 새로운 꿈을 가슴에 품는 자는 또 몇 명이나 될까? 우리는 그러한 꿈들이 성취되지 않았을 경우에 자칫 패배감에 사로 잡히기 쉽다. 그래서 우리들은 인생의 최종 꿈이란 이룰 수 없는 특정인의 비현실적인 몽

나는 내 인생의 '리더'다

상이거나 혹은 위대한 인물들의 자서전에나 나옴직한 그럴싸한 스토리 텔링으로 여기기도 했다.

　　"나에겐 꿈이 있습니다. 언젠가는 조지아의 붉은 언덕에서 옛 노예들의 자 손과 옛 노예주들의 자손이 함께 형제처럼 살게 되리라는 꿈입니다."

　　미국 인종차별 철폐를 위한 청사진을 보여 준 마틴 루터 킹(Martin Luther King Jr.), 누구나 가질 수 있는 값싼 자동차를 만드는 것이 꿈이었던 자동차의 왕 헨리 포드(Henry Ford), 값싼 컴퓨터를 대중에게 전파하는 것 이 꿈이었던 스티브 잡스(Steve Jobs), 에너지 절약과 자연 보호, 이를 통해 아이들이 자라날 세상에 좋은 영향을 주는 것이 최종의 꿈인 제임스 카 메론(James Cameron) 감독의 꿈은 우리가 어릴 적 꿈꾸었던 대통령, 의사, 판사, 외교관, 현재는 공무원과 교사와는 뭔가 다르다는 것을 발견하게 된다.

　　우리 사회는 6·25전쟁 이후 국가적으로는 경제 건설이, 개인적으로는 경제적 안정이 최우선시되었고, 따라서 인생의 꿈을 집안의 기대와 외 부적인 시선에 중점을 둔 인정받는 직업과 높은 지위에 국한시켜 온 것 이 사실이다. 따라서 진정으로 자신의 일을 사랑하고 사회에 헌신할 수 있는, 보다 개인적이면서도 한편으로 원대한 인생의 최종의 꿈을 품는 리더의 양성에는 소홀한 감이 있어 왔다. 리더십의 근간은 자신을 알고, 개발하여, 행동으로 발전시키는 여정이라고 생각한다.

　　"당신은 살아가면서 자신의 우주를 창조한다."라고 말한 윈스턴 처칠 (Winston Churchill)의 말처럼 리더가 되는 사람은 자신의 삶의 주체이며 자신의 인생 항로에 책임을 지는 사람이다.

> 가장 빛나는 별은
>
> 아직 발견되지 않은 별이고
>
> 당신 인생의 최고의 날은 아직 살지 않은 날이다.
>
> 스스로에게 길을 묻고 스스로 길을 찾아라.
>
> 꿈을 찾는 것도 당신,
>
> 그 꿈으로 향한 길을 걸어가는 것도 당신의 두 다리.
>
> 새로운 날들의 주인도 바로 당신이다.
>
> ─토마스 바샵, 『파블로 이야기』

나는 내 인생의 리더인가?

21세기 새로운 패러다임의 시대를 열면서 리더십의 부재 및 리더의 필요성이 대두되고 있다. 리더십을 주제로 하는 책이 해마다 무더기처럼 쏟아져 나오고 있으며, 초등학생부터 일반 사회인들까지 리더십 교육 프로그램이 대유행처럼 번져가고 있다. 리더십을 온전히 교육할 수 없을지 모르지만, 리더십은 스스로 얻을 수 있다. 시대와 장소 그리고 문화에 따라 리더의 개념이 다를 수는 있다. 하지만 리더십은 공식이 있는 것이 아니며, 자신만의 리더십을 자신의 학습과 경험에 의해 발전시킬 수 있다.

리더는 타고난 것만으로는 부족하다. 다양한 교육과 경험을 통한 끊임없는 깨달음과 자기 성찰을 통해 리더십은 성장하고 개발된다. 리더가 되는 첫번째 조건은 가슴 뛰는 삶을 위한 꿈의 발견이다.

『근사록(近思錄)』에서는 "꿈이 지나치게 크면 심신이 지치고, 능력이 부족하여 일이 버거우면 일을 그르친다."라고 하였다. 자아실현을 하는 첫 번째 삽질은 자신을 아는 것이다. 즉 자신의 환경과 능력 및 자질을 아는 것이요, 자신의 장점과 단점, 자신만의 매력을 파악하는 것이다. 두 번째 는 장점을 살리고 단점을 보완하여 더 나은 자신이 되려고 노력하는 자세다. 세 번째는 목표를 향해 일단 시도하는 것이다. 남들에 비해 부족한 학력이나 재력으로 좌절하고, 내가 실패한다면 하는 부정적인 생각에 사로잡히고, 남들이 나를 어떻게 생각할까 불안에 떤다면, 아무 일도 해 낼 수가 없다.

신에게 무슨 일이
'생기길' 기다리지 말고,
뛰어나가 일을 저지르십시오.
최상의 삶, 당신이 가슴 깊은 곳에서부터
강렬히 원하는 삶은 오직 당신의 '선택', '확신',
그리고 '행동'에 의해서만 현실화됩니다.
당신이 처해 있는 현재의 상황이 아무리 힘들어도,
당신은 매일 매일 당신이 가진 꿈을
조금이라도 키워줄 수 있는
선택을 할 수 있습니다.
        − 스튜어트 에이버리 골드, 『Ping! 열망하고, 움켜잡고, 유영하라』

고유의 운명을 창조하라(Create Your Own KISMET)

　나는 나의 교육 프로그램 중 가장 중요한 과목은 '자기 브랜드 리더십' 수업이며, 중요한 리더십 덕목 하나를 꼽으라고 한다면 '비전'이라고 말한다. 우리 사회에서 세상을 유익하게 할 리더가 없는 대표적인 이유는 비전 없는 삶에 있다. 자기 자신을 알고 자신이 되지 못하는 사람은 인생의 비전이 없을뿐더러 조직의 비전을 창조하고 공유하기 어렵다. 자신의 비전을 몸소 실천해 보지 않은 사람이 어떻게 조직원들에게 비전을 설득할 수 있을 것인가?

　리더란 자신을 경영하고 훈련하여 더욱 나은 사회의 구성원이 되는 것이지만, 자신의 비전이 명예와 직위보다는 보다 가치 있고 의미 있는 방향성에 초점이 맞추어져야 한다. 가치 있는 삶이란 타인을 배려하는 일이고, 조직 공동체와 국가, 크게는 인류에 대한 애정이 있어야 한다. 우리의 젊은이들이 똑똑하나 실력은 없고 인재는 있으나 리더는 없다고 한다. 우리의 교육이 자기 자신만 바라보는 엘리트 교육, 깊은 사고보다는 단답적 사고, 사유를 통한 몰입보다는 많은 과목을 몰아서 암기하는 시험 보기용 연습에 매달려 있다. 단 한 번의 실수로도 소위 일류대의 진학에 실패할 수 있는 경쟁적인 사회에서 또한 지나친 스펙 관리와 취업 준비의 대학이라는 상아탑에서 어쩌면 나의 이러한 비전 있는 삶에 동의하지 않는 사람들이 있을지도 모른다.

　나의 리더십 교육은 자신의 장점을 동기화하여 자신의 인성과 능력을 정점화하고 건설적이며 미래 지향적인 비전을 창출하는 데 목표를 두고 있다.

　니체는 "도전이란 나 이외의 다른 대상에 대한 도전이 아니라 나 자신에 대한 도전이다."고 했다. 나의 KISMET 이론은 깨우침에 바탕을 두고 있다. 자신을 재발견하는 일이며, 재창조하는 일이다. 남이 사는 방식대로 하루하루 그냥 살아가는 것이 아니라 자신의 삶을 보다 풍요롭게 만드는 지표다.

Know yourself 너 자신을 알라.

Initiate action to be a leader 리더가 되게 하라.

Schedule your vision 비전을 위한 목표를 계획하라.

Manage yourself 너 자신을 경영하라.

Engage your motivation 동기부여하라.

Train yourself to be a leader 리더가 되도록 네 자신을 훈련하라 .

우리 사회는 보다 훌륭한 모범이 되는 많은 리더의 출현을 기다리고 있다. 셀프 리더십을 갖춘 구성원이 많은 사회는 성숙한 사회다. 개인적으로는 보다 자기다운 삶을 영위하는 일이다. 셀프 리더는 끊임없이 자기계발에 몰두하는 사람들이다.

『법구경』에는 "녹은 쇠 속에서 나와 쇠를 먹어 버린다."라는 말이 나온다. 노력하지 않는 삶은 인간을 도태시킨다. 자신의 고정 관념과 습관을 바꾸는 일이 쉽지는 않지만, 자신이 노력하고 인내한다면 반드시 성취된다고 믿는다. 장 폴 샤르트르(Jean Paul Sartre)는 "인생은 B(birth)와 D(death) 사이의 C(Choice)다."라고 말했다. 즉 인생이란 탄생에서 죽음까지 어떠한 삶을 살 것인가에 대한 본인의 선택일 뿐이다.

나는 우리의 젊은이들이 진정으로 자신이 잘하는 강점을 찾아 자신을 경영하며, 보다 멋진 미래의 비전을 향해 전진해 주길 원한다. 그리고 우리의 지도자들이 이러한 젊은이들이 꿈과 희망을 갖도록, 도전과 창업이 가능한 사회가 되도록 도와주길 바란다. 나는 우리나라의 젊은이들이 행복한 리더가 되기를 바란다. 행복해지려면 자기 정체성을 확립하여 자기주도적 행복을 추구해야 한다. 또한 국가와 정부가 '나'를 위해 무엇을 해 줄 것인가만 바라지 말고 내가 사회와 공동체를 위해 무엇을 할 수 있을까를 고민해 보길 바란다.

사람들이 잘못 알고 있는 점이 있다. 세상에서 소위 성공한 사람들은 모두 능력 있고 자신감 있으며 실패를 모르는 사람일 거라고 추측하는 것이다. 그들은 자신의 재능을 알고, 잠재력을 성장 발전시켜 나갔으며, 두려움과 외로움을 이겨내는 고통 속에서 실패를 극복하고 도전했다. 자기 자신에게 한계를 두지 말고, 보다 원대한 꿈을 꾸기를 바란다. 자신이 꾸는 꿈의 질량만큼 더 높이 성장한다.

마크 저커버그(Mark Zuckerberg)는 하버드대학교 2017년 졸업 축사에서 자신의 인생 목적은 모든 사람이 사명감을 갖게 되는 세상을 만드는 일에 기여하는 일이라고 말했다. 그의 연설 요지는 세상이 필요로 하는 사명에 헌신하는 일 그리고 그 일을 돕는 일이 우리 세대의 사명감이고 목적임을 강조했다. 그는 자신이 좋아하는 존 F. 케네디(John F. Kennedy) 전 대통령이 NASA 연구소를 방문한 일화를 소개했다. 케네디 전 대통령은 빗자루를 들고 청소하는 청소원에게 무슨 일을 하느냐고 물었다.

"저는 인류를 달에 보내는 일을 돕습니다."

나는 내 인생의 '리더'다

목적의식이란 우리 모두가 세상에 필요한 존재이며, 미래의 가치를 생각하는 삶이다. 마크 저커버그의 사명감은 '세상의 사람들을 연결시키는 일'이다. 그의 신념의 결실이 페이스북이다. 그의 사명감은 거기에 멈추지 않았고, 재단을 만들어서 청년들의 창업 꿈을 지원하는 역할을 하고 있다. 그는 각 세대가 공동의 과업이 있었던 것처럼 우리 세대 역시 함께 공동으로 협력하여 더 좋은 세상을 만들고, 더 나은 환경을 다음 세대에 물려주어야 할 사명이 있다는 점을 역설했다.

우리 시대가 해야 할 위대한 과업은 무엇일까? 나는 내 수업을 들은 사람들이 타인의 꿈의 실현을 돕는 일, 누군가를 행복하게 만들어 주는 일, 더 좋은 교육환경을 만드는 일, 더 나은 사회를 만들기 위한 생산활동에 이바지하는 일, 자연 환경을 지키는 일, 사회정의를 실현하는 일, 평화에 이바지하는 일을 꿈의 과업으로 여기면 좋겠다. 언젠가 우리나라에서도 마크 저커버그와 같은 멋진 청년 리더들이 상당히 많이 배출되기를 기대해 본다.

우리는 이제 리더에 대한 개념부터 다시 정의해 보아야 한다. 리더는 본인의 삶을 개척하고 정복한 사람이며 다른 사람의 삶에 선하고 긍정적인 영향을 끼치는 사람이다. 대한민국의 젊은이들이 자신만의 브랜드를 창출하여 사회와 국가 인류에 공헌하는 멋진 리더의 삶을 선택하고 또한 그 길에 도전하여 주기를 바란다. 리더는 타고난 것이 아니라 깨닫고, 고민하고, 통찰하며 실천할 때 새롭게 재창조된다.

2018년 1월
최혜림

나는 언터쳐블(Untouchable)한가?

> "아버지께서는 평생 한 가지 일만 하셨다. 나는 평생 여섯 가지 일을 할 것
> 이고, 내 자녀는 동시에 여섯 가지 일을 할 것이다."
>
> —로빈 체이스, 집카 창업자

자기 브랜드

브랜드란 말은 상표, 즉 트레이드 마크다. 기업에서 브랜드를 만들고
개발하는 목적은 타 회사의 제품과 구별시키는 인지도의 목적이자 소
비자의 상표 충성도(brand loyalty)를 참조하기 위함이다. 브랜드의 중요성이
강조되고 있다. 최근에는 기업 가치를 결정하는 요인이 유형자산에서
무형자산으로 바뀌고 있다. 브랜드의 인지도는 기업의 경영 성패와 기
업 이미지에 깊게 관련되기 때문에 브랜드의 전략 및 비전 그 자체라는
말이 나올 정도다.

강병서 경희대학교 경영대 교수는 2011년 고객 사랑 브랜드 대상 심사
를 마치고, 자아실현 시대의 생존법을 제시하였다. 첫째, 브랜드는 소망을
확보해야 하며, 소비자의 자아 발전과 자아 완성의 욕구를 향한 그들의
가치를 주시해야 하며, 둘째, 능력 있는 브랜드이어야 한다고 말했다. 동
시에 브랜드의 신뢰와 존경을 강조했다.

현재는 기업의 제품을 브랜딩하는 것을 넘어서서 자신의 가치를 제
품화하는 자기 브랜딩에 대한 필요성에 주목하고 있다. 미국의 경영 컨

설턴트인 톰 피터스(Tom Peters)는 1997년 패스트 컴퍼니 잡지(Fast Company Magazine, Issue 10)에서 자기 브랜딩 주제에 관한 글을 'The Brand Called You'의 제목으로 발표했다. 다음은 주요 발췌 내용이다.

"나이와 지위, 사업 종류에 상관없이 우리는 브랜딩에 관한 중요성을 이해해야 할 필요가 있다. 우리는 모두 '나'라는 기업의 사장이다. 오늘날 비즈니스 세계에서 살아남기 위해 가장 중요한 일은 내가 '나'라는 브랜드 이미지의 영업책임자가 되는 것이다."

그는 자신을 최고의 상품으로 만들라고 말했다. 사람 개개인이 상품이라고 생각하고 어떻게 개발하느냐에 따라 상품성과 몸값이 달라진다는 것이다. 스스로를 최고의 상품으로 만드는 일은 제조자인 개인의 몫으로 개인을 명품으로 만들기 위한 능력, 즉 운명을 결정하는 것은 스스로의 역량이고 네트워크의 힘이라고 역설했다

톰 피터스는 어떤 분야에서 일하든지 앞으로의 시대에는 세일즈맨이라는 각오가 필요하다면서 우리 모두 영업 행위에 익숙해져야 한다고 말했다. 나의 이미지와 지식과 가치를 파는 일이 앞으로의 세대가 갖추어야 할 자세임을 강조했다. 그는 자기 브랜딩의 중요성을 역설하면서 "스스로를 세일즈맨이라고 생각하고 최고의 전문가가 되라. 그리고 이를 통해 최고의 경력을 만들어라."고 말했다.

미국의 인권 운동가 마틴 루터 킹 목사는 다음과 같이 연설했다.

"어떤 사람에게 청소부라는 이름이 주어진다면 그는 미켈란젤로가 그림

을 그렸던 것처럼, 셰익스피어가 글을 썼던 것처럼, 베토벤이 곡을 만들었던 것처럼 그렇게 거리를 쓸어야 합니다. 그 청소부가 그 거리를 너무나 열심히, 그리고 잘 쓸어서 하늘과 땅을 지나는 모든 천사가 그 길에 모여서 이 거리에 그토록 훌륭하게 자기 일을 하던 청소부가 살았다고 칭찬할 정도가 되어야 합니다."

-톰 피터스 『리틀 빅 씽』

자신의 일을 마지못해 하는 것이 아니라 자기 일을 최고의 걸작으로 만들겠다는 각오로 일할 때 그 일을 하는 사람이 돋보이는 법이다. 자기 브랜드란 먼저 자신이 원하는 꿈을 확보하는 일이다. 자기 발전과 자아 완성을 향한 자신만의 가치철학을 정립한 후 그것에 맞는 전략을 설계할 줄 알아야 한다. 다음으로 자신의 장점을 파악할 줄 알아야 한다. 자신의 재능과 지식, 기술을 전제로 자신만의 강점을 알고, 가장 잘하는 것을 발전시켜 나갈 계획을 수립해야 한다. 내가 하고 싶은 일을 찾아 긍정적인 마인드로 몰입할 준비가 되었을 때가 바로 자기 브랜드의 입문 시기다.

4차 산업혁명 시대의 인재

근래 들어 4차 산업혁명 시대의 인재상에 대해 관심이 많다. 우리는 21세기 예측불가의 시대에 살고 있다. 인터넷이 생긴 것은 불과 25년 정도이고 페이스북과 트위터 역시 그 역사가 10년에 불과하다. 하지만 20세기 후반 인터넷으로 시작된 디지털 혁명은 기존의 가치와 인식을 산업 기반에서 정보 지식 중심 사회로 전환시켰다. 21세기 4차 산업혁명 시대의 특징은 빅데이터를 통한 인공지능의 딥러닝으로 앞으로 시간이 지날수록 그 능력은 기하급수적으로 성장할 것이다. 그들은 더 빠르고 정확해질 것이다. 과거의 지식을 암기하는 일은 더 이상 효율적이지 않다. 앞으로의 시대에서는 올바른 정보와 지식을 활용하는 능력이 요구된다.

거대 IT 기업의 창업자들은 20세기 컴퓨터의 대중화와 인터넷의 고속화로 세상이 점점 가깝고 빠르고 깊게 연결하는 시대를 예측하고 이에 대응했다. 21세기 '싱귤래리티(singularity, AI가 인간의 지능을 뛰어넘는 시점)' 시대가 도래하고 있다. 앞으로의 세상은 더 빠르게 많이 변화할 것이며 사라지는 직업과 동시에 새롭게 부상되는 직업이 생겨날 것으로 전망된다. 우리는 교육적인 측면에서 4차 산업혁명 시대를 준비하고 대처해야 한다. 4차 산업혁명 시대를 이끌어 가야 할 인재의 요건은 다음 세 가지로 정리할 수 있다.

첫째, 4차 산업혁명 시대 인재의 조건은 사유(思惟)의 힘을 갖춘 자다. 지식 암기나 훈련보다는 지식을 검색, 분석, 추론하고 응용하는 문제해결 능력이 중요해졌다. 깊은 사고의 연결 속에서 창조력이 발현된다. 앞으로의 지식은 적용하고 융합하기 위해 존재한다. 창의적인 자녀를 원한다면 흥미와 호기심을 전문성으로 발전시키기 위한 선택과 집중의 학습이 필요하다. 새로운 시대에 적응하고 창직(創職)하는 힘은 독서를 통한 사고력과 사색, 성찰의 통찰력에서 나온다. 통찰력은 곧 창의력으로 이어지고 앞으로의 시대에는 창의력이 곧 경쟁력이다. 중요한 점은 자신이 잘하는 분야에서 창의력을 발휘하여 스스로 유망 분야를 개척해야 한다는 것이다.

둘째, 자기주도적 인재다. 요즈음 아이들을 보면 하루도 쉬는 날이 없다. 유치원부터 아니 더 어린 나이 때부터 많은 것을 배우러 바삐 다니지만, 어느 한 가지에도 특화된 실력 없는 평범한 청년이 되어 버린다. 사교육의 도움으로 자란 아이들은 커서도 누군가의 지도를 받지 않으면 불안해하며 학습에 의욕을 가지지 못한다. 내가 가르친 학생들 중에는 잠재적으로 똑똑한 이가 많았지만 그 중 상당수가 자신의 꿈과 강점을 모른 채 마감 시간에 쫓기며 주어진 과제에 여념 없는 보통 학생이 되어 있음은 안타까운 현실이다. 급속한 산업화로 생겨난 과거의 자수성가형 부자는 앞으로 나오기 힘들 것이다. 이제는 과거 아날로그 방식에서 벗어나 지식기반사회에 걸맞는 디지털 세상의 성공 방정식에 집중할 필요가 있다. 앞으로의 시대는 스스로 새로운 지식을 끊임없이 받아들이고 모르는 것을 탐구하여 기존의 정보를 조합하고 가공하여 재발견, 재창조해 나가는 자기주도적 인재만이 21세기를 대응할 수 있다.

셋째, 인성과 도덕성을 갖춘 리더다. 인공지능이 할 수 없는 인간의 감성과 공감 능력은 앞으로 더욱 중요시될 것으로 전망된다. 다른 분야의 사람들과 협업하여 프로젝트를 수행하는 일이 점차 증가되고 있다. 인문학의 공부는 필수가 되어야 한다. 육체적 전문적 일이 기계로 상당수 대체되는 '특이점'의 시대에 환영 받는 인력은 원만한 성격과 올바른 도덕성을 바탕으로 인간과 또한 기계와 협업 가능한 사람이다.

시대를 내다보는 통찰력을 바탕으로 서로의 의견과 아이디어를 존중하고, 창의력과 상상력을 통해 혁신적 아이디어를 자유롭게 제안할 열린 사고를 갖춘 자들이 새로운 가치 창조로 변화를 주도할 수 있다. 정직

나는 내 인생의 '리더'다

하고 윤리적이며 진정성을 가지고 소통하는 변화 주도자들을 사람들은 따를 것이다.

4차 산업혁명 시대의 인재는 자기 적성에 맞는 좋아하는 일을 향해 도전해야 하며, 자기주도적 평생교육을 통해 자신의 전문성의 외연을 확대시켜 나가야 한다. 또한 협업을 통해 프로젝트를 기획·설계하면서 함께 공동 작업을 이끌어나갈 리더십을 갖추어야 한다. 기업이나 국가 못지않게 개인에게도 지속 가능한 자기경영 전략이 필요한 세상이다.

"누가 '언터쳐블'이 될 것인가?"

2005년 출간된 토마스 프리드먼(Thomas Friedman)의 『세계는 평평하다(The World is Flat)』는 내가 이 책을 쓰는 데 많은 영감을 주었다. 그는 종신 고용은 사라졌고 피고용인에게 보장되는 것은 전혀 없으며 우리는 우리 스스로를 믿을 수밖에 없는 시대를 살고 있다고 말했다. 어느 시기보다 스스로의 역량을 키우고 스스로의 힘에 의존해야 한다는 것이다.

앞으로 세대는 스페셜리스트(Specialist)가 되어야 한다. 혹은 제너럴리스트(Generalist)가 되어야 한다고 논쟁한다. 스페셜리스트냐 제너럴리스트냐의 양자택일 식의 질문은 무의미하다. 자신이 좋아하고 잘하는 일을 계속 발전시키면서 융합과 통합의 단계를 거쳐 자신의 전문성을 확장시켜 나가야 한다. 스페셜리스트가 발전하여 어떠한 전문적 제너럴리스트로 변모할 것인가는 개인의 선택이자 능력이다. 하지만 이러한 경력 확장을 위한 선택은 필요가 아닌 필수 능력이 되어야 할 것이다.

토마스 프리드먼의 "세상은 평평하다."라는 표현대로라면 우리가 찾는 인재는 문제점을 지적할 뿐만 아니라 신속하게 해결책을 제시하고 같은 문제가 반복되지 않도록 할 수 있는 사람이다. 물고기를 잡는 능력만이 아니라 살코기를 발라낸 줄도 알고 새끼 물고기를 기를 수 있는 능력까지 갖추어야 한다. 4차 산업혁명 시대의 인재는 자신의 분야에서 영역을 넓히며 전문성을 확장시켜 나가는 문제 발견자이자 문제 해결자다. 앞으로의 시대는 물고기라는 공통점을 중심으로 어부에서 회 뜨는 사람으로 그리고 양어 기술자로 거듭나는 멀티형 인재를 요구하고 있다. 다음은 『세계는 평평하다』 제6장 언터처블에 나온 말이다.

"평평한 세계에서는 절대로 평범해선 안 되고 자신의 일에 대한 열정이 부족해서도 안 된다."

토마스 프리드먼은 평평한 세상에서 미국인의 일자리가 따로 존재하지 않는다는 점과 중국인과 인도인들이 그들의 일자리를 가져가는, 글로벌 세상의 연결성을 강조했다.

나는 감히 말한다. "4차 산업혁명 시대에는 절대로 평범해서는 안 되고, 자신의 호기심을 계속 키워 나가는 일에 부족해서는 안 된다." 앞으로의 시대에는 인간을 위한 일자리가 따로 존재하지 않으며, 로봇과 인공지능이 인간의 일자리를 가져가는 초지능 연결사회에 살고 있다.

아디다스는 23년만에 바이에른 주 안스바흐 공장에서 신발 생산을 재개했지만 정작 독일에서는 일자리가 늘지 않았다. 동남아시아 공장에서 600명이 연간 50만 켤레를 생산했지만 독일 공장에서는 로봇과 3D프린터로 대체된 자동화 공정에 따른 스피드 팩토리를 통해 그 일을 단 10

명이 해내고 있다. 동남아시아 공장에서 신발 한 켤레를 만드는 데 3주가 걸렸다면, 이 첨단 자동화 공장에서는 불과 5시간이면 가능하다. 나이키 역시 자동차 부품·전자제품·의료기기 제조 회사인 플렉스와 협력 관계를 맺은 후 제조 공정 자동화와 개인 맞춤형 생산을 위해 첨단 기술을 활용할 계획이다. 나이키는 "플렉스와의 협력으로 맞춤형 생산과 빠른 판매·배송이 가능해질 것"이라고 밝혔다.

토마스 프리드먼의 책이 나온 지 10여 년, 현재 우리들은 다른 국가의 사람들이 내 일자리를 가져가는 시대가 아닌 로봇과 인공지능이 인간의 육체적 노동과 정신적 노동을 대체하는 4차 산업혁명 시대를 맞이하고 있다. 우리의 전문직까지 기계에 대체 가능하면서 인간의 수명은 연장되는 미래의 초연결·초지능·초실감 시대에 지속 가능한 개인이 되기 위해 필요한 요소는 자기 자신을 '언터쳐블(Untouchable), 즉 건드릴 수 없는 대체 불가 인물'로 만드는 일이다.

미국의 경영학자인 피터 드러커(Peter Drucker)는 20세기 후반의 경제 특징을 기업가 경제(Entrepreneurial economy)로 언급했다. 매리언 맥거번(Marion McGovern)은 『구루의 시대가 온다』에서 21세기 초 경제 구조의 새로운 전환으로 독립 전문가의 브랜드 창조에 주목했다. 신작 『Thriving in the gig economy』에서는 긱 경제(Gig economy)를 통한 솔로 프로젝트(Solo Project) 시대의 도래(到來)를 예측하고 있다.

영국의 작가 찰스 핸디(Charles Handy)는 2001년 《코끼리와 벼룩》에서 미래 사회의 고용 변화를 예측했다. 20세기 고용문화의 큰 기둥인 대기업체 코끼리들의 세계에서 벗어나 21세기는 벼룩처럼 혼자 힘으로 살아가는 프리랜서의 시대가 온다는 것이다. 지식과 아이디어로 무장된 콘텐츠를 제공하는 독립된 개인들은 자신의 미래를 책임지고 재능을 개발하여 자기 자신을 판매하고 자신의 값어치를 결정하는 방법을 배워야 한다.

2006년 노벨 평화상 수상자인 무하마드 유누스(Muhammad Yunus)는 "모든 인간은 기업가"라고 말했다. 1차 산업 시대인 농경 시대에 가족 경영 기업에서 2차와 3차 산업 시대를 지나 샐러리맨이 되었다면 4차 산업혁명 시대에는 자영업자로 변모해야 할지 모른다. 자신의 브랜드 파워를 갖춘 1인 기업가가 될 각오가 필요하다.

나는 어떤 긱을 갖출 것인가?

'긱(gig)'이란 단어는 1920년대 미국 재즈 공연장에서 그날그날 필요한 연주자를 섭외해서 공연한 데서 유래되었다. '긱'이란 임시직으로 수행하는 일을 의미한다. 1920년대 재즈 바에서 필요에 따라 불리는 임시직 가수의 의미에서 대공황을 거치면서 임시 일용직의 개념으로 사용되었다. 1980년대에 들어가면서 전문가 임시 고용직이 대거 등장하기 시작되었다. 특별히 창의적인 업종에서 프리랜서의 고용이 보편화되었다. 카피라이터, 사진가, 일러스트레이터뿐만 아니라 영화제작 현장의 배우와 감독, 촬영 스태프들이 대표적인 전문 프리랜서 집단의 고용구조를 갖추고 있다.

글로벌 인사조직 컨설팅 업체인 콘페리(Korn Ferry)의 조사에 따르면, 필요에 따라 인력을 공유하고 이합집산을 반복하는 독립형 일자리 형태의 긱 경제(Gig economy)를 2017년 경제 트렌드로 여기고 있다. 앞으로의 기업의 고용 정책은 '누군가를 고용해야겠어.'가 아닌 '이번 프로젝트를 완성할 사람이 필요해.'로 바뀐다는 뜻이다. 모바일과 IT 기술 발달로 '긱'은 생계 보조형 직업에서 지속 가능한 직업 세계로 진화하고 있다.

기술의 중요성을 인식하고 있는 독일과 일본은 근로자들이 다양하게 자신의 근로시간을 선택할 수 있도록 하고 있다. 독일은 노동시장 유연성 제고를 위한 개혁 작업을 추진했고 시간선택제 근로 활성화를 통해 고용률을 높이고 있다. 독일은 기술의 혁신을 강조하면서 협업을 통한 신기술 개발에 박차를 가하고 있지만, 근로자들이 전일제와 시간선택제를 자유롭게 오가는 사회 분위기가 조성되어 있다. 일본 역시 4차 산업혁명 시대 핵심기술의 개발과 더불어 유연한 고용시스템을 바탕으로 한 고용 다양화로 취업률이 증가 추세이다. 평생교육의 지원을 통한 고급 인력의 재교육으로 미래를 대비하고 있다.

4차 산업혁명 시대를 기술 혁신으로 정의할 수 있겠지만 부수적으로 고용 혁신의 시대이기도 하다. 기존의 정규직과 비정규직의 직업 분류에서 다양한 일과 직업을 포괄하는 시대가 올 것으로 전망된다. 긱 경제의 주인공은 창의적인 예술가에서 우버 택시 기사, 에어비앤비 호스트, 임시 CEO까지 그 영역은 점차 확대되고 있다.

미국 하버드대 연구소에 따르면, 민간 분야는 매년 2~3%의 비율로 새로운 일자리를 창출했지만, 2000년 닷컴 열풍 시대에는 2% 아래로 하락했다. 2008년에는 1%가 채 안 되었으며, 2015년에는 최저치를 기록했다. 즉 새로운 일자리를 창출해 내는 엔진이 제대로 가동되고 있지 않은 탓이다. 결과적으로 기업의 성장률이 저하되고 신생 기업이 창출하는 일자리는 계속 줄어들고 있다. 기업들의 지속 성장을 위해 해고, 인원 감축, 개편 등을 통해 정규직의 자리를 줄여 나가고 있다. 일종의 기업의 생존 전략이다.

기업의 입장에서는 정규직 고용에 따른 부담을 줄이고 시간제 전문가와 프리랜서에게 외주를 주는 것이 훨씬 더 경제적일 수밖에 없다. Randstad 연구 보고서에 따르면, 2005년에서 2015년 사이 정규직의 성장은 정체되어 있는 반면에 유연근무제(Alternative work arrangement)는 67% 증가되었다.

미국의 보고서에 따르면, S&P 500 기업의 평균수명이 1920년대에 67년이었다면 현재는 15년이라고 한다. 미국의 경우 기업의 해고율은 증가하고 있으며, 안정적인 분야로 여겨지는 공무원직, 교육계, 학계도 예외는 아니다. 2011년 해고된 노동자들 중 3분의 1이 공무원이다.

MBO 파트너스의 조사·연구에 따르면, 독립적인 전문가의 수는 향후 5년 이내에 16.4%로 증가될 전망이며, 2015년 프리랜서의 수입이 미국 GDP의 6%를 차지했다. 2021년까지 농업 종사자를 제외한 독립적인 프리랜서의 수는 29%를 차지할 것이라고 예상했다.

세계 최대의 네트워크 장비 회사인 미국의 시스코는 10년 뒤에는 미국 근로자 34%가 프리랜서가 될 것이라고 예고했다. "미국 제조업 종사자 비중은 1980년 25%에서 최근 12%로 줄어들었으며, 2025년엔 4~5%대로 급감하게 될 것"이라고 밝혔다.

맥킨지 보고서는 프리랜서의 수가 증가하는 주요 원인을 업무 자율성과 유연성이라고 보았으며, 자신의 스케줄을 조절할 수 있는 여유와 상사가 없다는 점을 매력으로 느끼고 있었다. 과거의 베이비붐 세대가 일하기 위해 살았다면, 밀레니엄 세대는 살기 위해 일한다. 요즘 세대는 돈도 명예도 가족도 중요하게 생각하지만 자신이 하고 싶은 일을 하며 살겠다는 자기 행복관이 더 강하다. 앞으로는 전문적인 프리랜서의 기거(gigger)와 자신의 본업 이외에 좋아하는 일을 별도로 하는 사이드 기거(side gigger)가 탄생할 것이다. 앞으로 자신의 개성과 끼를 살리는 일이 중요하며, 자신이 좋아하는 일을 찾아내는 일 역시 중요해졌다.

우리나라도 예외가 아니다. 통계청의 자료에 의하면 대기업 취업자 수는 줄고 있지만 1~4인 영세기업 취업자는 빠른 속도로 증가하고 있다. 대기업의 상당수를 차지하는 제조업이 최근 부진을 면치 못하면서 청년들이 선호하는 질 좋은 일자리의 사정은 악화되고 있는 실정이다. 좋은 대학을 졸업하여 대기업에 취업을 했다고 해서 무작정 안심할 수 없다. 평생 고용을 보장하는 진정한 정규직은 이제 존재할 수 없다. 대기업에서 임원을 했다고 해서 다른 기관에서 모셔가는 경우 역시 근래들어 드물다.

앞으로의 세상은 직장이나 직업에 국한되지 않고 나의 일을 유지하는 것이 중요하다. 4차 산업혁명 시대에는 창업, 스타트업, 1인 기업이 활성화되는 시대로 출근하는 상근직에서 다양한 프리랜서의 독립적 계약 업자의 시대로 전환된다. 직업을 통해 고용안정을 보장받는 것이 아니라 소득 보장을 확보하기 위해 노력해야 한다는 점에 주목해야 한다. 대기업에서 퇴직 후 재취업의 기회가 적은 이유는 조직에 있으면서 자신의 업적을 부각시켜 자기 브랜드를 만드는 일에 소홀했기 때문이다. 정규직이 자신의 이름을 브랜드화 하기 쉽지 않지만, 1인 기업은 상대적으로 용이하다. 미국의 미래학자 존 나이스빗(John Naisbitt)은 "21세기 창업 정신을 가진 개인들에 의해 주도될 것"이라고 예측했다. 산업사회에서 연공서열에 의해 가치가 매겨졌지만 지식사회에서는 나이듦이 가치를 떨어뜨린다. 끊임없이 자기계발을 하면서 철저한 준비와 발 빠른 변신으로 자신의 가치를 높이면서 1인 기업의 브랜딩을 시작해야 한다. 조직에서 열심히 일하면서 마치 내 회사인 것처럼 고민하라. 열심히 사상되는 연습을 하라.

이미 우리나라에도 이러한 움직임이 일어나고 있다. 1인 미디어의 강자로 불리는 대도서관 나동현 유튜버의 경우를 예로 들어보자. 그는 자신의 장점이 남과 다르게 생각해 보는 것과 통찰력이라고 말했다. 대도서관 유튜브 영상의 정기구독자가 154만 명이나 되며 유튜브 광고 외에도 외주 광고와 행사 MC, 강연 TV 출연 등으로 수입을 올리고 있다. 즉 그는 많은 돈을 버는 개인 기업체인 셈이다. 그는 고졸 출신으로 처음 아르바이트로 한 일이 콘텐츠 기획업무다. 그때 영상 촬영과 편집을 배운 후 SK커뮤니케이션즈로 옮겨 신규사업 기획 파트에서 일했다. 하지만 자신을 '브랜드'로 만들어야 장래가 밝을 것으로 생각하여 1인 미디어의 길을 가게 되었다. 그는 자신의 입담과 스토리텔링 능력을 바탕으로 유튜브 게임 방송을 시작했다. 그는 대학 진학을 하지 못하고 입대하기 전 하루 다섯 편씩 보았던 영화 내용을 게임 진행에서 활용했다고 말했다. 그는 이런 저런 이야기를 섞어 가면서 재미있는 영상을 제작하고 있는 우리나라 대표적인 전문 기거(gigger)인 셈이다(조선일보, 2017. 7. 10. 자 기사). 이처럼 요즈음에는 게임, 엔터테인먼트, 뷰티, 음악, 요리, 아트, 육아, 애완견 등 자기가 좋아하는 취미를 전문성으로 살려 돈벌이로 만들고 있다.

『긱 이코노미』의 저자 다이앤 멀케이(Diane Mulcahy)는 긱 제도에서 성공하기 위해서는 '직원 사고방식'이 아닌 '기회 사고방식'을 지녀야 한다고 말했다. '직원 사고방식'을 지닌 사람이 '어떤 직업을 구할 수 있을까?'라고 생각한다면, '기회 사고방식'을 지닌 사람은 '어떤 일을 할 수 있고, 어떤 가치를 제공할 수 있을까?'를 염두에 두어야 한다. 앞으로의 세대는 기존의 직장이 직원들에게 고용 보장과 재정 안정성, 노후 생활을 위한 연금과 의료보험 혜택을 제공해 주길 기대해서는 안 된다. 100세 시대에 내가 어떤 좋은 기회를 만들어 낼 것인가에 대해 고민을 해야 한다. 정규직의 현업에서 제공하는 지식과 기술, 네트워크를 가지고 또 다른 미래의 발판을 삼기 위해 자신의 역량을 계발·발전시켜 나가야 한다.

『놀이, 마르지 않는 창조의 샘』의 저자 스티븐 나흐마노비치(Stephen Nachmanovitch)는 바이올린 연주자이자 작곡가, 시인, 교사, 컴퓨터 아티스트다. 하버드대학교에서 심리학과 문학을 공부했고 산타크루즈 캘리포니아 대학교에서 인식사(認識史)로 박사 학위를 받았다. 바이올린 즉흥 연주 공연을 하며 음악과 그래픽을 결합시키는 비주얼 음악뿐만 아니라 춤, 사진, 그림, 영화 등이 포함된 멀티미디어 작업을 하고 있다. 미국과 유럽 각 국에서 학생들을 가르치고 다양한 분야의 책을 쓰는 저자다.

앞으로의 세대는 나만의 '긱'을 가지고 자신의 역량을 다각화해서 자기 브랜딩을 실현해 나가야 한다. 예를 들어 가수가 연기도 하고 사회를 보고 예능도 하는 것처럼 말이다. 뮤지션 윤종신은 요즈음 가수, 예능인, 연예 기획사, 문화 공간 운영, 디지털 잡지 발행인으로 젊을 때보다 더 바쁘게 활동하고 있다. 유시민 작가가 기존의 정치인에서 작가로 TV 패널, 강연자로 각광받는 것처럼 자신의 영역을 넓혀 나가는데 머뭇거려서는 안 된다. '기회 사고방식'을 가지고 도전해야 한다.

내 지인들 중 한 사람은 대기업에 다니면서 마케팅 전략에 대한 저서를 쓰고 강의도 한다. 또 다른 지인은 보고서 잘 쓰는 법에 대해 연구하여 책을 썼다. 나 역시 대학 교수이며 연구소 대표이고 저자이고 강연자이며 컨설턴트다. 이 일은 의도된 것이라기보다 학생들을 어떻게 잘 가르칠 수 있을까 고민하면서 생겨난 '긱'이다. 직장에서 나에게 무언가를 해 줄 것인가 요구하지 말고 내가 조직을 위해 무언가를 할 수 있을까 고민할 때 자신의 전문성도 쌓고 훗날 노후자산이 된다는 점을 간과해서는 안 된다.

『콰이어트 : 시끄러운 세상에서 조용히 세상을 움직이는 힘』의 저자인 수잔 케인(Susan Cain)은 수줌음 많고 소극적인 사람이다. 그녀는 조용히 책을 읽고 글을 쓰고 연구하는 것을 좋아하는 학자형이다. 그녀는 1년 동안 스피킹을 훈련하고 연습하여 대중 앞에서 말하는 강연자로 변모했다. 그녀의 TED 강연은 1700만 명을 넘는 사람이 조회한 인기 강연이다. 꾸준한 연습과 훈련으로 대중 앞에서 말하는 두려움을 극복했다.

앞으로의 시대는 점차 자기 홍보의 시대가 될 전망이다. 선천적으로 화술이 좋지 않아도 엄청난 글재주가 있지 않아도 자신의 말과 글을 다듬어 나가는 노력이 필요하다. 자신의 고유한 스토리나 독창적인 아이디어를 나눌 수 있는 스토리텔러가 되어야 한다. 4차 산업혁명 시대에는 기계가 하지 못하는 인간만의 능력, 사람들을 공감시키며 소통하는 능력이 요구된다. 어떻게 자신을 브랜딩할 것인가? 앞으로의 세대는 자기 표현력이 더욱 중요해질 것이다. 그 표현력이 글이건 말이건 SNS를 통해서건 소통을 위한 자기만의 표현 방법은 필요하다.

내 수업을 들은 한 학생이 특성화 고등학교를 졸업하고 다양한 발명으로 특허를 낸 차별성으로 대학에 입학한 후 다양한 긱을 갖추어 나가고 있다. 자신과 같은 특성화 고등학교 학생들을 멘토링하고 책을 출간하더니 '세바시'에 강연자로 나서기도 했다. 이 학생의 꿈은 특성화 고교의 선생님이 되어 꿈을 심어 주는 사람이 되는 것이었다. 자신이 원하는 것을 추구하는 다양한 긱을 만들고 있는 셈이다. 나는 젊은이들에게 자신의 일생을 고민하면서 포트폴리오를 만들어 보기 시작하라고 말한다. 자신의 역량을 파악하고 앞으로 미래 계획을 통해 100세 시대를 준비해야 하기 때문이다.

정부 차원에서는 앞으로의 다양한 프리랜서 그룹과 기거(gigger)들을 보호하기 위한 정책을 준비해야 할 것이다. 미국은 프리랜서 유니온이 그들의 목소리를 내어 주고 있다. 건강 프로그램과 할인 혜택뿐만 아니라 계약조건에 대한 사항 등을 보조하고 있다. 이외에도 피어스(Peers)를 비롯한 비영리조직과 프리랜서들을 위해 고안된 벙커 보험(Bunker insurance)이 있다.

유발 하라리(Yuval Noah Harari)는 그의 저서 『호모 데우스』에서 데이터이즘(Dataism)이 기존의 종교와 이념을 대체할 수도 있다고 전망했다. 데이터주의자들은 기술을 통한 인간 영생을 꿈꾸며 스스로 미래에 신과 같은 존재가 되려고 한다는 것이다. 나는 인간이 신과 같은 존재가 된다는 것은 무슨 의미일까 고민해 본다. 일은 인간이 하지만 불로장생의 신은 창조하는 능력을 갖추고 있다. 4차 산업혁명의 시대 일은 로봇과 AI가 하고 인간이 장수하는 시대에는 행복할 것인가? 우리는 무엇을 창조할 것인가? 유발 하라리는 AI가 야기할 급속한 변화에 대응할 글로벌 차원의 해결 방안의 필요성을 강조했다. 인류가 행복해지는 기술 창조와 더불어 개인과 조직에 유익한 제도와 정책 창조가 필요한 시대에 살고 있다는 생각이 든다. 원래 창조란 영적인 고통을 수반한 과정이다.

긱 세대의 관리 능력

자신의 브랜딩 역량 강화 계획 못지 않게 시간관리와 예산관리 능력에 대해 말해 주고 싶다. 우리는 시간 낭비를 아까워하지 않는다. '시간이 돈이다.'라고 생각하는 사람들이 과연 몇 명이나 될까?

길거리에서 10만 원을 잃어 버리면 아까워서 잠이 안 올 수 있겠지만 휴대폰을 보면서 버리는 10시간을 아까워하는 사람은 없다. 내가 현재 사용하는 시간 배분이 적당한가 생각해 보아야 한다. 스마트폰 관리 어플을 사용하여 자신의 휴대폰 이용 시간을 측정해 보자. 나에게 꼭 필요한 정보 투자의 시간인지 아니면 낭비 시간인지, 관련된 시간을 정량화해 보면 자신의 시간 활용 습관을 추적해 볼 수 있다.

미국 노동통계국의 설문 조사에 따르면, 미국인들은 하루 평균 5~6시간의 여유 시간 중 절반을 TV를 보는 데 사용한다고 한다. 우리는 생각보다 장기적으로 꼭 필요한 일에 시간을 쓰고 있지 않다. 현재를 즐기면서도 미래를 준비하고 대비하는 시간관리 전략이 필요하다. 오늘의 수고가 내일의 자산이 되고 그 자산이 미래의 투자 자금이 되기 때문이다.

이 글을 읽는 요즘 젊은이들이 언짢을지 모르겠지만 나는 1960년대 태어난 베이비붐 세대이기 때문에 절약이 몸에 밴 세대다. 풍요로운 시대에 태어난 청년들에게 20대부터 저축을 늘리고 빚을 줄이는 삶을 준비하라고 하면 듣기 싫어할 잔소리로 여길지 모른다. 정말 필요한 물품이 아닌 기분 풀이 식의 지출, 해마다 가는 해외여행과 고급 음식점 순례는 20대의 몫이 아니다. 물론 무조건 아끼라는 얘기가 아니라 스스로 중요하고 가치 있다고 확신하는 일에 지출을 하라는 뜻이다.

예를 들어 300만 원 월급에서 세금을 제한 실 수령액이 270만 원이라고 가정해 보자. 내가 기분 풀이용으로 산 옷이 30만 원이면 그 옷을 사기 위해 내가 일한 시간은 약 20시간인 셈이다. 우리는 물건의 '시간 가격'에 대해 생각해 보아야 한다. 중요한 점은 내가 중요하다고 생각하고 선택하는 일이 지출의 목적이 되어야 한다는 것이다.

자신에게 필요하지 않은 것을 사는 습관의 사람은 언젠가 자신이 꼭 필요로 하는 것을 팔 수밖에 없는 법이다. 우리는 어쩌면 사치품을 사기 위해 더 많이 일하고 돈을 벌려고 하는지 모른다. 허영심 때문에 인생의 중요한 것을 허비하는 일은 없었으면 좋겠다. 생활 수준을 높이는 일은 쉬워도 낮추기는 어려운 법이다. 소비가 천국인 풍요의 시대에 젊은 시절의 소비 습관은 노후에 줄이기 힘들다. 미국의 시인 헨리 데이비드 소로우(Henry David Thoreau)가 한 말을 되뇌어 보기 바란다.

"가장 싼 것에서 즐거움을 느끼는 사람이 가장 부자다."

앞으로의 시대에 영원한 직업과 안정된 평생 고용을 보장하는 직장은 없다. 안정적인 일자리는 사라질 것이며 수입은 일정하지 않을 것이다. 젊었을 때의 생활양식으로 평생을 유지하기 쉽지 않다. 단순히 지출을 줄이는 것뿐만 아니라 가진 돈을 얼마나 유용하고 의미 있게 쓸 것인가에 대해 미리 고민하고 계획을 세워야 한다. 버는 것보다 적게 써서 절약하고 저축하지만 적은 돈으로 스스로를 행복하게 할 수 있는 나만의 노하우를 계발해야 할 것이다.

대기업에 장기근속을 하면서 월스트리트가 주목하는 12개 회사의 오너가 된 패트릭 맥기니스(Patrick J. McGinnis)는 『나는 직장에 다니면서 12개의 사업을 시작했다』의 저자이다. 그는 '10퍼센트 사업가'로 성공하며 전 세계 샐러리맨의 새로운 롤모델로 부상하고 있다. 10퍼센트 사업가란 본업을 유지하면서 자신이 갖고 있는 자원의 10%를 새로운 사업에 투자하는 사람을 말한다. 스스로도 직장에 다니면서 수많은 다른 사업에 참여한 패트릭 맥기니스는 직장 이외에 더 많은 활동을 통해 추가수익을 얻는 사람들을 '10퍼센트 사업가'라고 명명했다. 직업 전선에서 일하는 사람이라면 무한한 시간, 끝없는 돈, 모든 분야에 해박한 지식을 갖춘 사람은 없다. 그는 본업이 주는 안정된 생활과 금전적 자본의 이점을 언급하면서도 앞으로 직장이 개인의 미래를 책임질 수 없다는 현실에 직면할 것을 권고한다.

패트릭 맥기니스는 10퍼센트 사업가가 되기 위해 자신의 지적 자본뿐만 아니라 내가 앞서 언급한 시간자본과 금전자본을 요긴하게 활용하는 다채로운 방식의 투자를 강조했다. 커리어의 수직적 상승에만 자신의 인생을 걸지 말고, 자기 탐색을 통한 전문성의 수평적 확장이 점차 필요하다는 점에 나 역시 공감하고 있다. 자신이 꼭 하고 싶었던 사업아이디어를 추진하는 스타트업을 발견한다면 초기에 소액으로라도 투자할 수 있고(엔젤형 투자자), 전문직에 종사하고 있다면 돈 대신 컨설팅 등을 통해 지분을 얻을 수 있으며(고문형 투자자), 춤, 악기, 요리 등 자신이 취미 이상으로 좋아하는 일에 좀 더 사업적으로 접근할 수도 있고(마니아형), 현재의 직업이 처음부터 사업이었다면 관련된 또 다른 사업에 10퍼센트의 열정을 쏟는 사업가(110퍼센트형)가 될 수도 있다.

앞으로 시대의 젊은이들은 자신의 지적 자산, 시간 자산, 자본 자산에 대한 관리가 필요하다. 자본이 부족한 경우 자산의 지적 자산과 시간 자산을 어떻게 활용할 것인가에 대한 사고가 요구된다. 물론 우리나라의 여건이 미국과 다르지만, 패트릭 맥기니스처럼 복많은 미국인에게만 가능한 일이라고 단정짓지 않았으면 좋겠다. 내 제자는 공기업의 정규직 직원으로 생활하면서 주말에는 벤처회사에서 프로젝트 팀원으로 활약하고 있다. 또 다른 제자의 경우 정규직 교사로 일하면서 작가로 활동하고 있다. 그들은 힘겹게 일하는 것이 아니라 본업에 충실하게 전문성을 쌓고 있음과 동시에 자신의 호기심과 재미를 부업으로 하고 있다. 중요한 것은 젊은 시절 자기 탐색을 통해 자신이 좋아하는 일을 알아야 원하는 일에 커리어 확장이 가능하다는 점과 안전지대(safety zone)를 기대하지 말고 도전하는 사람만이 미래 다양한 커리어를 개척해 낸다는 사실이다. 자신이 만들어 내는 모든 성과의 주인공이면서 고용주가 바로 자신이기 위해 필요한 것은 가장 원초적인 질문 내가 누구인지 아는 데 있다.

스토리텔러가 되라

김난도 교수는 『아프니까 청춘이다』에서 "브랜드의 핵심은 하나의 초점이다. 그대가 가장 잘하는 것, 그 한 가지에 집중해 그대만의 이야기를 들려주라."고 말했다. 우리나라에서 자신만의 차별화된 이야기를 가진 청년을 만나 보는 경우는 드물다. 실패해서 극복한 경험의 대다수는 재수한 경험을 말하고 경험한 스펙 역시 대동소이(大同小異)한 자격증, 외국어 능력, 봉사 활동과 멘토링이 전부다. 우리나라 교육 제도에서 진정한 '나'를 찾고 독창적인 일을 하지 못하도록 억누르고 있다는 생각이 든다.

미래학자 다니엘 핑크(Daniel Pink)는 『새로운 미래가 온다(A Whole New

Mind)』에서 이성과 합리성이 지배하던 좌뇌의 시대에서 감성이 지배하는 우뇌의 시대가 오고 있다고 주장했다. 획일화된 분석적 사고에서 종합적이고 창의적 사고가 필요하다면서 앞으로이 시대기 지배할 여섯 가지 능력을 제시했다. 디자인 감각, 스토리텔링, 타인과 조화를 이루는 능력, 공감력, 유머 감각, 삶과 인생에 대한 의미다. 우리는 이러한 능력을 배워본 적도 없으며, 또한 배우려고 하지도 않는다.

덴마크의 미래학자 롤프 옌센(Rolf Jensen)은 21세기를 꿈과 감성, 스토리텔링이 지배하는 "꿈의 사회"라고 말했다. 요즘 들어 각종 강연 기획자와 재능활용 플랫폼이 각광받고 있다. 그들의 이야기를 듣고 싶은 이유는 그들의 강연 내용이 꿈과 관련된 이야기로 사람들에게 마음의 안식과 위로를 주기 때문이다. 그들의 성공 스토리는 우리에게 용기를 주고 희망을 준다. 스토리텔링은 강력한 힘을 가진다. 가슴 속에 새겨진 감동은 여운이 되어 공감 능력을 자극한다. 감동은 부가가치를 높이는 결정적 요소다. 최고의 브랜드 마케팅은 스토리의 힘이다.

우리는 스타벅스 커피를 마실 때 하워드 슐츠(Howard Schultz)의 이야기를 생각해 내고, 애플의 신제품을 사기 위해 긴 줄에 동참하면서 검정 스웨터에 청바지를 입은 스티브 잡스(Steve Jobs)의 혁신을 연상한다. 그들의 성공 사례가 브랜드를 끌어당기는 힘인 셈이다. 이제는 기업뿐만 아니라 자신의 이야기를 꾸밈없이 표현하는 스토리텔러가 각광을 받고 있다. 현재 불우한 환경 속에서 낙담하고 있다면, 지금 잇따른 실패로 좌절하고 있다면, 그럴수록 용기를 갖기 바란다. 훗날 그 이야기로 인해 더 유명한 스토리텔러가 되어 있을 테니.

요즘 들어 디지털 브랜딩이라는 말을 흔히 쓴다. 이는 전문가 집단과

나는 내 인생의 '리더'다

의 네트워킹과 교류가 중요해짐에 따라 다양한 온라인 매체에서의 자기 홍보를 통해 자기 브랜드를 구축하는 일이다. 나는 실력 없이 감성만 자극하는 감성팔이식 홍보를 좋아하지 않는다. 하지만 자신의 전문성을 바탕으로 어떻게 자신을 디지털 브랜딩시켜 발전해 나갈 것인지 고유성을 확보할 필요는 있다. 이성을 따르되 감성은 팔아라.

스테판 폴란(Stephen M. Pollan), 마크 레빈((Mark Levine)이 쓴 『2막』은 나의 새로운 인생을 사는 데 커다란 이정표가 된 책이다. 어떠한 사람을 만나느냐 못지않게 어떤 책을 만나게 되느냐 역시 중요하다. 이 책의 서막에는 2막이란 우리가 꿈꾸어 왔으나 어떤 이유로든지 이루지 못한 삶을 말한다고 하면서 이 여행은 결코 싶지 않은 여정임을 단서로 달았다. 목적지에 다다르기 위해서는 고통스러운 자기 분석과 시간과 공을 들이는 훈련 과정이 필요하다. 하지만 참다운 행복을 얻는 영광을 위해 이 여행은 모험이며 값진 대가를 치를 것이라는 글귀 하나하나가 나의 가슴을 뛰게 만들었다.

『위대한 게츠비』의 저자 스콧 피츠제럴드(F. Scott Fitzgerald)는 "인생에서 선택은 오직 한 번뿐이다."라고 말했다. 스테판 폴란은 우리에게 2막이 있다고 반박한다. 『2막』의 에필로그에서는 우리에겐 3막, 4막도 있으며 평생 동안 변신을 실천하고 이끄는 사람들이 리더라고 하였다. 스테판 폴란은 변호사, 대학 교수, 재정 설계가로 활동했다. 48세에 폐암 진단으로(나중에 오진으로 판명되었지만) 이후 의미 있는 삶을 다짐하면서 인생 상담가로 변신했다. 69세에는 법률 회사의 파트너가 되었다.

"생활 방식을 새롭게 만들어 보자. 그러면 자신의 실제 나이와 상관없이 젊은 마음을 유지하게 될 것이다. 여러분의 인생에서 꿈이 되도록 자주 날개를 펴게 도와주자. 그러면 우리의 영혼은 전혀 상상하지 못했던 곳까지 높이 날아오르게 될 것이다. 2막, 3막, 4막을 시작하자. 자신이 꿈꿀 수 있는 가능하면 많은 무대를 열어 보는 것이다."

– 스테판 폴란, 마크 레빈, 『2막』

앞으로의 세상은 2막, 3막, 4막을 준비하고 살아야 한다는 그 책 내용처럼 나는 주부에서 대학 교수와 작가로 2막을 시작했다면 연구소 대표, 강연자, 컨설턴트로 3막을 열었다. 나이 46세에 미국에 유학을 가서 50세에 교육학 박사가 되기까지 그리고 현재 대학의 겸임교수이며 연구소 대표가 되기까지의 과정을 겪으면서 나 역시 스테판 폴란처럼 되고 싶었다. 그가 나에게 지면상으로 용기를 준 것처럼 나는 교육과 컨설팅으로 누군가에게 격려와 조언을 해 줌으로써 그들을 두려움과 불확실성에서 해방시켜 주고 싶다는 미션이 생겨 났다.

나는 어린 시절 병약했고 말수가 적은 소극적인 아이였다. 조용히 책을 읽고 글 쓰는 것을 좋아하는 내가 사람들 많은 곳에서 강연을 하다니 인생은 참 모를 일이다. 내가 20~30대였던 시절에는 대학을 나오면 결혼을 하고 전업주부로 사는 경우가 대부분이었고, 나의 꿈은 좋은 가정을 이루는 것으로 아이들을 좋아해서 대가족을 만들고 싶었다. 딸 하나를 낳고 나서 거듭된 수 차례의 유산, 자궁 외 임신 파열로 인한 쇼크 상태로 수술, 5개월차인 무뇌아의 사망 등으로 나의 소박한 꿈은 이루어지지 못했다. 밤마다 우는 아이의 울음소리가 들리는 악몽으로 나는 꽤 오랜 기간 우울증과 무기력증에 시달렸다. 나를 딱하게 본 이웃 사람이 동

네 교회를 데려갔고 함께 백일 동안 새벽기도를 다니게 되었다. 그렇게 기도로 고통을 삭이는 중 어느 날 "너 자식만 잘 키우려고 하지 말고 다른 아이들도 잘 키워 보렴."이라는 기도 응답이 들려왔다. 이는 내 인생에서 한 줄기 빛이 되었다. 매일 스트레스성 피부 발진으로 고생했던 나는 다시 공부해야겠다는 의지로 연세대 사회교육원에서 상담 과정을 수강하면서 내 자신에 대해 깊이 성찰하기 시작했다.

"나는 누구인가?"
"나는 어떻게 살 것인가?"
"나는 왜 이 세상을 사는가?"

2년간의 상담 과정을 1년 만에 수료한 후 연세대와 이화여대 교육대학원을 응시했지만 다 낙방하고 말았다. 하지만 나는 실패에 낙담하지 않았고 한국외국어대학교 국제대학원에 응시하여 합격한 후 입학했다. 요즘은 만학이 일반화되었지만, 15년 전만 해도 40대에 대학원을 다니는 사람이 거의 없었기 때문에 나는 국제대학원에서 유명한 아줌마 학생이 되었다. 인재 육성이라는 역할을 수행하기 위해 응시한 교육대학원에는 모두 낙방했지만, 한국외국어대학교 국제대학원 입학은 내 인생의 또 다른 터닝 포인트가 되었다. 때론 실패가 다른 행운을 기다리는 법이다. 포기하지만 않는다면 말이다.

대학원 학업성적은 우수했고 하버드대학교에서 인류학을 전공한 미국인 교수님이 나에게 미국 유학을 적극적으로 권유했다. 국제대학원을 다니면서 일부러 영어 강좌를 더 많이 신청했고, 발표와 학술 페이퍼를 쓰는 요령을 배우면서 유학 준비를 했다. 주부이자 엄마이고 며느리로서 시간을 쪼개서 써야 했기에 토플과 GRE 시험을 준비하기 위해 밤새도록 공부했다. 내 책상도 PC도 없었기에 낮에는 딸 방에서, 저녁에는 식탁과 독서실을 전전했다. 20여 년 만에 새롭게 접한 그 두꺼운 GRE 수학책을 단 10일 만에 마스터하면서 내가 느낀 점은 공부가 힘들다는 것이 아니라 내가 왜 학창 시절에 학습에 흥미를 두지 못했을까 의아했다는 것이다. 내 경험을 바탕으로 학교에서 왜 공부를 하는지부터 가르쳐야 한다는 것이 내 소견이다. 인생에서 목적의식을 가지면 자신에게 숨겨진 잠재력이 얼마나 강렬하게 폭발되는지 뒤늦은 나이에 경험한 셈이다.

2006년 여름 미국 미술 명문 대학에 장학금을 받고 입학하게 된 딸과 함께 유학의 길을 떠났다. 영어를 잘한다고 생각하고 간 유학이었지만, 석사과정을 밟는 사람들 중 외국인은 내가 유일했기에 고난의 길이었다. 수업 시간 누구나 아는 TV 토크쇼 프로그램 이야기에 나 혼자 웃지 못하고 멀뚱하게 있기도 했고 교육 전문 용어를 알아 들을 수가 없어 난처해지기도 했다. 매일 예습하고 토론 준비를 하고 질문할 것도 미리 챙겨 가면서 미국인들보다 더 열심히 공부하는 수밖에 없었다. 가장 괴로운 일은 어느 누구도 나와 함께 팀 프로젝트를 하려고 하지 않는다는 점이었다. 나는 그들이 싫어하는 통계와 파워포인트 제작을 도맡을 수밖에 없었다. 기죽어 있던 나는 그들의 영어가, 언어를 잘하는 것이지 발표 내용의 질이 따라가지 못할 정도는 아니라고 느끼는 데 꼬박 1년이 걸렸다.

캘리포니아주립대학교 엘에이(Calstate LA)는 1년에 4학기제로 쉬지 않고 2006년 가을, 겨울, 2007년 봄, 여름 학기를 지속적으로 운영했다. 8월 중순에 졸업한 후 곧바로 USC(서던캘리포니아대학교) 박사과정에 지원했다.

나는 내 인생의 '리더'다

석사 졸업장이 나오지 않은 상태로 박사과정에 입학하다 보니 비자가 이전되지 않아서 우여곡절 끝에 수강 신청 마감일에 가까스로 과목 등록을 할 수 있었다. 박사과정은 한 번 석사과정을 공부한 다음이라 그런지 오히려 수월했다.

영어를 생활화하기 위해 한국의 TV나 인터넷을 보지 않았고, 미국 동료들이 먹는 음식을 먹고 그들이 좋아하는 야구 경기와 미식 축구 경기를 따라다니면서 영어로 꿈을 꾸기 시작했고 때로는 내가 교포인가 착각하기도 했다. 영어 발음을 고치기 위해 커뮤니티 칼리지에 다니기도 하고 영어 공부에 도움이 되는 무료 강좌나 세미나는 빠지지 않고 들으러 다녔다. 나는 내가 목표로 한 인재를 육성하기 위해 리더십 연구를 했고, 리더 육성 방안에 대해 고민하며 논문을 썼다. 수업에서 배운 내용을 현장에서 지식 전이(transfer of knowledge)하기 위한 방법에 대한 연구였다. 나는 우등생으로 박사과정을 수료한 후 단 한 번만의 시도로 논문 심사에 수월하게 통과했다. 하버드나 스탠포드대를 나온 동료들까지 논문 샘플로 참고하게 빌려 달라고 부탁할 정도로 인기 있는 논문이었고 독일에서 단행본으로 출간되었다.

미국 교육의 장점으로는 여러 가지가 있겠지만 나에게 뜻깊은 것은 우리나라에서 생각해 보지 못한 인생의 '가치'에 관해 고민하게 되었다는 점이다. 진정한 교육이란 한 사람에게서 변화를 이끌어 내고 그 변화는 때론 한 사람의 인생을 바꾸는 중요한 전환점이 된다는 것을 몸소 체험했다. 캘리포니아 주립대의 로리 킴(Lorie Kim) 교수님은 내가 박사 과정을 통과하자 미국에 남아 교수가 될 것을 권하셨다. 하지만 나는 교수님께서 나에게 새로운 인생을 제공해 주신 것처럼 나 역시 내 학생들에게 그러한 멘토가 되겠다는 약속을 하고 귀국했다.

2010년 유학을 마친 후 한양대학교에서 시작한 리더십 강의 역시 쉽지 않았다. USC의 박사과정에 있을 때, 초대 리더십연구소 소장을 지낸 워렌 베니스(Warren Bennis)의 리더십 저서는 성경책과도 같은 존재였다. 첫 학기 수강생들 중 한 여학생이 쉬는 시간에 미국인들의 사례만으로 구성된 교재라 마음으로 와 닿지 않는다고 옆자리 학생에게 말하는 것을 우연히 듣게 되었다. 그 여학생은 내가 우리나라 실정에 맞는 리더십 콘텐츠 개발에 주력할 계기를 마련해 준 셈이다. 나는 자기 성찰을 통한 문제 해결과 의사결정 능력 연습, 발표력, 토론 능력, 팀 프로젝트 교육 강화 프로그램에 중점을 두게 되었다.

나에게는 교육 철학이 있다. 미국에서 얻게 된 내 마음 속 문구들 중 하나는 "비즈니스는 생계를 위한 것이지만 교육은 누군가를 변화시키는 것이다(Business makes a living, but education makes a difference in somebody's life.)"와 두 번째는 라틴어로 In Loco Parentis(in the place of parent, 교육자는 부모 대신)이다. 나의 교육 철학은 타인의 성장을 도모하지만 도리어 내가 더 많이 성장하는 계기를 마련해 준 셈이다. 내가 성공하려고 하기보다 타인과 공동체를 더 좋은 방향으로 변화시키려고 노력할 때 우리는 더 빨리 더 크게 성공하는 법이다.

내 학생 중 한 명이 무대 공포증이 있다고 하면서 어떻게 교수님처럼 많은 사람 앞에서 두려움 없이 강의를 잘 할 수 있는지 질문하는 이메일을 보냈다. 나는 그 학생에게 어린 시절 나 역시 소극적이고 수줍음 많아서 혼자 책 읽고 글쓰는 일만 좋아했다고 말했다. 그리고 현재도 청중들의 얼굴이 보이지 않으면 덜 떨리기 때문에 안경 쓰지 않고 희미하게 보

나는 내 인생의 '리더'다

이는 상태로 강연한다고 위로해 주었다.

누구나 처음부터 잘하는 일은 없다. 중요한 것은 내가 인생에서 추구하는 비전과 연관되는 일을 수행할 때 우리는 그 어려움을 두려움과 함께 극복하는 경향이 있다. 스테판 폴란이 말한 것처럼 인생의 3막에서는 인생에 의미 있고 가치 있다고 확신하는 일을 해야 한다고 생각한다. 그는 자신이 80세 이전에 새로운 막이 또다시 시작될 것이라고 굳게 믿고 있다고 썼다. 나의 80세는 또 어떠한 모습일까?

자기 브랜드 수업

2010년 미국에서 귀국하여 2011년 서강대에서 '자기 브랜드 리더십' 강좌를 개설했으니 벌써 햇수로 7년째가 되었다. 내가 나의 리더십 프로그램 중 가장 소중하다고 생각하는 과목이 자기 브랜드 수업이다. 자기 자신에 대해 발견하지 못하고 자기 비전을 갖추지 않은 사람은 리더가 될 수 없다. 내가 이 수업에 애착을 갖는 이유는 학생들과 사적 이야기를 진솔하게 나누고 소통하면서 자기 발견을 하지 못한 청년들에게 꿈과 희망을 주는 시간이기 때문이다.

나는 언제나 고민한다. 이렇게 똑똑한 학생들이 자기 자신을 성찰하는 데 왜 그렇게 어려움을 겪을까? 이 수업처럼 자기 성찰을 진지하게 해본 적이 없었다는 대다수 학생의 말은 결국 20세 신입생 연령으로 볼 때 단 48시간(16주 3시간 수업)＋알파(과제에 걸리는 시간)의 시간도 자기 자신에 대해 생각해 본 적이 없다는 뜻이다.

나는 2남 2녀의 차녀로 태어났다. 오빠는 어릴 때부터 운동을 잘 했고,

언니는 음악을, 나는 독서와 글쓰기를 좋아했고, 남동생은 만화 그리기를 하며 놀았다. 우리 세대가 어쩌면 현재의 밀레니엄 세대에 비해 자기 적성을 파악하기 쉬운 세대였는지 모른다. 우리는 초등학교 시절 강요에 의한 선행학습 대신 자기 호기심의 원재료를 바탕으로 자신이 좋아하는 것을 하며 놀았다. 우리 세대가 다양한 놀이를 하면서 사람들과의 관계 속에서 자신이 좋아하는 것을 새롭게 배워 나갔다면, 요즘 세대는 게임의 규칙 안에서 놀이를 하는 세대다. 그들은 상황 설정에서 집중하기 쉬울지 모르지만, 자기만의 목소리를 듣고 새로운 규칙을 만들어 내는 자유 탐색 일에 서툴다.

스티븐 나흐마노비치는 『놀이, 마르지 않는 창조의 샘』에서 "놀이는 언제나 맥락의 문제다. 무엇을 하느냐가 아니라 어떻게 하느냐의 문제다. 놀이를 통해 우리는 사람, 동물, 사물, 아이디어 이미지와 상호 작용하는 법을 발견한다. 놀이가 순수한 즐거움을 추구하고 행하는 것이라면 게임은 일정한 규칙 하에 이루어지는 활동으로 게임은 규칙과 참여자가 정해진 활동이다."라고 말했다. 그의 표현에 따르면 창조성은 탐색 과정이 필요하며 놀이는 게임과 달리 결과물이 아닌 과정의 즐거움이다. 요즘 젊은 세대는 경쟁하는 게임에 탁월하지만 창조하는 놀이를 하지 못한다. 특히 자기 탐색 놀이에 취약하다.

앞으로의 시대는 자기를 어떻게 브랜딩하여 자기만의 전략을 만들 것인가가 중요해졌다. 미국에서는 근래 부쩍 재능 전략(talent strategy)이라는 말을 자주 쓰기 시작했다. 이제껏 남을 모방하고 남이 시키는 일을 했다면 이제는 내 자신의 재능과 잠재력을 오롯이 성찰하고 탐색하여 자신의 전문성을 계발시킬 준비를 해야 한다. 자신의 일생 동안 어떻게 다양하게 나의 재능을 활용할 것인가 스스로 디자인할 수 있는 코디네이터(Talent management coordinator)가 되어야 한다.

매리언 맥거번(Marion Mcgovern)의 『전문성의 새로운 브랜드(A New Brand of Expertise)』에서는 다음과 같은 질문을 던지고 있다.

"당신은 누군가가 사고 싶어 하는 전문성을 가지고 있는가?"

학교(school)의 어원은 라틴어 스콜레(scole) '여가'와 스콜라(scholar) '학자'에서 유래되었다. 학교는 어원적으로 담론을 나누며 여가를 보내는 곳이다. 여가를 즐기며 사람들과 토론을 했다면 자신들의 호기심과 관심사에 대해 자연스럽게 이야기를 나누며 교양을 쌓았을 것이다. 인문학을 통한 자기 발견과 자기 수양은 공부가 아니라 즐거운 놀이였으리라. 그리스 학자들은 노예 제도를 통해 자신들이 직접 생산적인 활동에 참여할 필요가 없었다. 그들의 시간은 독서와 운동, 토론을 통한 레저 활동으로 형성되어 있었다. 앞으로의 시대 로봇과 AI가 인간의 노예가 되어 육체적 정신적 노동에 헌신해 준다면 인간은 어쩌면 다시 고대 그리스 귀족처럼 지식의 주입이 아닌 즐거운 공부 놀이를 해야 할지 모른다.

나는 학생들에게 자기 브랜드 전문성을 향상시킬 창의적 '놀이' 수업을 진행 중에 있다. 즐거운 마음으로 자신의 일을 창조해 나가는 '놀이하는 인간 호모 루덴스(Homo Ludens)'의 귀환을 준비하라.

차례

| PART 1 |

새로운 리더십의 필요성을 느끼다

PART 1
새로운 리더십의
필요성을 느끼다

리더십 교육이 필요하다

"리더십이란 공동의 이익을 위해 설정된 목표를 향해 매진할 수 있도록 사람들에게 영향력을 발휘하는 기술이다."

-제임스 헌터

우리는 왜 리더를 원하는가?

워렌 베니스(Warren Bennis)의 『리더(On Becoming a Leader)』에서는 '리더십의 부재(lack of leadership)'를 구글창에 검색해 보면 1987년 27,000건의 결과가 뜬다고 나와 있다. 나 역시 2017년 7월 초 'lack of leadership'을 구글에 검색해 본 결과 1억 6천1백 개의 문건이 뜨고 있었다. 워렌 베니스는 "우리가 한 때 우러러봤던 리더들은 모두 죽었다."라고 한탄하고 미국의 대통령인 링컨(Abraham Lincoln), 루스벨트(Franklin Roosevelt), 케네디(John F Kennedy), 영국의 처칠(Winston Churchill) 수상 그리고 마틴 루터 킹(Martin Luther King) 목사와 같이 역사상 영원한 리더의 존재를 그리워하고 있다. 현재 미국의 혁신적 인물로 여겨지는 에디슨(Thomas Edison), 라이트 형제(Wright brothers), 스티브 잡스(Steve Jobs)나 빌 게이츠 (Bill Gates), 미국의 희망을 강조하며 대통령 선거에서 압승한 최초의 흑인 대통령 버락 오바마(Barack Obama)의 존재에도 불구하고 미국인들의 리더에 대한 욕구는 간절하다. 왜일까?

미국의 리더십

대통령이라는 직업은 장기 목표를 위해서 헌신해야 하는 외로운 직업이고, 임기 내에 칭송을 받기보다는 역사 속에서 평가되어야 하는 리더다. 미국의 링컨 대통령은 비전 제시와 위기관리 능력이 뛰어났다는 점에서 존경받는 대통령이다. 미국 대통령 중 존슨(Lyndon Johnson), 닉슨(Richard Nixon), 카터(Jimmy Carter)를 능력 있고 유능했지만 실패한 대통령으로 보는 이유는 훗날의 성공보다는 빠른 결말을 추구했다고 평가받고 있기 때문이다. 반면에 이란-콘트라 사건과 주가 하락의 상황을 효율적으로 대처해서 '테프론 대통령(Teflon president) *'이라는 칭송을 받은 레이건(Ronald Reagan) 역시 미국에서 위대한 대통령 중 1명으로 뽑히고 있으며, 간혹 그 특유의 유머를 말하는 사람들도 있지만, 그가 존경받는 이유는 정통성과 진실성에 있다.

미국에서 첫 흑인 대통령이 된 오바마의 선택은 국민들의 보다 나은 미국에 대한 '변화'의 강한 목소리였다. 8년의 재임 기간 보여 준 공화당의 이라크 전쟁과 그에 따른 후유증, 그리고 국익에 도움이 되었을지 모르지만, 수조 원씩 이라크에 쏟아부었던 재정 정책의 반대, 석유 및 기타 생필품의 가격 상승으로 인한 경제 불황은 중상류층 백인 지식인으로

---

* 개인적인 인기가 높아서 웬만한 실정이나 실언으로 비판받아도 좀처럼 정치적 인기나 생명에 상처를 입지 않는 대통령을 의미한다.

나는 내 인생의 '리더'다

하여금 오바마에 대한 지지로 변화하게 만들었다. 이런 현상들은 사람들이 전반적인 변화를 추구하는 현상으로 높은 이상과 점진적 개혁, 가치관과 윤리의식의 개조, 삶의 만족과 상호이익에 바탕을 두고 있다.

20세기 말 유로화 출범을 시작으로 한국의 IT 산업 도약, 브릭스(BRICs-브라질, 러시아, 인도, 중국)의 급성장으로 미국의 경제는 제조업 부문의 경쟁력 약화와 이윤율의 장기적 저하를 초래하게 되었다.

소비가 성장동력인 미국 경제가 제조업이 아닌 금융업과 부동산이 부를 축적하는 투기성 방식으로 전환되면서, 이러한 거품경제는 제조업의 성장 약화와 외채의 증가로 이어졌다.

2008년 서브프라임 모기지로 촉발된 미국 투자은행인 리먼브라더스의 파산, 메릴린치의 매각, AIG의 긴급 자금 지원 등의 사태가 전 세계적으로 충격을 주었다. 게다가 AIG의 경우 미국 정부의 구제금융 액수 1,730억 달러 중 1,000억 달러를 원조받으면서도 임직원의 업무성과금을 지급하겠다고 발표했다가 엄청난 비난을 받고 취소하는 해프닝이 발생했다. 구제금융을 받은 돈으로 회사 간부들의 보너스를 지급한다는 AIG사와 그 임직원들의 비도의적 처사는 미국 국민들을 허탈하게 만든 것이다.

한때 미국의 자랑이던 자동차의 연이은 파산신청이 발생하고, 크라이슬러에 이어, 2009년 6월 1일 GM은 미국 역사상 네 번째로 큰 규모의 파산보호 신청을 하게 된다. 그러나 2011년 들어서서 미국의 자동차 '빅3'가 서서히 살아나고 있다. 그 뒤에는 CEO인 댄 애커슨(Daniel Akerson) GM 회장, 앨런 멀러리(Alan Mulally) 전 포드 회장, 세르지오 마르치오네(Sergio Marchionne) 전 크라이슬러 회장의 저돌적·전략적 경영기술이 자리잡고 있다고 한다. 그러나 더 중요한 것은 그들이 세계화의 빠른 변화와 속도를 강조하고 실천하고 있다는 점이다.

하지만 글로벌 금융 위기와 미국의 대공황 이래 유례없이 9%를 넘나드는 높은 실직자 수, 장기실업, 부동산 경기침체, 주택 압류, 격심한 빈부격차로 인한 미국 민중들의 분노는 대규모 시위로 표현되었다. 2011년 9월 뉴욕 월스트리트 부근, '월가를 점령하다(Occupy Wall Street)'라는 구호 아래 수백 명이 모여 시작된 시위는 수천 명으로 늘어나 대도시로 번지게 되었는데, 이는 미국의 경제적 불평등, 타락한 금융 자본주의에 대한 불만의 목소리다. 커다란 실수를 하고도 책임지지 않는 회사 경영진의 비윤리적 행동, 워싱턴 정가와 금융권의 유착과 탐욕을 규탄하는 이번 시위는 정의실현의 요구이며 열심히 일하면 성공한다는 아메리칸 드림의 복원을 희망하는 메시지다.

이제 미국인들은 엘리트로서의 인재를 넘어서서 포괄적이면서 장기적 안목을 갖춘, 전체를 통합할 수 있는 혁신적 리더십을 원한다. 그들은 개척과 도전, 인권과 평등을 기초로 세워진 과거의 미국보다 더욱 정의로운, 존경받는 미국을 염원하고 있는 듯 보인다.

한국의 리더십

우리나라의 대통령 역사는 짧은 데도 이유가 있겠지만, 그들에 대한 역사적 평가는 아직 진행 중이다. 2003년 3월 스탈린(Joseph Stalin)의 사망 50주년에 시행된 여론 조사에서 응답자의 36%가 독재자 스탈린에 대해 긍정적 평가를 내렸다. 이는 최강국이었던 구소련에 대한 국민들의 향수였을지 모른다. 2010년 광복 63주년과 건국 60년의 대한민국의 역사를 재조명해 보는 차원에서 실시된 KBS 방송국의 평가조사 결과, 역대 대통령 중 박정희 대통령이 73.4%의 지지로 가장 존경받는 대통령으로 뽑혔다. 국민들은 유신 독재로 인한 정치적 전근대화 문제보다는 경제의 근대화에 박차를 가한 박정희 대통령을 최고의 대통령으로 평가하고 있다는 사실이다. 그 뒤로 김대중(11.5%), 노무현(4.3%), 이승만(2.1%), 전두환(1.7%), 김영삼(0.8%)순으로 나타났다. 현재는 세대별 지역별로 다른 결과가 나오리라 여겨지며, 대통령에 대한 업적 평가는 여전히 진행 중이다.

2006년 가을 미국의 각종 뉴스 프로그램은 북한의 '10·3 핵실험 발표'에 따른 향후 전망과 미국의 대응 수위에 대한 군사 전문가들의 설명으로 시끄러웠다. 그들은 지도에서 한국의 남한에 동그라미를 치면서 가장 우려되고 위험한 곳이라고 전망했으며, 이 계기로 마음만 먹으면 금방이라도 핵보유국에 뛰어들 수 있는 일본의 핵보유에 우려를 표하였다. 또한 기존의 핵보유국의 실험 가능성에 대해서도 토론하였다. 온건한 대북 정책을 지향한 김대중, 노무현 정권 10년이 이어지면서 한국 내에서는 북한의 핵은 평화 정착에 위협적이라기보다는 대외 시위용, 정권 유지용이라는 생각이 압도적이었으며, 같은 민족을 향해 총부리가 겨냥되지 않을 것이라는 생각이 지배적이었다.

그런 기대와는 달리, 2010년 3월 27일 연평도 해상에서 해군 초계함인 천안함이 북한의 어뢰 공격을 받아 46명의 전사자가 발생하는 사건이 발생하였다. 또한 같은 해 11월 23일 북한은 연평도에 무차별 포격을 감행하면서 한국전쟁 이후 남한 영토에 첫 포사격 도발을 감행하였으며, 이로 인해 해병대 병사 2명과 민간인 2명이 희생되었다. 2017년 북한의 연이은 핵실험과 위협 속에 핵 보유가 기정사실화되면서 국민 대화합과 IMF 극복, 북한에 대한 햇볕 정책의 추구로 노벨평화상을 수상한 김대중 전 대통령의 업적과 햇볕 정책에 대한 평가는 2010년 일련의 두 사건으로 다시 시험대에 오르게 되었다. 문창극 전 중앙일보 주필은 "북한의 악을 확대시켜 온 햇볕 정책의 실패를 선언하라. 평화는 햇볕만이 아닌 힘을 바탕으로 지켜진다."라고 하였다. 2010년 북한의 도발로 대한민국은 국가적 위기를 모면하면서 국방과 안보에 대한 강한 전략적 리더십이 요구되었던 한 해이기도 했다. 2017년은 안보 무력감과 불감증을 떨쳐 내고 안보와 국방의 근간을 이루어야 하는 중대한 시점에 놓여 있다.

퇴임 후 2009년 5월 23일 자살로 세상을 또 한 번 놀라게 했던 노무현 대통령은 탈권위주의적·개방적 리더십을 보여 주었고 선동가형의 지도자로 개혁정책을 추진하였으나(최진, 『대통령 리더십』), '이념적 성향이 한쪽으로 치우친 대통령'으로 갈등과 분열을 통합하지는 못하였다(김광웅, 『창조! 리더십』). 이명박 전 대통령은 국가 경제의 부흥을 비전으로 한 '실용주의 대통령'으로 불렸지만, 국민들의 바람에 호응하지 못했다. 대한민국 헌정 사상 최초로 탄핵되어 파면된 박근혜 전 대통령을 바라보면서 국민들은 보다 국민적 화합과 미래지향적 희망의 비전을 제시해 줄 통합과 소통의 리더를 원하게 되었다.

한국의 대표적 기업인 '삼성그룹'을 창립한 이병철 회장은 유교에 바탕을 둔 반듯한 인재관을 중시하였으며, 신입사원들의 면접에 직접 참여해서 선발했다는 일화가 전해진다. 하지만 '의인불용 용인불의(疑人不用 用人不疑), 즉 의심가는 사람에게는 일을 맡기지 않으며 한번 맡긴 자는

나는 내 인생의 '리더'다

의심하지 않는다.'라는 신뢰경영을 중시하여 자기 사람들을 믿고 일을 위임하는 경영인이었다. 그는 '인재의 삼성'이란 전통을 확립하였다(신완선, 『컬러 리더십』).

그 후 삼성그룹을 세계 속의 삼성으로 성장시킨 이건희 회장 역시 자율 경영을 중시하는 기업인이며, 1993년 신경영 시대를 개막하면서 '처자식 빼고는 다 바꾸자.'며 경영 혁신을 주도하였다. 이후 '양 위주의 경영'에서 '질 위주의 경영'을 추구하면서 창조적인 인재등용에 우선순위를 두게 되었고, 21세기는 탁월한 1명의 천재가 1,000명, 10,000명을 먹여 살리는 인재 경쟁의 시대, 지적 창조력의 시대가 도래했음을 강조하였다. 이건희 회장은 실패를 두려워하지 않는 도전을 주문하지만 위기에 대한 대비에 철저하게 만전을 기하는 기업인으로 알려져 있다. 2011년 "지금이 진짜 위기다. 앞으로 10년 안에 삼성의 대표 제품이 사라질 수 있다."라는 말로 도전과 창조를 재역설하였다.

삼성의 이병철 회장과 곧잘 비교되었던 현대의 정주영 회장은 불도저처럼 밀어붙이는 도전정신으로 유명하다. "해보긴 해봤어?"라는 그의 말처럼 일단 부딪혀서 시도해 보라는 행동하는 리더십을 보여 주었다. 정주영 명예회장 10주기 추모 학술 세미나에서 송복 연세대 명예교수는 정주영 회장은 위험을 두려워하지 않는 용기와 모험, 도전정신 그리고 직관과 돌파력을 겸비했다고 말했다.

1965년 9월 태국의 파타니 나라티왓 고속도로 공사를 맡아 첫 해외 건설 진출을 계기로 불과 2년 4개월 만에 많은 반대를 무릅쓰고 경부고속도로를 완공시킨 것은 박정희 대통령과 정주영 회장의 강력한 추진력을 보여 주는 대목이다. 1981년 〈나의 경영철학〉이란 TV 프로그램에서 정주영 회장은 어려울 때일수록 진취적 기상과 모험심, 불같은 열정으로 노력하고 극복하고 배운다고 말하였다. 그의 자서전 『시련은 있어도 실패는 없다』에서 보여 준 것처럼 그는 긍정적 리더의 마인드를 품은 경영인이었다. 그 일례로 첫 번째 독자 개발 자동차인 포니를 만들 때 "실패해도 좋으니 맘껏 해봐라. 어차피 실패하면 내 돈 까먹는 거야."라며 직원들을 호통쳤다고 한다. 유럽에서 비웃던 한국 조랑말 포니는 한국 자동차 산업의 신기원을 이룩하였고, 2010년 세계 4위, 10년간 성장률 1위의 자동차 대국을 견인한 뿌리가 되었다.

오늘날 세계 4위 철강대국의 출발점을 이루고, 이후 조선, 자동차, 가전 산업의 기초를 만든 포항제철소의 주역 박태준 전 회장은 '하면 된다'의 신화를 창조한 인물이다. 그의 강력한 불굴의 리더십을 입증하는 예로 '우향우 정신'을 꼽을 수 있다. 즉, 제철소 건설이 실패할 경우 모두 오른쪽으로 돌아 동해 바다에 몸을 던지자는 뜻이다. 철강왕 박태준 전 회장은 직접 현장을 뛰는 솔선수범형 리더였으며, 무에서 유를 일군 창조의 리더십을 보여 준 대표적인 인물이었다.

유한양행을 세운 유일한 박사는 국내 최초로 종업원 지주제를 도입했으며, 자신의 100% 주식 지분 중 52%를 사원들에게 넘겼으며 타계 후 전 재산을 기부했다. "사람은 죽으면서 돈을 남기고 또 명성을 남기기도 한다. 그러나 가장 값진 것은 사회를 위해서 남기는 그 무엇이다."라고 하였으며, 기업을 사회에 환원하고 기업인으로서 봉사하는 '서번트 리더십'의 선례를 보여 주었다. 그는 또한 혈연관계가 아닌 제3자 조권순 사장에게 경영권을 물려줌으로써 전문 경영인의 등장에 선구자적 역할을 하였다.

우리나라의 기업들은 앞서 보여 준 바와 같이 천혜자원 없이 오직 인적 자원으로 한강의 기적을 창출하고 근대화에 이바지한 훌륭한 경영 지도자들이 많이 있다. 하지만 과거부터 내려온 '정경유착'의 이미지로 성공한 많은 기업 경영인들에 대해 부정적 시각이 있었던 것이 사실이다. 건국 이후 무수한 정치·경제 지도자들, 학계 인사들을 배출해 내면서 직위가 아닌 소위 리더라 불리는 지도자가 부재한 가운데 스포츠계 인사들과 문화계 인사의 리더십이 대중적으로 더 각광받는 것은 참으로 아이러니하다. 오늘날의 리더는 지위와 명예로 대변되지 않는다는 사실을 알 수 있다. 다시 말해 과거의 리더는 자신의 권력과 지위로 권위적인 리더로서 자리매김했다면, 현대의 리더는 남들이 그들을 리더라 부를 때 가능한, 즉 리더십을 평가받는 시대가 된 것이다.

과거 군사정권의 공권력 남용, 국회 회기 때마다 보이는 국회의원들의 거친 몸싸움, 뇌물과 특혜로 검찰에 수사받는 기업인과 정치인들의 비리 소식으로 우리나라에서 리더십 자체에 대해 불신 풍조를 가지는 것은 참으로 안타까운 현실이다. 그동안 우리는 리더와 조직원 간의 건강한 상호관계를 형성시키지 못해 왔다는 점이다. 그러나 우리나라에서 수면 위로 부각되지 않은 많은 훌륭한 지도층 인사들을 직·간접적으로 만나보면서, 선입견으로 지도자들을 비판하기보다는 때로는 우리 자신들이 그들의 리더십을 지켜보고 기다려 주는 진정한 추종자(follower)의 자세가 필요하다는 생각을 해 보았다.

이와 더불어 이순신 장군을 감옥에 보냈던 우리나라의 시기하는 사회 풍토도 근절되어야 할 것이다. 우리나라의 보다 건설적이고 성숙한 정의사회 구현을 위하여 리더를 인정하지 않으려는 사회 분위기는 지양

되어야 하며, 존경받는 사회 지도층 인사의 부재는 결국 우리 모두에게 손해이며 불행이라는 사실을 자각해야 할 것이다(안철수, 『지금 우리에게 필요한 것은』). 물론 권력을 남용하는 리더는 견제되어야 하지만 진정한 리더십의 창출을 위해 우리 모두 리더를 양육·육성하는 데 노력해야 할 것이다. 그리고 숨어 있는 리더의 발굴과 그들에 대한 호응으로 더 많은 리더를 배출하는 문화를 형성시켜야 한다.

기술과 정보의 힘은 놀라운 속도로 지식근로자의 시대를 넘어서 지식창조자의 세상으로 재편해 나가고 있다. 4차 산업혁명 시대의 도래는 단순한 위협이 아닌 생존의 문제이다. '미국 우선주의(America First)'를 표방하여 당선된 미국의 트럼프 대통령과 영국의 유럽연합(EU)의 탈퇴, 즉 브렉시트(Brexit) 현상은 모두 글로벌 경제 침체에 따른 재정위기가 계기다. 점차 자국의 이익을 옹호하는 목소리가 커지고 있다. 글로벌 경제는 생각보다 오래도록 침체기에 있다. 아직도 제조업을 기반으로 하는 산업시대의 비즈니스 모델에서 정보 시대의 산업 체계로 전환되지 못하고 있기 때문이다.

21세기의 변화는 마치 어디로 튈지 모르는 럭비볼과도 같다. 시대적 흐름에 따라 많은 직업과 일자리는 사라질 것이고 이러한 변화는 대항 불가일 것이다. 초불확실 시대에 필요한 것이 바로 리더의 존재이고 리더십 역량이다. 사람들은 점차 자신의 목소리를 냄으로써 자신의 이권을 주장하고, 동시에 더 나은 시대를 만들어 낼 희생하는 서번트 리더를 동경하고 있다. 21세기가 진행될수록 글로벌 경쟁력이 곧 기술과 인재의 경쟁으로 치닫고 있다. 경쟁에서 살아남기 위해서는 다수의 리더가 다양한 의견을 펼치고 합의를 도출하여 조직을 성장·발전시켜야 지속

나는 내 인생의 '리더'다

가능한 시대를 유지할 수 있을 것이다.

　21세기를 소통과 관계 그리고 상생의 리더십 시대라 부른다. 21세기 불확실성 시대를 돌파할 수 있는 보다 책임 있는 리더의 역할이 요구되고 있으며, 우리나라에서 존경받고 신뢰받는 다수의 리더가 필요한 이유다. 더불어 올바른 리더십의 교육이 그 어느 때보다 절실히 필요한 시대다. 올바른 공동체의식을 바탕으로 앞으로 닥쳐올 사회문제를 함께 해결하는 일에 우리 모두 동참해야 한다.

Question

- 현대 사회에서 리더십의 중요성과 역할이 강조되고 있는 이유는 무엇인가?
- 우리 사회에서 리더라 불리는 사람이 흔치 않은 이유는 무엇인가?

Activity

- 우리 주위에 알려지지 않은 리더들은 누가 있나 알아보기.
- 우리 주위에 있는 그들을 왜 리더라 부르는지 설명해 보기.

Reflection

- 우리나라에서 리더가 부재인 원인을 교육적, 사회적, 환경적 측면에서 생각해 보기.

우리나라에 리더가 부재인 원인을 교육적, 사회적, 환경적 측면에서 생각해 보기

이슬기(2016년 수강생)

리더로서의 자질로 여러 가지가 언급될 수 있겠지만, 가장 기본이 되는 것은 '관찰 능력'이라고 생각한다. 우리는 흔히 리더를 앞에 나서서 진두 지휘하는 사람으로만 떠올리지만, 사실 리더가 된다는 것은 주변을 관찰하고 무엇이 필요한지 파악하여 그것을 해결할 수 있는 방법을 찾아내야 한다는 것이다. 그럼에도 불구하고 교실 내에서 교육적으로 아이들에게 주입되는 리더의 모습은 1등의 자리에서 앞만 보고 달리는 사람으로 그려지고 있으며, 리더의 전제조건으로는 가시적인 성과를 강조하고 있다. 결과적으로 학생들은 성적으로 자신을 증명하기 위해 치열하게 경쟁하고 자연스럽게 주변을 살피는 시야가 좁아지며, '적극성'의 성격이 변화를 이끌기 위한 기회 자체를 잡기 위해서 발휘되는 것이 아니라 '주어진 과제' 내에서만 발휘되도록 변질된다.

출장이나 여행 등의 경우로 한 번쯤은 호텔에 묵어 본 경험이 있을 것이다. 사람들은 과연 매일 새롭게 제공되는 비누를 보면서 무슨 생각을 할까? 나를 포함한 많은 사람들은 새 비누에만 관심이 있을 것으로 생각된다. 하지만 집에 오는 길에 버스 광고판에서 본 흑인은 버려지는 비누에 관심을 가졌다. 그것들을 수거하여 새로운 비누를 만들었고 이는 아프리카의 아이들에게 제공되어 결과적으로 질병예방 차원에서 상당한 기여를 할 수 있었다. 리더에 대해서 상당히 다양한 정의를 내릴 수 있겠지만, 분명 비누로 이끌어 낸 리더십이 한국에서는 평가절하되고 있다는 것이다. 우리가 그토록 바라는 리더는 결코 이러한 관찰력이 부족해서는 안 되는 사람임에도 불구하고 말이다. 비누로 이룬 리더십의 다음은 무엇일지 그 누구도 상상할 수 없지만, 더욱 의미있는 결과를 이끌어 내리라는 예상은 어렵지 않다.

환경적 측면에서의 리더에 대한 논의도 교육적인 측면과 크게 다르지 않다고 생각된다. 내가 어릴 때부터 부모님은 리더가 되기 위해서는 회장 선거에 출마해야 한다고 항상 독려하셨고, 학교를 다니는 내내 그리고 그 이후에는 취업을 중심으로 끝없는 비교가 이어졌다. 결국, 우리에게 리더란 '대표'의 자리를 의미하는 것이 전부이며, 끊임없는 비교를 통해 누군가를 앞서야만이 가능하다. 그렇지만 이는 아이러니하게도 학생들로 하여금 자존감이 낮아지게 하며 리더로부터 한 발자국 멀어지게 만든다고 생각한다.

대학생활을 하면서 봉사활동, 학생회 등을 포함하여 여러 활동을 했었고 그 중에는 유독 느끼는 바가 많아서 다른 사람에게도 추천해 주고 싶은 활동들이 있었다. 하지만 적극적인 행동으로는 이어지지 못했다. 그리고 이번 8월에 나는 외국인들과 함께 봉사활동을 할 기회가 있었다. 나를 포함해 한국인, 외국인들 모두가 느끼는 바가 많은 일주일 봉사였지만, 이를 적극적으로 어필하여 다른 사람들의 참여를 유도했던 것은 미국인 참가자들이었다. 누군가는 이를 보고 크게 의미를 부여하지 않을 수 있다. 하지만 나는 이러한 시각에서부터 리더의 부재를 초래한다고 본다. 다시 강조하지만, 리더는 단체를 대표하는 자리가 아니다. 변화를 이끌어 내고 공동체의 이익을 개선할 수 있는 사람, 그 길로 유도할 수 있는 사람, 그들이 바로 리더다.

리더가 된다는 것은 리더로서의 무게를 짊어져야 한다는 의미이기도 하다. 때로는 희생이 필요할 것이며, 남들과 다르게 생각하고 행동해야 할 것이다. 하지만 한국 사회에서는 이러한 부분이 유독 받아들이기 힘든 부분으로 다가오는 것 같다. 한국인에게는 '남들과 다르다'는 것이 '틀리다'는 것으로 받아들여지고, 남들과 크게 다르지 않은 선에서 그들을 앞지르는 것이 그들의 살아야 하는 방향이라고 생각하는 것으로 보인다. 그렇기 때문에 레이싱에서 우승하기 위해서 최대한 무게를 줄이려고 하는 것과 같이 승리를 위해서 꼭 필요한 것만을 하려고 한다. 그러다 보니 공동체라는 의식보다는 개인의 이익이 우선될 수밖에 없는 구조로 흘러가고 있다고 생각한다.

지금 대한민국은 변화의 격동기에 있다고 생각된다. 그리고 분명 조화로운 발전을 위해서는 모두의 공감대가 형성되어야 할 것이며, 이를 위해서는 모두의 열린 태도, 다양한 사고방식을 받아들이려는 노력이 필요하다. 더 이상 리더는 숫자, 가시적인 성과로 나타나는 것이 아니라는 점을 인지하고 공동체의 이익을 증진시킬 수 있도록 관찰 능력을 키울 수 있는 환경을 조성하는 것이 중요할 것이다.

새로운 시대의 패러다임을 받아들여라

> "우리 주위의 환경은 시시각각 변하는데, 우리는 항상 그대로 있길 원하지. 이번에도 그랬던 것 같아. 그게 삶이 아닐까? 봐, 인생은 변하고 계속 앞으로 나아가고 있잖아. 우리도 그렇게 해야 돼."
>
> ―스펜서 존슨, 『누가 내 치즈를 옮겼을까?』

변화의 패러다임을 파악하라

　패러다임이란 용어는 토마스 쿤(Thomas Kuhn)의 『과학혁명의 구조(The Structure of Scientific Revolutions)』에서 처음 사용되었으며 여러 의미를 함축하고 있지만, 요약하자면 "특정 과학자 사회의 구성원에 의해 공유되는 신념, 가치, 기술 등을 망라한 총체적 집합"을 말한다. 『철학사전』에 따르면, 패러다임이란 말은 과학자 집단들이 탐구할 과제뿐만 아니라 해결 방안도 제공하는 것이며, 기존의 패러다임으로 해결되지 않을 때는 대안적 패러다임을 모색하게 된다. 즉, 패러다임의 전환을 의미한다. 패러다임은 한 공동체가 공유하는 개념, 가치, 인식, 실천으로 이루어지는 총체이고, 공동체는 그것을 통해 현실을 바라보는 시각을 특정하게 결정하고 스스로를 유지시키고 발전시켜 나간다는 것이다. 인류 역사상 시간이 지나면서 지배적인 생각이 변해 왔고, 즉 패러다임이란 동시대 사람들이 가지고 있는 지배적인 생각을 말한다.

패러다임의 변화란 동시대 사람들이 가지고 있는 지배적인 사고의 전환을 일컬으며, 그 대표적인 예는 니콜라우스 코페르니쿠스(Nicolaus Copernicus)의 지동설로 사람들은 지구가 자전하는 것을 인식하고, 우주의 중심을 지구가 아닌 태양으로 인정하게 된 사고의 전환이다. 산업에도 패러다임의 전환은 존재하며, 그 전환에 대한 인식은 기업의 흥망성쇠와 밀접하기 때문에 매우 중요하다고 하겠다. 산업 패러다임의 두 가지 큰 특징은 한번 지나가면 돌아오지 않는다는 비가역성(非可易性)과 못 따라가면 망할 수 있다는 비정성(非靜性)이다(삼성경제연구소).

삼성경제연구소가 말하는 20세기 산업의 특징은 시간, 정보, 공간의 정복이었다. 전기 발명이 밤에도 일을 가능하게 만든 시간의 정복이었다면 통신의 발명은 메시지를 손쉽게 전달할 수 있는 정보의 정복을 이루어 냈다. 또한 자동차의 발명은 지리적 공간의 한계를 극복하게 만들어 주었다. 20세기 후반에 인터넷으로 시작된 디지털 혁명은 기존의 가치와 인식을 산업기반에서 지식과 정보의 시대로 전환시킨 인류 역사상 획기적인 사건이다. 이 시대를 정보의 홍수 시대라 일컫는 이유는 1965~1995년 30년 동안의 정보량이 기원전 3,000년~기원후 1965년 약 5,000년 동안의 정보량보다 더 많기 때문이다.

20세기는 컴퓨터의 대중화와 인터넷의 고속화로 인해 세상이 점점 가깝고 빠르고 깊게 연결되는 시대가 되었다. 21세기의 컴퓨터화, 소형화, 디지털화, 광섬유로 인한 초고속 인터넷화는 개인과 기업, 개인과 개인이 언제든지 쉽게 거래할 수 있는 시대를 연 것이다. 빌 게이츠가 인터넷을 골드 러시(gold rush)에 비유한 것처럼 전자상거래를 위한 수많은 각종 웹 사이트가 폭발적으로 늘어났다. 2008년 설립된 그루폰으로 시작된 소셜 커머스는 소셜 미디어와 온라인 미디어를 사용하는 전자상거래의 일종으로 우리나라에서도 이를 벤치마킹한 티켓몬스터, 쿠팡 등 2010년 500개가 넘을 정도로 붐을 이루고 있다. 구글은 그루폰 인수에 실패한 후 대항마로 구글오퍼스를 시작했지만 2014년 서비스를 중단했다.

소셜 커머스 사용은 젊은이들에게 인기를 얻고 있고 특정 인원이 되면 50% 이상 싸게 공동구매 할 수 있는 각종 쿠폰은 충분히 구매욕을 자극할 만하다. 나 역시 딸 덕분에 햄버거와 파스타를 반값에 먹어 보았다. 원하는 것을 싸게 얻기 위해서는 발품 대신 열심히 '클릭' 하는 세상이 되었다.

21세기 급속한 디지털화와 네트워크화는 시장의 움직임을 예측할 수 없게 가속화시켰고, 제품의 고객은 세계 어디에나 존재하며, 기업 간의 경쟁은 글로벌화되었다. 고객의 기호를 파악해야만 생존하는 세계화의 시대에서 빠른 선택과 전환은 기업의 새로운 전략이 되었다. 토마스 프리드만(Thomas L. Friedman)은『렉서스와 올리브나무(The Lexus and the Olive Tree)』에서 다보스 세계경제포럼의 클라우스 슈밥(Klaus Schwab)의 말을 다음과 같이 인용하고 있다.

"종래 큰 것이 작은 것을 잡아먹던 세상은 이제 빠른 것이 느린 것을 잡아먹는 세상이 되었다."

다시 말해 빠르게 변화하지 않는 개인, 기업, 국가는 도태할 수밖에 없는 세상이 된 것이다. 한국인의 섬세한 손재주와 어릴 때부터의 수학 교육 강조, 덧붙여 우리의 '빨리빨리' 정서는 한국을 IT 강국으로 급성장시켰다. 2006년 기준 우리나라에서 인터넷 이용자는 3,300명으로 이용자 비율 세계 3위, 초고속 인터넷 보급률 세계 1위, IT 생산 비중 29%/GDP, 수출 34%(OECD 국가 중 1위)를 차지하고 있다. 하지만 2016년 경제협력개발기구(OECD)의 통계에 의하면 우리나라는 초고속 인터넷 보급률 순위에서 유선 5위, 무선 8위를 기록했다. 다른 국가들의 LTE 보급에 속도가 붙으면서 순위가 갈수록 낮아지고 있다. 초고속인터넷의 품질, 속도 부분에서 우리나라가 우수하다는 것이 업계의 평이지만 주목할 점은 주요 선진국들이 정부 차원에서 네트워크 투자를 장려하여 빠른 속도로 급성장하고 있다는 것이다.

컴퓨터의 개인화가 가능해진 20세기 후반부터 새로운 패러다임의 전환이 일어났다. 노동, 토지, 자본의 자원기반경제(Resource-based Economy)에서 컴퓨터의 개인화로 지식, 정보, 창의성을 중심으로 한 지식기반경제(Knowledge-based Economy)로 전환되었으며, 통신과 네트워크의 발달로 50배 생산성 향상과 80%의 인력 감원이 가능해졌다. 이메일이나 구글 같은 검색 사이트처럼 소프트웨어의 급성장은 지식과 자본이 어디서든 나뉘고 합쳐지면서 지식산업이 꽃피울 수 있게 만들었다. 지식기반 사회는 지리적 거리가 가까워지고, 시간성을 초월하여 국제적 개방화를 초래하

그림 1. 패러다임의 변화

자원 기반 → 산업기반 → 지식/정보 기반 → 창조/도전 기반
(토지)　(동력으로 인한 대량 생산)　(PC, 통신망)　(인간의 아이디어)

나는 내 인생의 '리더'다

였다. 국제적 개방화는 아웃소싱(outsourcing)과 오프쇼어링(offshoring) 전략으로 고객의 요구에 맞추어 더욱 싸게 더 많은 고객에게 상품을 더 빠르게 전달할 수 있는 공급사슬시스템을 가능하게 만들었다.

동시에 많은 정보를 공유할 수 있게 되었지만, 쏟아지는 정보의 홍수로 지속성은 짧아졌다. 어느 특수 계층이 아니라 세계의 많은 대중들이 같은 브랜드의 제품을 사용하고 같은 영화를 보고 같은 컴퓨터 게임을 즐기는 시대다. 산업 시대에 비해 모든 것이 넘쳐흐르고 풍족해졌다.

풍요의 시대에서 개인은 나만의 개성과 독창성을 추구하게 되었고, 남과 다를 수 있는, 내가 선택할 수 있는 창작물을 요구하게 되었다. 프랑스의 명품 브랜드사인 루이비통은 '당신만의 프로젝트'라는 이름하에 고객이 원하는 색상, 재질, 디자인이 가능한 맞춤 서비스를 실시했다. 고가 명품의 차별화에서 명품의 취향까지 가능해진 개별화 정책이라 할 수 있다. 이제는 기업이 고객을 기다리는 것이 아니라 발 빠르게 고객을 찾아다니는 시대가 온 것이다.

김광웅(金光雄) 교수는 『창조! 리더십』에서 패러다임의 변화가 땅이 근간이 되었던 지본사회에서 자본사회를 거쳐 이제 뇌본사회로 진입되었다고 말했다. 다시 말해 땅, 금전보다 뇌, 즉 지식과 창의력이 중요한 시대이며, 지식 산업사회에서 창조의 시대로 변화하고 있다는 뜻이다. 토마스 프리드만 역시 『렉서스와 올리브나무』에서 "당신의 나라는 지식을 얼마나 수확하고 있는가?"라고 다음과 같이 사이프러스 반도체의 창립자 로저스의 말을 인용했다.

"정보화 시대에서의 승자와 패자는 두뇌력으로 판가름날 것입니다. … (중략) … 세계에서 가장 중요한 변수는 사람이고 두뇌입니다."

인류의 역사를 뒤돌아보면, 새로운 문물의 창조로 새로운 패러다임의 전환이 일어났으며, 이에는 늘 과학기술의 발전이 있었다. 과학기술은 인간의 정신, 신체, 행동과 사회구조에 변화를 일으켰으며, 그 변화는 새로운 문화를 창조해 왔다.

데카르트(René Descartes)의 '나는 생각한다. 고로 존재한다'의 명제를 제레미 리프킨(Jeremy Rifkin)은 『소유의 종말(The age of Access)』에서 '나는 접속한다. 고로 존재한다'고 역설하고 있다. 20세기 광케이블의 발달로 인터넷 문화가 세계를 하나로 묶는 정보화 시대를 열었다면, 21세기는 보다 빠른 네트워크화로 인간의 긴밀한 상호작용을 보여 주고 있다. 그러나 긴밀한 상호작용이 보다 행복하고 건강한 인간관계를 조성시켜 주고 있는 것 같지는 않다. 하나로 묶여진 세상 속에 보다 개인화된 '접속'하는 생활 패턴이 어쩌면 풍요로움 속의 고독한 현대인을 만들고 있는지도 모른다는 생각이 든다.

제레미 리프킨이 말한 것처럼 21세기인들은 복잡한 관계망 속에 하나의 접속점처럼 존재하는 개인이다. 인터넷 속도의 발달만큼이나 빨라진 세상에서 소유의 집착은 어리석은 일이며, 변하지 않는 것은 자멸로 이어진다는 말이다. 접속이냐 단절이냐의 시대에서 아직도 세계 인구의 65%가 평생 한 번도 전화를 걸어 본 적이 없는 사람들이고, 40%는 전기가 안 들어오는 곳에서 살고 있다. 변신할 수 있는 국가와 조직, 공동체가 살아남을 수 있는 어쩌면 '서바이벌 게임' 속에 우리 현대인이 안주하고 있다는 생각을 해 본다.

하지만 이제는 더 이상 안주하면 안 되는 시대에 돌입되어 있다. 모든 것이 간편하고 빠르고 다양해진 풍요의 시대에서 더 빠르고 더 싸고 더 정확한 4차 산업혁명 시대를 맞이하고 있다. 새로운 기계의 시대는 디지털이고 기하급수적이며 조합적이다. 빅데이터의 시대는 예상을 통한 진단을 하고, 무인자동차와 로봇의 등장은 고용혁명의 새로운 변화를 예고하고 있다. 가장 획기적인 발명은 머신 러닝(machine learning), 즉 기계가 학습한다는 것이다. 우리는 이미 이미 이세돌 9단과 알파고(AlphaGo)의 바둑 시합을 경험했으며, IBM의 인공지능 왓슨(Watson)은 미국의 텔레비전 퀴즈쇼 재퍼디(Jeopardy) 세계 챔피언을 이겼고, 법률, 은행 업무, 의료 분야에서 활약하고 있다. (Eric Brynjolfsson, The key to growth; Race with the machines TED 참고)

손정의 소프트뱅크 회장은 스페인 바르셀로나에서 열린 2017 모바일 월드 콩그레스(MWC)에서 "나는 특이점(기계가 인간의 지능을 넘어서는 순간)이 향후 30년 내에 올 것이라 믿는다. 그것이 내가 서두르는 이유다."라고 말했다. "자율주행차, 무인항공기 등 차세대산업에서는 이처럼 장소에 관계없는 초고속인터넷 연결이 필수적이다. 너무나도 흥분되는 미래"라고 손회장은 부연설명했다. 우리에게 너무나도 흥분되는 미래는 아닐지언정 과학혁명의 구조는 따라가야 한다. 우리는 새로운 시대의 패러다임을 이해하고 받아들이고 준비해야 한다.

• 당신은 변화에 익숙한 사람입니까? 안주하는 사람입니까? 그 원인은?

• 변화와 적응에 익숙한 사람은 어떤 성향의 사람입니까?

• 자신의 성향을 알아보는 '동서남북'(동–비전형, 서–세밀한 계획형, 남–공조 체제 확립형, 북–돌진형)

   – 나는 어떤 유형에 속하나요? 해당 유형의 장점과 단점은 무엇인가?

   – 같이 일하기 힘든 그룹은? 그 이유는?

• 변해야 하는 것과 변하지 않아야 하는 가치에 대해 토론해 보기.

변해야 하는 것과 변하지 않아야 하는 가치에 대해

류영수(2016년 수강생)

우리는 일상 속에서 수많은 선택을 하며 살아 간다. 점심을 뭘 먹고, 어떤 공부를 먼저 할 것이며, 어떤 직업을 가질 것인지 등등의 선택을 하며 우리는 그 결과를 수용한다. 그리고 이를 양분 삼아 또 다른 내일을 살아 갈 준비를 한다. 이러한 일련의 선택과정은 각각의 가치를 토대로 이루어지게 된다. 지금부터 어찌 보면 우리 삶의 이정표라 할 수도 있는 이러한 가치에 대하여, 변해야 하는 가치와 변하지 않아야 하는 가치에 대해 이야기해 보려 한다.

가치는 사전적 의미로 상품이 지니는 쓸모, 대상이 인간과의 관계에 의해 지니게 되는 중요성이라고 표현된다. 하지만 나는 이를 조금 다른 시각으로, 물질적 가치와 정신적 가치로 구분하고자 한다. 그리고 물질적 가치가 변해야 하는 가치, 정신적 가치가 변하지 않아야 하는 가치라고 생각한다.

물질적 가치는 변해야 하는 가치다. 이는 삶의 기술적 가치로서 인간이라는 존재를 더 나은 삶을 살 수 있도록 도와주는 가치이기 때문이다. 단순 자원에서 더 많이 생산하고자 대량생산이라는 가치를 추구하여 인류의 삶은 풍족해졌다. 또한 여기서 멈추지 않고 더 많은 정보를 더 쉽고 빠르게 얻고자 하는 가치의 변화로 인해 인간은 몇 번의 클릭만으로 수많은 정보를 얻을 수 있게 되었다. 이제 인류는 여기서 한 발자국 더 나아가, 진정 각각의 개인의 삶을 위한 맞춤형 서비스를 제공하기 위한 발전을 계속해 나아가고 있다. 이처럼 인류는 중요시하는 가치를 계속해서 변화시키면서 더 빠르고, 더 편하고, 더 개인의 독창적인 모습을 나타낼 수 있는 방향으로 나아간다. 이는 인간이 더 편리하고 편안한 삶을 영위하는데 분명한 도움을 주며, 따라서 이러한 물질적 가치는 반드시 변화해야 하는 가치이다.

이에 반하여 정신적 가치는 변하지 않아야 하는 가치다. 같은 칼도 요리사의 손에서 요리로 재탄생될 수도 있지만, 군인의 손에서 누군가를 죽일 수도 있다. 이와 마찬가지로 물질적인 변화가 급격해질수록, 그걸 올바르게 다루는 인간의 정신적 능력은 더욱 중요해진다. 돈을 도구로 사용하지 못하고 돈에 노예가 되거나, 차를 이동수단으로 생각하지 못하고 과시용으로 사용하며, 그를 남과 비교해 열등감을 느끼는 것과 같은 행위는 점차 정신적 가치가 인간의 존엄에서 다른 것으로 변해가는 데 대한 문제점이 나타나는 것이라고 보인다. 어떤 행동 속에서도 인간은 인간이 인간다워야 한다가 제1가치여야 한다. 편안함 속에서 안주와 나태를 항상 경계하여야 인간은 오롯이 그들 스스로를 지켜 낼 수 있다. 수많은 공상과학영화에서 인간이 AI에게 지배당하는 모습이 그저 남의 이야기인 것처럼 마냥 웃을 수만은 없는 것은, 어쩌면 현실에서 일어날 수도 있지 않을까 하는 불안감 때문이지 않을까.

구글은 딥마인드를 통하여 인간의 연산을 뛰어넘은 알파고를 개발해 냈다. 언젠가는 단순 산수와 계산을 넘어, 사고를 하는 기계가 개발될 것이라는 예상도 나오고 있다. 이러한 춘추전국 같은 시대에 우리는 지켜 내야 하는 가치를 확고히 가진 채, 주도적인 발전을 하여야만 10년, 100년이 지나서도 '나'라는 존재로 스스로 이 땅에 서 있을 수 있을 것이다.

나는 내 인생의 '리더'다

Class 3
21세기 변화의 흐름을 읽어라

"정보를 당신의 손끝에."

-빌 게이츠

한국의 대표 재계 인사들은 2011년 새해 신년사에서 '21세기의 본질을 파악하라.'고 강조했다. 이건희 삼성 회장은 '앞으로 10년은 100년으로 가는 도전의 시기'라고 역설하면서 위기의식을 강조하였고, 현재에 만족하기보다는 긴장하면서 '더 열심히, 더 깊게, 더 넓게' 나가야 한다고 역설하였다. 이건희 회장은 '상시 위험 시대'라 불리는 21세기에 승리의 샴페인을 터뜨리기보다는 대비하고 준비하는 경영방침을 보여 주었다.

반면에 정몽구 현대자동차 회장은 소비자가 만족하는 질적인 차원의 '품질경영'을 강조하였으며, 다양한 세계의 고객의 취향을 만족하는 방법은 오직 품질이고, 그 길만이 변화와 격동의 21세기를 극복하는 길이라고 전망했다고 볼 수 있다.

구본무 LG 회장은 '안주하면 낙오된다'는 구호 아래 R&D 투자, 인재

육성, 실패를 격려·인정하는 도전정신을 강조하였다. 이는 아이디어와 창의력을 기반으로 하는 집단지성의 육성을 요구한 셈이다. 구 회장은 변화의 주체를 사람으로 보았다. CEO 전략회의에서 2011년을 '차세대 리더 500명'을 선발하는 원년으로 삼았다고 한다. 이는 LG의 가치 철학인 인재양성을 강조한 것이지만, 차세대 리더의 조건을 사업감각과 리더십, 치열함으로 정했다고 하니, 급변동하는 21세기에 역동하는 젊은 리더의 필요성을 절실히 반영한 셈이다.

최태원 SK그룹 회장은 '파부침주(破釜沈舟)'의 각오를 밝혔다. 파부침주란 초(楚)나라의 항우(項羽)가 진(秦)나라와 거록(鉅鹿)에서 싸울 때 솥을 깨뜨리고 배를 가라앉힌다는 뜻으로, 돌아갈 배도 없고 밥을 지어 먹을 솥마저 없었으므로, 병사들은 결사적으로 싸우는 수밖에 달리 방법이 없었다. 최태원 회장은 불확실성의 시대에 살아남기 위한 결전의 각오를 직원들에게 독려했다고 하겠다. 역시 강한 위기의식과 치열함을 강조했다.

해를 거듭할수록 한국 재계의 대표들은 세계 경제 둔화와 더불어 닥쳐온 경제 난국을 돌파하자는 위기감을 고조시키고 있다. 2017년 들어서서 정재계 인사들은 4차 산업혁명에 대한 관심으로 미래 먹거리를 위한 신성장산업 육성에 대한 필요성을 강조했다.

미국의 오바마 전 대통령은 2011년 1월 25일 국회 연설에서 G2 시대의 위기감을 나타냈으며, 미국은 '스푸트니크(구소련이 발사한 최초 인공위성) 모멘트'라는 표현을 쓰면서 국가의 발전과 도약을 위한 당파를 초월한 단합을 호소했다. 트럼프 대통령은 위기감을 넘어서서 대내외 정책에서 미국의 이익을 최우선하는 미국 우선주의를 천명하고 있다.

전세계적으로 21세기는 '불확실의 시대', '상시 위험 시대', '융복합의 시대', '집단지성의 시대'라고 불린다. 다음은 21세기 변화의 가속도에 대해 알아보기로 하자.

집단지성의 장(場) 소셜 미디어 시대

토마스 프리드만은 『세계는 평평하다(The world is flat)』에서 2000년 전후를 '세계화 3.0(Globalization 3.0) 시대'라 부르고, 세계가 점점 작아지고 평평해지고 있다고 말했다. 콜럼버스가 대서양을 항해해 구세계와 신세계의 장벽을 거둔 '세계화 1.0 시대(1492~1800년 전후)'에는 변화의 동력이 국가였다면, '세계화 2.0 시대(1800~2000년)'에는 기업이었고, '세계화 3.0 시대'의 주체이자 동력은 개인이라는 것이다. 세계화 3.0 시대는 세계의 많은 사람들의 참여를 가능하게 만들었으며, 소위 개방, 참여, 협업이라는 Web 2.0 기반의 시대를 열게 되었다. 21세기는 온라인으로 보다 활발한 협업과 참여를 유발시키고 있다. 오프라인으로는 글로벌 경제안정과 환경보존을 위한 국가 간의 공조, 아웃소싱과 오프쇼어링을 통한 기업의 글로벌화, 개인의 국제화 역량 개발을 위한 학업 및 외국 인턴제, 해외 근무가 더욱 활발해졌다.

보다 빠른 가속도로 달려가고 있는 21세기는 앞서 말한 바와 같이, 변화의 시대, 불확실의 시대, 상시 위험 시대, 융복합의 시대, 집단지성의 시대라 불리고 있다. 즉, 정보를 공유하고 함께 협력하여 지식을 생산해 내는 집단 능력의 시대라고도 하겠다. 21세기 지식산업의 커다란 특징은 정보의 공유가 쉬워지고 사회의 계층구조가 개방화·민주화됨에 따라 과거 필요한 정보를 다운로드하는 수준을 넘어 개개인이 자유롭게 자신들의 콘텐츠를 업로드하고, 편집하는 시대에 도달하게 되었다는 것이다. 20세기 다운로드 시대에서 21세기 업로드의 시대는 개방, 참여, 협업이라는 엄청난 변화를 촉진시켰으며, 소셜 미디어의 등장은 대표적인 일례이다.

소셜 미디어란 자신의 생각과 의견, 정보를 공개하고, 다수의 타인이 참여할 수 있는 온라인 툴(tool)과 미디어 플랫폼이라 할 수 있다. 뉴미디어 회사인 가이드와이어(Guidewire) 그룹의 창업자인 크리스 쉬플리(Chris Shipley)가 2004년 'The Blog on Conference'에서 처음 이 용어를 사용하였다고 한다(『세리경영노트』 제53호). 19세기를 컴퓨터의 시대, 20세기를 인터넷의 시대라고 부른다면, 21세기를 SNS(Social Networking Service)의 시대라 명명할 정도로 소셜 미디어는 빠른 성장을 보여 주고 있다.

일반 소셜 네트워킹

일반 개인이 친구들과의 관계 맺기를 목적으로 하는 SNS로는 한국의 싸이월드(Cyworld)를 시작으로 마이스페이스(Myspace)에 이어 페이스북(Facebook), 트위터(Tweeter), 인스타그램(Instagram), 스냅챗(Snapchat) 등이 있다. 그중 가장 많은 회원 수를 가진 페이스북은 2004년 하버드대학에 재학 중 당시 20세였던 마크 저커버그에 의해 창립되었다. 7년 후 2011년, 상장도 되지 않은 인터넷 기업 가치를 500억 달러(약 56조 원, 골드만삭스의 평가)로 끌어올렸다.

페이스북은 2008년 말부터 세계 최대의 SNS 사이트였던 마이스페이스(Myspace)를 따돌리고 SNS 분야 선두주자로 나섰고, 2009년 9월 가입자

나는 내 인생의 '리더'다

수 3억 명을 돌파하였다. 2011년 페이스북 가입자는 약 6억 명을 돌파했으며, 75개의 언어로 사용되는 이 사이트는 5억의 중국 시장이 열릴 경우 가입자가 폭발적으로 증가할 것으로 전망하고 있다. '세계 모든 사람들을 연결시키겠다'는 목표를 지닌 페이스북의 자체 통계에 따르면 가입자의 70%는 미국이 아닌 다른 국가에 거주하는 사람들로 나타났으며, 2016년 기준 가입자 수가 15억 여 명에 이르렀다. 페이스북은 모바일 메신저 와츠앱(WhatsApp), 오큘러스 VR(Oculus Virtual Reality), 인스타그램의 인수합병으로 불과 10여 년 만에 SNS의 천하무적으로 등극했다.

2006년 시작되어 2017년 약 3억 3천만 명의 회원을 가진 트위터는 '지저귀다'라는 뜻으로 재잘거리듯이 하고 싶은 말을 그때그때 짧게 올릴 수 있는 공간이다. 트위터는 언제, 어디서나 빠르게 소통하는 속보성 유통망 기능을 하게 되면서 실시간적이면서 신속한 메시지가 미국, 이란, 한국의 선거와 튀니지 폭동에 변수로 작용되었다고 분석했다. 페이스북은 지인들과의 교류를 목표로 하는 것에 반해 트위터는 불특정 다수와의 교류로 보다 전파력이 강하고 때로는 열띤 토론장이 형성되기도 했다. 2010년 3월의 천안함 사태의 진실 논쟁과 롯데마트의 '통큰치킨' 판매 중단이 그 예이다.

트위터는 글자수의 제한으로 보다 압축된 정보를 전달하는 메신저의 역할을 하고 있으며, 관심 있는 사람들을 팔로우(follow)할 수 있는 기능이 있다. 페이스북의 '친구 맺기'와 유사하지만, 상대방의 수락 없이 추종자(follower)가 될 수 있다는 것이 차이점이다. 인기인이나 유명인을 팔로우하는 사람들의 숫자가 급속히 확산되는 파급효과가 있어서 이용자수가 증가 추세였다. 하지만 SNS 강자들의 등장으로 현재 구조조정과 서비스 강화 정책으로 부활을 준비중이다. 한 번에 쓸 수 있는 글자수도 최대 140자에서 280자로 탈바꿈했다. 상하이저널은 중국판 트위터라고 불리는 웨이보(微博)의 월 액티브 유저수가 처음으로 드위터(Twitter)를 넘어섰다고 보도했다.

근래 들어서 기업형 트위터인 야머(Yammer)가 기업 내 업무 생산성 향상을 도모하기 위해 사용하고 있으며 LG와 두산이 이를 사내 소통기구로 이용한다. 야머는 온라인의 불특정 다수를 배제시켜 해당 도메인 내의 사람들만을 위한 서비스라는 장점이 있어 기업 내의 보안 차원에서 이용이 확산되고 있다. 또한 트위터와의 차이점은 야머에 커뮤니티를 개설하면 그 커뮤니티의 구성원만이 대화가 가능하여 이는 기업 부서와 같은 기능을 제공한다. 이와 더불어 앱용과 스마트폰 어플을 모두 제공하기 때문에 언제, 어디서나 내용의 인지와 답변이 가능하다. KT는 한발 더 나아가 KT 임직원 전용 SNS인 'Ktweet(케이트윗)'을 오픈했다. 케이트윗은 KT와 트윗(tweet, 트위터에 올린 글)의 합성어이다.

내가 미국에 있을 당시(2006~2010년) 학교 동료들로부터 페이스북과 링크드인(LinkedIn) 가입 권유 이메일을 받았다. 개인 프라이버시를 무엇보다도 중히 여기는 미국 사회에서 자신들의 프로필과 사진, 인맥을 소셜미디어를 통해 공유한다는 것 자체가 참으로 미국인답지 않다는 생각을 했다. 그 당시 미국 내에서도 정보 통신과 멀티미디어의 성장으로 새로운 패러다임의 전환이 급속히 일어나고 있었다. SNS를 만든 창업자들은 이러한 패러다임의 전환을 미리 예견한 셈이다.

휴대폰, MP3, 디지털 카메라, 넷북, 아이패드를 개인 소유하는 모바일 시대, 그리고 웹 기반 기술의 발달로 정보와 인맥을 공유하는 네트워크 시대, 즉 21세기는 융복합 시대(퍼스널+소셜)인 것이다.

협업 기반 소셜 네트워킹

현재의 가정에서는 내가 어릴 적 집안 벽장 가득 꽂혀 있던 브리태니커 백과사전의 모습은 더 이상 보이지 않는다. 어릴 때 동아 백과사전을 보고 자란 내 세대와 달리 현세대는 정보를 원하면 바로 컴퓨터로 달려간다. 즉, 정보는 검색이라는 인식이 팽배해지면서 미국에서 '검색하다'를 아예 구글(google)이란 단어로 쓸 정도이고, 젊은 세대들은 네이버를 생활화하고 있다. 요리의 레시피부터 기계 사용법, 여행지와 호텔 선택까지 젊은 세대에게 네이버는 알라딘의 마술램프다. 그들은 여행지의 소감, 구입한 물건의 품질평, 맛집 평가까지 자신들의 의견을 댓글이나 블로그를 통해 자유롭게 업로드하는 세대다.

더욱 재미있는 현상은 온라인 백과사전인 위키피디아의 등장이다. 2001년 1월 15일 시작된 위키피디아는 인터넷 기업인 보미스닷컴(Bomis.com)의 사장인 지미 웨일스(Jimmy Wales)에 의해 시작되었고, 지원자를 모아 무료 백과사전 작업을 하다가 자금이 부족하자 인터넷 사용자들이 내용을 추가하거나 보강하면서 시작되었다. 한국의 경우는 2002년 10월부터 시작되었고, 현재 전 세계 250여 개의 언어로 만들어져 있다.

'위키스(wikis)'라는 단어는 '빠르다'의 의미를 가진 하와이 말에서 따왔다고 하며, 정말이지 빠른 속도로 성공한 웹 페이지가 되었다. 성공의 원인은 정보의 공개와 대중의 참여와 협력이라는 웹 2.0 정신에서 나왔다고 볼 수 있다. 또한 위키피디아는 새로운 분류 방식에 따라 인문학, 사회과학, 자연과학, 응용과학, 문화 등의 목록으로 구분되어 있으며, 이외에도 위키문헌, 위키책, 위키뉴스, 위키인용집, 그리고 생물 분류 도감인 위키스피시스까지 끊임없이 영역을 확장·개발하고 있다.

위키피디아는 모두가 자유롭게 글을 올리고 고칠 수 있는 체제이므로 악의적인 편집, 부정확한 내용에 대한 책임과 권위에 대한 문제점이 지적되곤 한다. 2011년 1월 15일 현재 영문 위키피디아의 항목은 3,529,116개이고, 독일은 1,174,000개인 데 반해 한국 위키피디아 항목은 153,407개에 불과할 정도로 아직은 참여가 미약한 편이다. 2008년 11월 한국을 방문한 지미 웨일스 위키피디아 이사장은 전 세계 250여 개 언어가 수록된 위키피디아에 "한국의 인터넷 기술력이나 접근성은 어느 나라보다도 뛰어난데 한국어 콘텐츠가 인도 한 부족의 언어로 된 콘텐츠보다 적은 것은 아이러니"라며, 이 원인은 "네이버의 인기가 워낙 높기 때문"이라고 분석하기도 했다.

집단지성의 대표적 예로 사용되는 위키피디아는 백과사전의 형태를 특징으로 한다면, 한국의 네이버 '지식인'은 한가지 질문에 여러 개의 답변이 딸린 일종의 튜터(tutor)와 같은 기능을 가지고 있다. 지식인 역시 검증되지 않은 부정확성에 대한 신뢰도 문제가 있지만, 한국에서는 네이버의 사용자가 꾸준하다. 반면에 구글이 제공하는 놀(knol) 서비스는 위키피디아나 지식인이 단어나 글에 대한 지식공유 형태라면, 놀은 글쓴이의 의견에서 시작하여, 다른 유저들이 공동 편집, 댓글, 리뷰, 평가를 통해 하나의 지식공유장을 형성시키는 팀블로그 형태이다. 놀은 위키피디아나 지식인과 달리 일단 글쓴이의 권위에서 시작해 2차 사용자의 공동 편집, 3차 댓글과 리뷰, 평가 등 검증을 거쳐 보다 확실하고 객관적인 결

나는 내 인생의 '리더'다

론에 도달하려 하였다는 데 특징이 있다.

버티컬 소셜 네트워킹

특정 관심사를 가진 이들을 대상으로 서비스를 제공하는 공간인 버티컬 소셜 네트워킹 서비스가 근래 들어 많은 인기를 끌고 있다. 사진과 동영상 중심의 이용자 맞춤형 서비스인 인스타그램, 폴라, 플레인과 같은 SNS도 같은 흐름으로 본다. 같은 장소에 몇 명이 있는지 확인하고, 그곳에 대한 의견을 나눌 수 있는 포스퀘어(Four square)와 씨온(Seeon), 예술가들의 디지털 포트폴리오로 쓰이는 텀블러(Tumblr), '인맥'이 아닌 '키워드'를 중심으로 소통하는 톡탭(Talktab)이 대표적이다.

포토, 동영상, 리뷰 등 특정 분야의 버티컬 UCC 중심의 소셜 네트워킹 서비스로, 유튜브(Youtube)의 동영상, 플리커(Flickr)의 사진, 딜리셔스(Delicious)의 북마크가 그 예이다. 대표적인 동영상 사이트인 유튜브는 2005년 2월 채드 헐리(Chad Hurley), 스티브 첸(Steve Chen), 자웨드 카림(Jawed Karim)이 공동으로 창립하였으나, 2006년 구글에 인수되었다. 하루 20억 개의 동영상이 올려지고, 2010년 한국 동영상이 229개 국가에서 약 8억 회 조회되는 유튜브는 한국의 드라마와 K-Pop 한류 열풍의 홍보 담당관이다. 세계를 연결하는 인터넷과 한국 대중문화 콘텐츠의 전 세계적인 만남이 화면 안에서 이루어지고 있는 세상이다.

또한 동영상이 학습자료로 쓰일 정도로 세계를 하나로 묶는 글로벌 지식 네트워크 역할을 톡톡히 하고 있다. 양용은 프로골퍼는 "내 선생님은 유튜브"라고 말했다. 그는 유명한 외국 프로골퍼의 스윙을 유튜브를 통해 세밀히 관찰하고 참고하여 스스로 체화한다는 것이다. 요사이는 유튜브를 활용한 1인 방송 공급자가 현저하게 증가하면서 각종 분야에서 유튜브 스타라고 불리는 사람들이 늘어나고 있다.

MIT에서 시작된 오픈 클래스 OCW(Open Course Ware) 운동은 다른 유수한 국내외 대학들이 참여하게 되었고, 인터넷을 통해 질 높은 무료 교육을 접할 수 있게 만들었다. 미국 내외 저명한 교수의 강의를 들을 수 있는 강연 콘텐츠에 대한 새로운 수요층이 생겨나고 있으며, 하버드대학에서 '정의'를 주제로 강연하는 마이클 샌델(Michael J. Sandel) 교수의 하버드 특강 디지털 교육 동영상은 한국 내에서도 TV로 인기리에 방송되기도 하였다. 동영상 서비스는 단순한 정보나 의견을 넘어서 보다 전문적인 학술과 지식의 공유를 가능하게 만든 교육 네트워크의 역할도 담당하고 있다.

21세기 소셜 미디어의 등장과 성장은 공공기관과 기업의 CEO들이 온·오프라인을 통한 소통 네트워크 조성에 힘쓰도록 만들었다. 기업과 조직원, 경영인과 직원과의 수평적인 네트워크 조성과 활성화가 직원과의 원활한 소통은 물론, 아이디어 제시, 문제 해결방안 모색에까지 도움이 되기 때문이다. 결과적으로 건강한 조직체의 건설과 기업성과 창출이라는 두 마리 토끼를 잡을 수 있다는 것이다. 조직마다의 특성을 고려하여 직원들의 접근이 용이하면서 활용도가 높은 소셜 미디어를 선택·도입해야 할 것이다. 그리고 조직의 구성원이 창조의 주체자가 될 수 있도록 참여와 공유를 독려하는 문화를 형성함으로써 건설적인 소셜 미디어 정착에 힘써야 할 것이다. 21세기 '창조 경영'의 준비에 있어 소셜 미디어 활용은 필수일지도 모른다.

SNS에도 많은 변화가 일어나고 있다. '세상의 모든 순간을 포착하고 공유한다.'라는 슬로건으로 2010년 선보인 인스타그램은 '인스턴트 카메라(Instant camera)'와 '텔레그램'(Telegram)의 합성어로 사진과 동영상을 공유하는 3세대 소셜 네트워크(SNS)이다. 인스타그램은 하루 7천만 건 이상 업로드 되고 있다. 오프라인 관계를 온라인으로 옮겨 놓은 싸이월드, 블로그와 같은 '1세대 SNS', 불특정 다수로 관계를 확산하는 트위터, 페이스북과 같은 '2세대 SNS'를 넘어 시각물 중심의 이용자 맞춤형 서비스인 인스타그램, 핀터레스트 등은 '3세대 SNS'에 해당한다. 3세대 SNS는 사용자들이 선호에 따라 다양한 콘텐트를 볼 수 있는 '큐레이션' 서비스로 진화 중이다. 근래 들어 보이는 SNS 트랜드는 활자보다 이미지나 사진으로 소통하며, 지인과의 소통보다 자기 표현을 위한 도구로 활용하는 경향이다.

기업들은 21세기 창조 경영을 위해 기업 내부 및 외부로부터의 집단지성 활용에 대해 관심을 갖게 되었다. 기업 외 집단지성의 활용은 제품의 기획에서부터 개발, 상품에 대한 평가, 그리고 마케팅 과정에서 활용되고 있다. 이러한 과정은 고객 참여로 홍보효과를 극대화시킬 수 있고, 제품과 기업의 이미지에 친숙함을 주는 효과를 창출할 수 있다. 또한 회사의 웹 페이지를 통한 커뮤니티 활성화로 고객의 불만을 해소하고, 고객 만족을 실현시켜 나간다. 상금을 걸고 바라는 점에 대한 희망 아이디어 공모전 이벤트를 실시하는 대림건설은 주부 아이디어를 실제 'e-편한세상' 아파트에 반영한다고 한다.

우리나라 속담에 '백지장도 맞들면 낫다.'라는 말은 협력을 강조한 말이고, 십시일반(十匙一飯) 역시 여럿이 힘을 합하면 작은 힘으로도 큰 도움을 줄 수 있다는 뜻이다. '토끼와 거북이'의 우화를 현대판으로 각색하면,

거북이는 잠자는 토끼를 깨워서 같이 정상에 도달해야 한다. 21세기 거북이는 자는 토끼를 뒤로 한 채 혼자 땀 흘리며 정상에 도달하는 자가 아니라 토끼와 같이 협력하여 가는 지이다. 함께하면 식량을 발견할 수도, 지름길을 발견할 수도 있지 않을까? 이도 저도 아니면 긴 여정을 벗 삼아 정상에 즐거운 마음으로 도달할 수도 있을 것이다. 집단지성이란 역할 분담과 협력을 통해 상생하고 발전할 때 그 의미가 있다. 반목과 대립에서 벗어나 경쟁자에게 내 것을 주고 협력함으로써 더 큰 것을 얻는 '공존 공영', 즉 윈 윈(win-win)을 말한다.

찰스 리드비터(Charles Leadbeater)는 『집단지성이란 무엇인가?(We-Think; Mass Innovation, not Mass Production)』에서 "우리는 공유한다. 고로 존재한다."라고 명제를 달았다. 이 말은 협업과 상생으로 인한 새로운 가치 창출을 의미한다고 하겠다. 사용자가 콘텐츠를 소비하는 동시에 생산하는 시대이며, 소비자가 기업인이 되기도 하고 제작자 혹은 디자이너가 되어 집단지성이 집단 창조로 이어지는 시대이기도 하다. 그들은 소셜 미디어 내에서 소통하고 정보를 나누며 쇼핑하고 콘텐츠를 소비·생산하는 자들이다. 21세기 디지털 시대를 사는 공동체 구성원들은 참여를 통해 자아실현을 이루면서 동시에 사회의 발전에 기여하는 자들이어야 할 것이다.

스마트 시대

이명박 전 대통령은 '2011 방송통신인 신년 인사회'에서 2011년을 '스마트 시대의 원년'이라 명명하였다. '스마트 시대'는 문화의 시대이며, 콘텐츠로 대표되는 소프트 파워가 진정한 힘이라고 설명하면서 동반 성장을 위한 협력과 상생의 관계 조성을 강조하였다. 스마트 시대란 우리가 살고 있는 시대가 농업, 산업, 정보사회를 거쳐 융합 시대로 가고 있다는 것을 의미하는 것이다.

'스마트'의 근저가 되는 것은 바로 융복합인데, 미국의 경우 2002년부터 'NBIC[나노(Nano Tech), 바이오(Bio Tech), 정보(Information Tech), 인지(Cognitive Science)]' 융합 연구의 중요성을 강조해 왔으며, EU 역시 'NBIC'에 환경과학, 사회과학, 인문학까지 포함시켜 추진하고 지원하고 있다. 일본도 2004년부터 NT·BT·IT 등 신기술 간 융합을 통해 연료전지, 로봇 등 7대 신성장 산업을 집중 지원하는 신산업 창조 전략을 수립해 시행하고 있으며, 한국도 2008년 융합기술발전 기본계획(2009~2013년)을 수립해 융합 연구를 추진 중이다. 국가 정책기관뿐만 아니라 대학에서도 다학제 간 연구의 필요성을 인지함에 따라 인문과 예술, 사회와 세계, 그리고 과학과 기술, 과학과 미술의 다양한 학문 융합, 통섭의 시도가 시작되고 있다. 애플의 스티브 잡스는 "기술만으로 충분하지 않다는 것이 애플의 DNA이다. 기술과 인문학을 융합하고 하드웨어와 소프트웨어를 결합해야만 가슴을 울리는 결과물을 만들어 낼 수 있다."라고 말했다. 융복합 학문의 중요성을 역설한 셈이다.

과학자들은 19세기가 '물리의 시대', 20세기가 '화학의 시대'라면 21세기는 '바이오·나노의 시대'라고 일컫는다. 바이오·나노 기술의 가장 큰 특징은 정보통신·기계·화학·바이오·에너지 산업으로, 한국의 경우는 정보통신 산업에 강세를 나타내고 있다. 우리나라 역시 현재 NBIC 융합 미래 산업이라 여겨지는 신약 개발, 인간 유전자 연구, 로봇 산업, 대체에너지, 그리고 신소재 산업에 대한 활발한 연구와 투자가 이루어지고 있다.

4차 산업혁명 시대 핵심인 빅데이터와 AI 발전에 따라 'S·T·E·M'으로 불리는 과학(Science)·기술(Technology)·공학(Engineering)·수학(Mathematics)의 중요성이 더욱 대두되고 있으며 IT 업종에서 소프트웨어 개발 부문과 기술 엔지니어들의 인력에 대한 수요가 급증하고 있는 현실이다.

정보통신 산업 중 스마트 시대를 선도하는 대표적인 창조물은 바로 스마트폰이 아닐까 한다. 스마트폰은 현대인을 넷세대에서 모바일세대로 대전환시키는 선구자 역할을 담당하고 있다고 해도 과언이 아닐 것이다. 삼성경제연구소는 2010년 10대 히트상품 중 '스마트폰'이 1위를 차지했다고 말했다. 현재 스마트폰 시장 점유율은 삼성과 애플의 1, 2위전이고 3~5위는 모두 중국 제조사가 차지했다.

스마트폰의 매력은 바로 '디지털 뷔페(buffet)'가 아닐까 생각해 본다. 휴대폰에 인터넷, 고화질 디지털 카메라 하지만 최고의 정점은 바로 애플리케이션의 활용이다.

21세기는 소프트웨어의 각축장이라고 해도 과언이 아니다. 우리나라가 앱 개발 분야에 약 2~3년 뒤져 있다고 하지만, 현재 정부를 포함한 각종 기관에서 앱 개발을 적극적으로 지원하고 있는 실정이다. 최시중 방송통신위원회 위원장은 2010년 6월 10일 YTN 뉴스 인터뷰에서 "우리나라의 스마트폰 애플리케이션 개발자는 약 500명이며, 이 인원이 앞으로 10배 더 늘어나도 과하지 않다."라고 말했다. 2009년 42억 달러였던 세계 앱 시장은 2012년이 되면 300억 달러에 육박해 7배 성장을 이룩하게 된다고 전망된다. 현재 우리나라의 아이폰 앱 시장 기준 3% 수준이며, 앞으로 IT 강국으로서 꾸준한 육성이 필요한 품목으로 여겨진다.

우리나라의 박찬욱, 박찬경 형제 감독이 스마트폰으로 찍은 세계 첫 제작 영화를 발표했다. 아이폰4로 제작한 단편영화 〈파란만장〉은 제61회 베를린 영화제에서 단편 부문 최고상인 황금곰상을 받았다. 그들의 실험정신은 일반인 누구나 영화를 만들 수 있다는 유연한 사고를 가능하게 했으며, 영화를 극장이 아닌 온라인을 통해 접할 수 있는 시대의 도래를 앞당겼다는 데 의의가 있다. 모바일폰의 등장은 모바일 콘텐츠의 시장 규모를 2010년 약 8조 원에 달하게 만들었다.

소셜 미디어, 태블릿 PC 등 10대 히트상품 중에 속해 있는 다른 상품들도 어느 정도 스마트폰과 연관되어 있는 상품들이다. 10대 상품 중에서 특히 디지털 기기가 강세이다. 애플의 아이패드의 뒤를 이어 한국의 삼성, LG전자, 미국의 마이크로소프트, 모토로라, T모빌, 일본의 NEC, 샤프, 그리고 캐나다의 림이 태블릿 PC를 내놓았다. 스마트폰과 태블릿 PC의 성장으로 모바일 웹 정보의 자유로운 이용을 위해 와이파이(Wi-Fi, Wireless Fidelity) 지역이 점차 늘어나고 있다. 점점 얇고, 가볍고, 빨라진 태블릿 PC는 사진과 동영상의 촬영 및 영상, 음악 기능도 대폭 강화되고 있다. 어쩌면 미래의 학교에서는 교과서가 태블릿 PC로 대체될지도 모르겠다.

LG 유플러스존은 100메가(Mbps)급 초고속 무선 인터넷망이 연결된 와이파이 서비스 지역으로 스마트폰과 태블릿 PC에서 서비스 지역을 검색할 수 있는 앱을 선보였다. 한화호텔앤드리조트는 스마트폰과 태블릿 PC를 이용한 디지털 전시관람 서비스를 도입하는 '스마트 아쿠아리움'을 선보였다. 이는 태블릿 PC와 스마트폰 등 디지털 기기와 QR코드*, GPS를 활용해 전시 콘텐츠 소개, 시설물 안내, 도슨트 서비스, 현장

이벤트 등을 할 수 있게 만든 것이다. 앞으로 21세기는 모바일 앱의 개발과 응용이 한동안 대세를 이룰 전망이다.

마이크로소프트의 오피스 앱스(Office Web Apps), 구글 독스(Docs), 한글과 컴퓨터의 '씽크프리 온라인' 그리고 네이버의 '워드'는 클라우드컴퓨팅** 시대에 발맞추어 웹 오피스 기능을 선보였다. 이는 PC, 넷북, 스마트폰, 태블릿 PC 어느 것을 통해서든 다양한 개인의 사무 업무를 처리할 수도 있고, 공동작업과 편집을 할 수도 있는 서비스다. 앞서 말한 디지털 스마트 기기들은 다양한 앱을 통해 개인(personal)+공동(social)을 보다 용이하고 쉽고 빠르게 이어 주는 융복합 서비스의 절정체다. 이외에도 스마트 카드, 스마트 키의 사용, 콘텐츠를 알아서 찾아 주는 네이버 검색과 SNS가 가능한 스마트 TV와 주행 관련 정보, 엔터테인먼트 기능 그리고 무선통신 기능을 갖춘 스마트카가 출시된다고 하니, 21세기는 과연 스마트의 시대라 불릴 만하다. 업무란 오피스 안에서만 하는 것이 아니라 움직이면서 언제, 어디서나 원격근무나 재택근무가 가능한 '스마트워크(smart work)'가 가능한 시대가 우리가 사는 현재 21세기다.

LG경제연구원의 『2020 새로운 미래가 온다』에서는 스마트의 시대에 스마트한 기업만이 살아남는다고 말한다. 기업의 경쟁은 타 회사뿐만 아니라 불특정의 집단지성 집단과의 경쟁도 의미하며, 생산자가 소비자

---

* QR(Quick Response)코드 : 바코드보다 훨씬 많은 정보를 담을 수 있는 격자무늬의 2차원 코드이다. 스마트폰으로 QR코드를 스캔하면 각종 정보를 제공받을 수 있다. 최근에는 모바일 쿠폰, 점포 정보, 기업 정보, 이벤트 등 기업의 다양한 마케팅 방법으로 활용되고 있으며, 스마트폰의 애플리케이션을 통해 쉽게 인식 가능하다.
** 클라우드컴퓨팅(Cloud Computing)의 서버를 통하여 데이터 저장, 네트워크, 콘텐츠 사용 등 IT 관련 서비스를 한번에 사용할 수 있는 컴퓨팅 환경이다.

나는 내 인생의 '리더'다

의 자세를 가져야 하며 소비자의 마음속에 각인된 기업만이 스마트 기업이다. 이 책은 기업이 두려워할 존재가 집단지성이지만, 집단지성을 초대하는 것이 스마트 기업의 혁신이라고 강조하고 있다.

'TGIF(Twitter, Google, IPhone, Facebook)'로 대표되는 스마트 혁명은 개인과 기업을 넘어서 지구촌 국가들의 민주화 운동에 불을 지피고 있다. 생활고를 이기지 못해 분신자살한 '무함마드 부아지지'라는 청년의 스토리가 유튜브 동영상과 페이스북을 통해 퍼져 나간 게 발단이 된 튀니지의 '재스민 혁명'은 스마트 혁명의 시작이었다. 이어진 이집트의 호스니 무바라크(Hosni Mubarak) 퇴진 시위 운동인 '키파야 운동(Kifaya)' 뒤에는 SNS를 통한 시민들의 준비가 있었다고 한다. 그 뒤를 이어 리비아의 무아마르 카다피(Muammar Gaddafi) 정권을 무너뜨린 민주화 혁명과 천안문 사태 이후 22년 만인 베이징의 민주화 시위는 SNS를 통해 정보를 공유·전파하는 집단지성의 강력한 힘을 보여 주고 있다. 세상은 하나의 지구촌으로 점점 오픈되어 가고, 세상과의 소통을 단절하려 애쓰는 공산주의 국가들은 보다 강력하게 소셜 미디어를 통제하고 있는 실정이다.

대전의 대덕연구개발 특구 한국전자통신연구원(ETRI)에서 열린 4세대 이동통신 기술개발 보고회에서 그 기술이 시연되었다. 이는 에릭슨, 노키아와 5년 경쟁 끝에 한발 앞서 4G(4세대 이동통신시스템)＊를 개발하여 4세대 이동통신기술 시장에서 한국의 표준특허 점유율이 23%를 넘으리라 전망하고 있다. 정보통신 산업의 가속도로 협력적인 형태의 교류가

＊ 데이터 전송속도가 최대 600Mbps인 초고속 이동통신기술이다. 상용화되면 현재 가정에서 쓰는 초고속 인터넷보다 6배 빠른 속도로 스마트폰에서 인터넷을 사용할 수 있다.

늘어나면서 우리의 삶은 점차 빠른 속도로 변하고 있다.

2017년 네트워크 분야에서 키워드는 단연 5G(5세대 이동통신시스템)다. 1GB를 10초 안에 내려 받는 시대가 오면 자율주행차량과 사물인터넷의 상용화 시대로 접어들 것이다. 인공지능의 발달은 스마트홈, 스마트팩토리와 스마트시티의 경쟁력을 강화시킬 것이다. 우리의 미래는 SF영화에서나 봄직한 놀라운 스마트 시대가 펼쳐진다. 스마트 세상에 스마트 인간의 역할은 디지털 기술과 아날로그 감성의 균형을 이루는 사람이 아닐까?

4차 산업혁명 시대

1760년 영국을 중심으로 일어난 1차 산업혁명은 증기기관과 철도의 발명으로 기계문명 시대의 역사를 쓰게 되면서 경제적, 사회적 변동을 일으켰다. 1870년 시작된 2차 산업혁명은 전기를 이용한 대량 생산의 본격화 시대로 새로운 산업의 창출이 가능해졌다. 1969년 반도체와 인터넷이 이끈 컴퓨터 정보화 및 자동화 문명기를 이끈 3차 산업혁명 시대를 거쳐 현재 4차 산업혁명 시대의 서막을 예고하고 있다. 역사적으로 산업혁명 기술의 우위를 선점한 기업과 국가가 성장하고 발전해 왔다(최혜림, 『스피릿 2017』). 4차 산업혁명 시대의 주요 기술은 물리학 기술, 디지털 기술, 생물학 기술로 요약된다.

물리학 기술

드론은 무선전파로 조종할 수 있는 무인 항공기다. 드론은 군사용도

나는 내 인생의 '리더'다

로 사용되었지만 근래에는 고공 촬영과 배달 업무로 확산되고 있다. 미국의 글로벌 IT기업은 드론 개발에 박차를 가하고 있다. 아마존(Amazon)은 '프라임에어(PrimeAir)'라는 새로운 배송시스템을 공개하면서 재고관리와 유통시스템을 자동화하는 데 과감한 기술 투자를 하고 있다.

드론의 안전성 문제와 사생활 침해 문제 등 많은 우려 속에서도 드론 시장은 성장 추세다. 아이슬란드는 세계 최초로 드론 택배를 상용화함으로써 드론이 선도할 물류혁명을 예고하고 있다. 아마존, 알파벳(Alphabet, 구글의 모회사), 에어버스 SE 등 세계 굴지의 회사들이 정부와 시의 승인을 받은 후 새로운 배달 서비스를 주도할 것으로 예상된다. 아이슬란드 유명 쇼핑몰인 AHA는 드론 배송서비스를 통해서 기존 육로나 해상을 통한 배송보다 60%가량 배송료가 절감되고 배달 시간이 20분 이상 단축될 것이라고 밝혔다. 세계 상업용 드론 시장의 70%를 장악하고 있는 중국의 DJI의 창업자 프랭크 왕(Frank Wang, 汪滔)은 드론계의 스티브 잡스로 불린다.

3차원 도면 데이터를 가지고 입체 물품을 제작할 수 있는 3D프린터는 4차 산업혁명의 중요한 기술로 여겨지고 있다. 원래 3차원 프린터를 만든 목적은 상품을 내놓기 전 시제품을 만들기 위해서였다. 값싸고 성형하기 쉬운 재료로 똑같이 생긴 시제품을 만들면 실제 상품에 어떤 문제점이 있는지 알 수 있기 때문이다. 3D프린터는 점차 그 영역을 확장하여 건축물, 드론, 무인 자동차에 이어 인공혈관 인공장기 제작에 성공했다. 공장기계는 동일한 물건을 여러 번 찍어 내지만 3D 프린터는 매번 색다른 디자인의 물건을 인쇄한다. 3D프린터는 제품의 '맞춤형'을 선도할 새로운 기술혁명이다. 영국의 워릭대학교(University of Warwick)의 크리스라이얼(Chris Ryall) 교수는 "3차원 프린터는 한 마디로 '산타클로스 머신'이라며 "지금의 프린터처럼 집집마다 1대씩 갖게 되는 날이 머지않았다."고 말했다.

무인자동차의 개발에 이어 산업용 로봇은 빠른 속도로 진화 중이다. 생산성 향상이나 노동력 절감을 위한 산업용 로봇의 등장은 로봇의 공장자동화를 촉진하고 있다. 서비스 분야에도 확장되어 물류·창고형 로봇, 접객·안내 로봇, 음식배달 로봇이 성장할 것으로 전망된다. 세계 1위 물류기업 아마존의 짐꾼로봇 키바(Kiva)의 활용은 물류로봇 시장성장을 촉발하고 있으며, 접객 로봇은 일본 소프트뱅크의 인공지능로봇 페퍼(Pepper)가 대중화시켰다.

디지털 기술

사물인터넷(Internet of Things : IoT)은 인터넷으로 연결된 사물이 사람의 지시 없이 내장된 센서, 소프트웨어, 통신기능으로 정보처리하는 사물 공간 연결망이다. 메사추세츠 공과대학(MIT)은 기숙사 화장실과 세탁실에 센서를 설치하고 인터넷에 연결한 후 학생들이 주고받는 정보를 통해 어떤 화장실이 지금 비어 있는지, 어떤 세탁기와 건조기가 사용 중인지를 실시간 파악한다. 디즈니랜드는 사물인터넷을 활용하여 실시간으로 놀이공원 정보 데이터를 습득해 관람객에게 놀이기구의 대기 시간 정보를 알려 준다. 근래 들어 냉장고, 에어컨과 같은 가전제품 뿐만 아니라 자동차, 비행기, 중장비에 사물인터넷을 활용하여 사고를 예측하고 고장징후를 예고하는 서비스가 증가하고 있다. 앞으로 우리집 곳곳에 부착된 센서가 서로 통신하며 자택관리하는 초연결시대(Hyper-connectivity)를 맞이하고 있다.

인공지능과 로봇의 발달로 인한 사이보그와 휴머노이드의 등장은 인류를 과연 행복하게 할 것인가? 이세돌 9단과 알파고(AlphaGo)의 대국 결과는 인공지능(Artificial Intelligence, AI)의 위력을 실감하게 만들었다. 인간의 인식을 판단하고 추론하며 문제 해결하는 인공지능의 머신러닝(기계학습)은 급속도로 발전하고 있다. 머신러닝의 핵심은 데이터의 양이다. 데이터의 양이 많을수록 품질이 올라간다. 클라우드를 통한 데이터 분석 활용 능력에 착안한 디지털 변혁을 글로벌 IT기업의 사활로 보는 이유다. 인공지능은 전문직의 영역까지 넘보면서 일자리 대체 가능성의 문제로 대두되고 있다.

생물학 기술

유전공학을 비롯한 바이오 분야는 4차 산업혁명을 이끄는 대표적 기술로 주목받는다. 고령화, 식량자원, 기후변화 같은 문제의 해결책으로 생명공학에 관심이 커지면서 원격의료기술, 줄기세포 연구, 재생의료 기술, 노화 연구, 바이오 의약품 개발에 전세계가 집중하고 있다. 베르나르 베르베르(Bernard Werber)가 프리젠터로 등장한 KBS의 '넥스트휴먼'다큐멘터리를 보면 인간이 유전자를 해독하는 능력을 가지면서 인간은 신의 영역을 넘보고 있다. 유전자를 파악하여 예방하고 유전질환을 사전에 제거하는 '안젤리나 졸리 효과'에서 볼 수 있듯 유전자 기술을 통해 인간은 질병을 극복하고 인간의 몸을 디자인하는 새로운 진화단계에 와 있다.

2014년 다보스포럼은 세계를 바꿀 10대 기술로 '뇌-컴퓨터 인터페이스'를 선정했다. 뇌로 기계를 통제하는 것이 현실화되는 것이다. 뇌와 컴퓨터를 연결하는 기술(Brain Computer Interface)은 손상된 기능을 복원하는 목적으로 사용되고 있다. 테슬라이 일론 머스크는 이 기술을 활용하기 위해 '뉴럴링크(Nueralink)'를 설립해 컴퓨터와 뇌의 결합을 시작했으며, 페이스북도 뇌파를 이용해 생각만으로 1분에 100단어를 쓸 수 있는 '브레인 타이핑 기술(Braintyping)'을 연구하고 있다. 구글은 '뇌-클라우드 통신'을 통해 뇌에서 직접 무선 인터넷을 연결하여 두뇌를 백업 받아 기존 능력의 한계를 넘어서는 하이브리드 인간을 예고한 바 있다. 이 같은 첨단기술이 우리 몸에 일상적으로 적용되는 시대가 되면 우리의 생각을 읽는 초인간 '트랜스 휴먼(Transhuman)'이 태어나게 되는 셈이다.

Question

- 당신은 혼자 하는 일과 팀워크 중 어느 쪽을 선호하는가? 그 이유는?
- 소셜 미디어 활용의 장점과 단점은 무엇인가?
- 당신이 하고 있는 분야에서 다른 분야의 학문을 취하여 융합 학문을 만들려면 어떠한 학문이 적합한가?

Activity

- '하나보다는 여럿이 낫다.'는 협동에 대해 생각해 보기.

Reflection

- 변화의 흐름, 즉 새로운 패러다임의 전환을 남보다 빨리 감지할 수 있는 방법에 대해 생각해 보기.
- 4차 산업혁명 시대 자신의 전공 분야를 발전시킬 방안을 모색해 보기.

나는 내 인생의 '리더'다

변화의 흐름, 새로운 패러다임의 전환을 남보다 빨리 감지할 수 있는 방법

배현진(2016년 수강생)

일정한 의식과 생활양식 속에서 살아가는 일반인들에게 자신들을 포함하는 세계의 지배적인 변화 양상을 예견하기란 매우 어려운 일이다. 특히 남들보다 더 빨리 그것을 포착하는 일은 더욱 쉽지 않다. 그러나 동시에, 어떤 조직이나 사람들을 이끌며 새로운 트렌드 양상에 따라 비전을 명확히 제시해야 하는 리더에게는 필수로 갖추도록 기대되는 능력이기도 하다.

패러다임의 시발점인 새로운 시도와 모색은 사회의 일부 집단에서 시작하지만, 보다 많은 사람들과 정보가 모이는 '광장'에서 논의된다. 그것을 광의의 표현으로 '플랫폼'이라 하면, 그곳은 다양한 사람들이 이용하고 거쳐 가며 여러가지 정보가 알려지고 교환되는 공간이다. 이는 과거 폐쇄적이고 제한적인 정보순환과 대비되는 현대사회의 대표적인 특징이며 IT 발달을 배경으로 한 각종 사이버공간을 예로 들 수 있다. 소수 집단의 정보 독점과 제한되고 닫힌 범위의 정보 교환에서 벗어나 다수에게 의사표현과 사회적 흐름을 만들어가는 데 참여할 수 있는 기회가 열리게 되었고, 이것은 다수의 지배적인 생각과 사회현상을 보다 명확하게 반영하는 장이 되었다. 덕분에 우리는 현대사회의 주요한 사회적 추세와 쟁점들의 많은 부분을 이 플랫폼에서 읽어 낼 수 있다. 집단지성과 수평적 네트워킹의 특성을 갖춘 포털 커뮤니티, 유튜브, SNS, Gizmodo 같은 웹블로그 등 많은 플랫폼은 다수의 의견 표출자가 존재하고, 각각에 동조하는 이용자의 규모 또한 가시적이어서, 이를 꾸준히 관찰하면 최신 기술이나 제도 등 새로운 패러다임이 될 수 있는 사회 현상들에 대한 평가와 판단이 어느 정도 가능하다.

다양한 관계망을 구축하고 활용하는 것도 한 방법이다. 자신의 눈과 귀,

시간은 세한되어 있다. 그러나 다양한 분야에 몸 담으며 최신 소식과 이슈를 접하는 사람들을 통해서는 스스로 해내는 것보다 훨씬 많은 소식과 정보를 적은 비용으로 획득할 수 있다. 경영학에서 강조하는 미덕도 다르지 않다. 투자 의사결정에 있어서 문제가 되는 것은 항상 '내 돈'에 국한되는 것이 아니다. 결국은 '다른 사람'의 자본이 내게 관건이 되는 경우가 많다. 기업은 산업을 막론하고 항상 타인으로부터 자금을 대출해 부채를 일으켜 일상적으로 사업을 진행하고, 투자기관은 배경과 무관한 다양한 투자자들로부터 모금한 금융자본으로 레버리지를 일으켜 새로운 투자를 한다. 소위 경영자들은 다양한 사람들과 끊임없이 관계를 맺으며 그 관계망으로부터 얻는 자원으로 때로는 색다른 계획을 설계하고 실행한다. 이처럼 나 이외의 상대와 관계를 구축하고 그들을 활용하는 것은, '홀로 해내는 것보다 더 많은 기회를 가능케' 하며, 적극적으로 활용한다면 다양한 정보를 접해 비교적 빠르게 여러 분야의 동향을 파악하고 앞으로의 변화를 구상하는 데 큰 도움이 된다.

문제는 리더에게는 '남들보다 빠르게' 패러다임의 전환을 감지할 것이 기대되고 요구된다는 것이다. 사회현상들은 다양한 분야들에서 각각이 독립적으로 일어나는 듯이 보이지만, 많은 부분이 서로 연관되어 있고 영향을 주고받아 생겨난다. 대표적인 예가 바로 미국 국방부의 전자기기 패널 기술과 애플 아이폰의 스마트폰 액정 기술이다. 서로 동떨어져 보이는 국방 분야와 가전제품 분야에서 일어난 두 현상이 결국 모두 휴대전화의 패러다임을 스마트폰으로 전환되는 데 기여했다. 이처럼 서로 관련성이 적어 보이는 현상들이 복합적으로 이어져 패러다임의 출현과 전환을 야기하는 것이, 사실상 대부분이

102   나는 내 인생의 '리더'다

다. 융복합과 간학문성이 강조되는 것도 이러한 사회현상의 복잡성에 기인하고 있으며, 사회가 발전할수록 그 복잡성과 상관관계의 영향력은 더욱 커지고 있다.

따라서, 리더로서 '남들보다 빨리' 패러다임의 전환을 감지하기 위해서는 단순한 플랫폼을 관찰하고 이슈들을 익히는 것뿐만 아니라, 더 나아가 기술, 정보, 산업, 정치, 예술 등 각기 다른 다양한 분야의 플랫폼들에서 읽어낸 현상들을 잘 연결하고 통합하여 포괄적으로 바라보고 판단할 수 있는 안목이 가장 핵심이라고 할 수 있다. 이슈들에 대해 얼리 어답터가 되는 것은 충분한 시간과 노력을 투입한다면 누구나 가능하지만, 패러다임의 전환을 빠르게 포착하는 것은 이러한 다양한 분야에 대한 정보에 더불어 통합적으로 사고하고 바라보는 능력이 없으면 불가능하다고 해도 과언이 아니다. 대중들에게 잘 알려진 리더들은 모두 이러한 소양에서 높이 평가된다는 점을 우리는 다시 한 번 생각해 볼 필요가 있다.

개미형 인재에서 거미형 인재로 바뀌어야 한다

앞서의 논의에서 계속해 보면, 거미형 인재란 무엇인가를 대략 유추할 수 있다. 여러 분야에 동시에 접속하고 관계하여 거미줄처럼 통합적으로 사고할 수 있는 인재라고 본다면, 이에 대비되는 개미형 인재는 마치 자기 동료와 자신이 뿌린 페로몬을 따라 꾸준히 왕복하며 일하는 개미처럼 집단이 제시하고 규율하는 바를 따라 열심히 일하는 인재라고 할 수 있다. 또 거미줄에서 유추해 본다면 거미형 인재는 미리 거미줄을 쳐 놓고 먹이를 기다리는 거미처럼 남과 자별화된 생각으로 미리 먹잇감을 예견하는 준비형 인재라고 볼 수 있다. 반면 그 점에서 개미형 인재는 기존의 페로몬 경로에서 벗어나지 않는 반복형 인재라고도 할 수 있겠다. 이렇듯 서로 공통점보다는 대비점이 많은 두 인재형 가운데 최근 강조되는 것은 단연 거미형 인재다.

개미형 인재에서 거미형 인재로 바뀌어야 한다는 말에 대해서 생각해 보면, 위의 비교가 시사하는 바가 크다. 먼저, 패러다임의 전환 속도의 측면에서 살펴보면, 패러다임의 전환 주기가 짧아지고 빈도가 늘어나면서 규율형/반복형 인재가 오래갈 수 있는 산업은 입지가 점차 좁아지고 있다. 요즘처럼 오랜 자기계발이 강조된 시대도 없었다. 과거에 성공의 법칙이던 룰은 금새 낡고 소용없는 것이 되어 버린다. 환경이 변하는 만큼 자기 자신도 끝없이 개혁해야 하는 지금 같은 시기에서, 규칙과 반복에 익숙한 개미형 인재가 설 곳은 점차 위협받고 있다. 대신 다양한 분야를 동시에 접하며 주변 환경을 빠르게 파악하고 풍부한 정보와 안목을 바탕으로 거미줄처럼 짜임새 있게 적응하고 변화하는 거미형 인재가 각광받고 있다.

정보 개방 정도의 관점에서도 살펴볼 수 있다. 앞서 주제에서 언급하였듯 과거 폐쇄적이고 제한적인 정보 흐름만이 주가 되었던 시대에서, 조직들은 자신들만의 독점적인 기술이나 정보를 바탕으로 룰을 만들고 그것을 잘 따르는 구성원들로 조직을 구성하였다. 조직들은 체계적인 일사분란함과 거기서 비롯되는 규모의 경제, 의사결정과 실행의 효율성을 바탕으로 다른 조직들과 경쟁하였으며, 그것이 곧 생산성이고 경쟁력이었다. 그러나 시간이 지날수록 정보의 개방화 정도는 가파르게 증가하여 이제 대부분의 정보들은

나는 내 인생의 '리더'다

쉽게 공유하고 습득할 수 있게 되었다. 이제 내가 아는 것은 남들도 획득할 수 있다는 생각이 더 현실적이며, 실제로도 그렇다. 독점적인 정보의 영역은 점차 국한되고 정보 획득의 용이성이 증가하면서 이제 조직들의 경쟁에서는 독점정보의 활용이 아닌 정보들의 융합을 통한 새로운 역량의 발견이 더욱 중요한 경쟁력이 되었다.

이에 따라 조직의 형태도 과거의 독점정보의 효율적인 이용과 목표 달성에 치중한 '룰' 중심의 관료적 구성이 아닌, 창의적인 발상과 경쟁환경 변화에의 즉각적인 반응을 촉진할 수 있는 자율적인 형태로 점차 바뀌고 있으며 '셀 조직'이 대표적이다. 조직에서 수직적 룰의 중요성이 낮아지면서 인적 자원에 대한 수요 또한 규칙에 적합한 개미형 인재에서 수평 복합적이고 능동적인 조직 형태에 적합한 거미형 인재로 이동하고 있다.

위와 같은 배경으로 거미형 인재상이 떠오르는 이유를 설명할 수 있다. 그러면 우리 모두가 거미형 인재로 바뀌어야 하는가? 하지만 우리는 개미형 인재의 중요성도 잊어서는 안된다. 어느 조직에서 구성원 모두가 거미가 될 수는 없다. 모든 조직 구성원이 리더 역할을 자처할 수 없는 것과 마찬가지이다. 그렇게 되는 순간 뱃사공이 많으면 배가 산으로 간다는 옛 속담이 떠오를 것이다. 누군가는 거미의 일과 사고를 할 때, 그와 동시에 필요한 것은 조직의 비전을 따라 꾸준하게 일하고 성과를 만들어 조직을 뒷받침하는 개미형 인재다. 서로의 차이점이 있다는 것은 각자가 해낼 수 있는 역할도 존재한다는 의미이며, 그러한 점이 현대사회에서 다양성이 미덕으로 강조되는 이유가 아닐까 생각한다.

Class 4

리더십은 왜 변화하는가?

"리더십은 단순히 책을 읽고 배우는 것이 아니라 시간의 지남 속에 배우는 예술이다."

– 맥스 드 프리

리더십이란 무엇인가

21세기 들어서 리더십이란 단어가 자주 거론되고 있다. 정치 집단이나 기업을 넘어서서 학교와 문화체육계, 그리고 가정까지 우리가 가깝고 쉽게 그리고 흔하게 접하는 단어가 되었다. 그러나 바쁘게 변화하고 있는 시대적 상황과 어릴 때부터의 경쟁 구도로 인해 사람들 간의 소통은 점점 어려워지고 있으며, 앞서 '리더십의 부재'에서 설명한 것처럼 우리는 리더를 간절히 바라지만 우리 주위에서 리더십은 잘 보이지 않는다. 리더십이란 과연 무엇일까? 역사적으로 위대한 영웅을 다룬 인물 리더십에서부터 현대에 들어 소통과 감성을 중시하는 변혁 리더십까지 대두되고 있지만, 리더십에 대한 정의 또한 명쾌하지 않았다. 하지만 예나 지금이나 정치나 경영에서의 실패는 바로 리더십의 부족으로 비난받아 왔다.

나는 내 인생의 '리더'다

워렌 베니스(Warren Bennis)는 인간이 세 사람 이상이면, 누군가가 나머지를 통솔해야 한다고 말했다. 그렇지 않은 경우 혼란이 온다는 것이다. 워렌 베니스의 말대로라면 리더십은 혼란을 방지하고 방향을 제시해 주는 것이다. 그는 리더십이란 자신을 알고, 동료 사이에 신뢰를 구축하면서 비전을 소통하며, 자신만의 리더십을 가지고 효율적인 행동을 취하게 되는 기능이라고 했다(워렌 베니스, 『리더』). 존 가드너(John Gardner)는 "리더십은 설득이나 예시의 과정을 통해 리더와 추종자 간에 공유된 목적을 추구하도록 조직을 인도하는 것이다."라고 말했다. 제임스 헌터(James Hunter)는 "리더십이란 공동의 이익을 위해 설정된 목표를 향해서 매진할 수 있도록 사람들에게 영향력을 발휘하는 기술"이라고 정의하고 있다. 시릴 오도넬(Cyril. O'Donnell)은 제임스 헌터와 비슷하게 "리더십이란 공동 목표 달성을 위해 따라오도록 영향력을 행사하는 과정"이라고 말했다.

포항제철 CEO 출신인 조말수(趙末守)는 『21세기 지도자』에서 "리더십은 한 사람이 다른 사람의 마음으로부터 존경, 신뢰, 복종 및 충실한 협력을 얻기 위한 방법으로 사람의 사고, 계획 및 행위를 통솔하는 기술이다."라고 했다. 즉, 리더십은 한 사람의 인간과 집단 및 지도자와 추종자 사이의 관계에서 생기는 것으로 명령, 지시, 설득, 기타의 방법을 통해 많은 사람들을 마음으로부터 따르게 하는 행동과학이라고 하였다.

정치인 안철수는 리더십을 '사람과 사람 사이의 관계'로 보고, 인간관계에서도 신뢰가 중요하듯이 리더십에서도 신뢰만 형성되면 절반은 성공이라고 강조한다. 그는 신뢰를 리더십의 최고 덕목으로 꼽으면서 신뢰의 구성요소로 ① 직원들을 이용하지 않는 마음이 직원들에게 전해지고, ② 직원들과 한 약속을 지키고, ③ 리더가 스스로 능력을 갖추고 그렇게 되도록 노력하고, ④ 솔선 수범하고 시간을 기다리는 것이라고 압축했다. 리더십의 핵심은 개인의 희생이 따르더라도 조직 전체를 위하는 마음가짐과 원칙, 일관성, 신뢰는 리더로서 갖추어야 할 필수조건이라고 말하고 있다(안철수, 『지금 우리에게 필요한 것은』).

이러한 리더십의 정의를 보면, 서양의 학자들은 리더십을 비전과 공유된 목적, 그리고 방향성을 주요 덕목으로 본 반면에 한국에서는 보다 관계를 중시하고 신뢰를 얻는 지도자를 리더라고 여기고 있다. 이는 서양의 문화가 개인의 자질과 능력, 그리고 비전을 향한 과정에 치중한다면, 동양의 문화는 '우리'라는 조직의 중요성과 리더와 추종자 간의 관계를 중시한다. 『옥스퍼드 사전』에 의하면, '리더는 사람이나 동물들이 올바른 길로 갈 수 있도록 이끄는 사람'이라 하였다. 서양의 리더는 방향을 제시할 뿐만 아니라 사람들을 자신이 원하는 길로 갈 수 있도록 이끄는 능력, 즉 통솔력이 뛰어난 사람이다. 나폴레옹(Napoleon Bonaparte)은 '리더는 희망을 파는 사람'이라고 했다. 반면에 공자(孔子)는 어떠한 상황이 와도 신뢰를 잃어서는 안 된다고 가르치고 있다.

나라를 경영함에 있어서 가장 중요한 것이 무엇이냐고 묻는
자공(子貢)의 질문에 공자는 다음과 같이 대답했다.
"나라를 경영하는 기본은 식량을 비축하고,
군비를 충실히 하고 백성의 신뢰를 얻는 것이다."
자공이 다시 질문했다.
"만약 부득이하여 이 세 가지 가운데 어느 하나를 포기해야 한다면
어느 것을 먼저 포기해야 하겠습니까?"

나는 내 인생의 '리더'다

공자가 대답했다.

"군비와 병력 확충을 포기해야 한다." 다시 자공이 질문했다.

"만부득이 어느 하나를 포기해야 한다면,

둘 중에서 어느 것을 포기해야 합니까?"

공자가 대답했다.

"식량 비축을 포기해야 한다.

먹을 것이 풍부하더라도 백성들이 믿고 따르지 않는다면

아무것도 이룰 수 없다."

- 강형기, 『논어의 자치학』

『삼국지』에 보면 조조는 적의 장수인 관우를 데려와 그가 원하는 모든 것을 제공하고 적토마를 하사할 만큼 공을 들였으나 관우는 유비와의 신의를 잊지 못해 적토마를 가지고 달아나 버렸다. 또한 몽고의 칭기즈 칸은 백성을 자식처럼 대접하려고 노력했으며, 재능 있는 자들을 귀히 여겼다. 그는 자신과 관리들의 관계가 매우 긴밀하고 또 존경에 바탕을 두고 있다고 말했다. 동양문화권에서는 리더와 추종자 간의 신뢰를 리더십의 가장 큰 덕목으로 삼아 왔다는 것을 알 수 있다.

우리나라는 한국전쟁을 겪은 후 경제적으로 급성장하게 되고, 21세기 세계화의 추세가 보다 가속화됨에 따라서 개인이나 국가가 살아남는 길은 세계의 변화에 발맞추어 글로벌 경쟁력을 갖추지 않으면 안 된다는 것을 배우게 되었다. 근래 들어 우리나라에서도 리더의 비전과 소통, 위기에 대처하는 결정력이 보다 강조되고 있다. 변화에 전략적으로 대처하고 혁신적 구상을 실현시킬 수 있는 리더의 존재를 필요로 하게 된 것이다.

 '포스코 혁신의 주역'이라고 불리는 정준양 전 회장은 "리더란 비전을 제시할 수 있어야 하고 통찰력과 철학을 가져야 한다."라고 말했으며, 리더십의 요체는 결국 '방향성'이라고 강조하였다. 또한 CEO의 꿈과 비전, 구성원의 꿈과 비전이 일치하도록 하는 것이 중요하다고 말했다. 우리나라에서도 근래 들어 서양과 마찬가지로 비전에 대한 중요성이 더욱 강조되고 있다. 이는 우리 사회가 글로벌화되면서 서구화된 사고를 받아들여 개인의 창의력을 존중하는 문화를 형성하고 있으며, 그러기 위해 개인과 집단이 하나가 될 수 있는 방향성에 대한 중요성을 인정하는 것이 아닌가 싶다.

 시대와 문화에 따른 리더십에 대한 정의가 다양하겠지만, 나는 개인적으로 "자신을 알고, 동료 사이에 신뢰를 구축하면서 비전을 소통하며, 자신만의 리더십을 가지고 효율적인 행동을 취하게 되는 기능"이 리더십이라는 워렌 베니스의 정의에 가장 많이 동감한다. 현대를 살고 있는 우리들에게 시의적절한 정의이기 때문이다. 〈오프라 윈프리 쇼〉에서 『해리포터』의 작가 조앤 롤링(Joan K. Rowlling)과의 인터뷰를 본 적이 있다. 오프라 윈프리(Oprah Winfrey)는 조앤 롤링에게 배우자의 조건이 무엇이냐고 질문했는데, 그중에서 인상적인 대목이 '자기 자신에 대해 잘 알고 있는 사람'이어야 한다는 것이었다.

 사람들은 자기 자신에 대해 많이 알고 있다고 생각하겠지만, 나 역시 나 자신을 알고 나의 성향과 적성, 그리고 장점을 계발시켜 '나 자신'이 되는데 참으로 오랜 시간이 걸렸다. 대학에서 리더십을 가르치면서 느낀 점은 대학생들 역시 자기 자신을 들여다보고 분석하는 것보다 타인의 리더십 분석을 훨씬 쉽게 잘한다는 것이었다. 리더십이란 자기 자신을 아는 데서 시작되어야 한다. 그리고 나서 자신의 장점을 통해 인간관계를 구축하여 신뢰를 쌓고 공동의 비전을 달성하는 행동인데, 그 리더십은 '자신만의 리더십'이어야 한다. 인류 역사상 리더십은 시대와 문화에 따라 다르게 정의되었으며 그 가치 또한 변화되고 있다.

리더십의 역사

리더십의 역사를 거슬러 올라간다면, 기원전 13세기 경 이스라엘의 종교적 지도자인 모세의 영도력이라고 본다. 『구약성서』에 의하면 지도자란 '재덕(才德)을 겸비한 사람'으로 여겼으며, 불쌍한 백성을 구하는 덕(德)과 10계명으로 무질서를 타파한 재(才)야말로 지도자의 자질이라는 의미이다.

고대 그리스 철학자 플라톤(Plato)은 리더십이란 '동굴 속의 사람을 태양의 세계로 인도하는 능력'이라고 말했다. '동굴'이란 '악'을, '태양'은 '선'을 의미하므로 리더십은 악에서 선한 세계로 이끄는 능력이라고 해석하고 있다(최진, 『대통령 리더십』). 플라톤은 형이상학의 수립자였으며, 그의 이데아론(혹은 eidos=형상)에 의하면 이데아란 비물질적 영원의 세계이며, 물질적·감각적인 사물의 세계는 이데아의 그림자, 모상(模相)이라는 이원론적 세계관을 주장하였다. 그렇다면 리더는 영혼을 바탕으로 한 직관을 가진 자이어야 할 것이며, 악에 빠진 자들을 선으로 이끄는 일이 리더십이다. 플라톤은 보다 선하고 정의로운 사회 구현을 추구하는 비전형 리더십을 추구한 것이다.

로리 베스 존스(Laurie Beth Jones)는 『최고경영자 예수(JESUS CEO)』에서 "인류 역사상 예수만큼 완벽한 리더십을 보여 준 이는 없었다."라고 말한다. 이 책은 '자아극복의 강점', '행동의 강점', '인간관계 형성의 강점'의 장으로 나누어져 있다. '자아극복의 강점'에서는 셀프 리더십의 주요 핵심인 자기 신뢰, 절제와 감사, 열정과 사랑, 그리고 자신의 사명에 충실한 개인으로서의 리더십을 보여 주고 있다.

서울대 리더십 센터에서 자율고인 한가람고 학생을 대상으로 '고교생 리더십 교육 프로그램'이 진행되었다. 연극인 김소희(연희단 거리패 대표)는 '리더는 배우다'라는 주제의 강좌를 진행하였다. "리더와 배우의 공통점은 뭘까? 온 몸으로 자기를 표현하는 거야. 리더는 배우처럼 자신이 느끼고 생각하는 것들을 온몸으로 표현할 줄 알아야 해."라고 말했다.

『최고경영자 예수』에서 역시 "예수님은 자신을 표현하였다."고 기술하고 있다. 예수님은 주변 환경이나 사람들에 대해 어떻게 느끼는가에 대한 명확한 메시지를 전달하였으며, 자신의 감정을 느끼는 방법과, 그런 감정을 솔직히 표현하는 능력이 있었다는 것이다. 표현하는 능력이 현대의 리더십 기술에서 많이 거론되고 있다. 감성의 리더십, 소통의 리더십의 바탕에는 '리더의 표현하는 능력'이 있어야 한다. 그런 바탕 위에서 리더와 추종자 간의 비전을 일치시킬 수 있기 때문일 것이다.

'행동의 강점'에서는 계획하고 실천에 옮기는 행동하는 리더십, 팀을 결성 하고 제자를 양육하는 멘토의 역할로 조직 리더십을 보여 준다. 이 장에서 인상 깊은 내용은 "예수님은 'WOWSE'개념을 실천하셨다."였다. 'With or Without Someone Else(다른 사람이 있든 없든 간에)'라는 뜻이다. 리더십이란 다른 사람이 있든 없든 간에 그것을 해내고야 말겠다는 의지와 소명 정신이다. 다윗은 골리앗과 싸우러 가면서 자신의 군대가 따라오는지 확인하려고 돌아보지 않았다. 그는 다른 사람이 있건 없건 자신이 생각하는 대의에 충실했다는 것이다. 그래서 그는 대의를 실천했고 결과적으로 왕이 되었다. 예수님 역시 누가 있든 없든 간에 치료와 교육과 설교에 헌신적으로 임하셨다.

대의에 따르고 실천하는 사람들의 특징은 자신들이 바라보는 자신만의 비전에 따라 행동한다는 점이다. 자신의 직업에 '소명의식'을 가지고 있는 사람들은 얼마나 될까? 리더란 희생하는 역할이라고 생각하는 학생들이 많다. 리더가 되고 싶지 않은 이유로 '책임감이 부담이 돼서.'라고 말하는 학생들이 간혹 있다. 리더는 리더십을 수행할 때 그것을 희생이라고 여기지 않는 자다. 헌신적으로 충실하게 임무를 수행하는 일이 그들의 비전을 향한 의지와 기쁨이기 때문이다. 'WOWSE' 개념은 현재를 살고 있는 우리들이 과연 자신이 가치 있다고 생각하는 일에 얼마나 헌신하는지 그리고 그 일을 향해 꿋꿋이 실천해 나가는지 생각해 볼 대목이다.

'인간관계 형성의 강점'에서는 예수님이 제자들을 신뢰하고 사람들을 교육하였으며, 모범을 보였다는 점을 말한다. 예수님은 사람들을 격려하고 사랑하고 제자들에게 권한을 주는 분이었으며, 여성들에게도 권한과 능력을 인정해 주었다. 그리고 사람들을 자신과 동등하게 대우하고 아이디어에 개방적이었다. 그 중에서 가슴에 가장 와닿는 소제목은 '예수님은 모든 사람들이 정상에 이르기를 원하셨다.'였다.

리더의 역할은 조직원들의 잠재력을 파악하고 그들의 능력이 정점에 다다르도록 동기부여하고 코칭하는 사람이다. 유능한 상사는 많아도 조직원들이 최고가 되도록 힘써 주는 사람은 보기 드물다. 우리 문화는 후계를 양성하는 데 인색하다. 조직원들의 발전과 성공이 바로 리더 자신의 성장이라고 믿고 행동하는 참된 리더들의 멘토 정신이 절실히 요구된다. 후계자 양성이 바로 자신의 성공으로 연결되기 위해서는 조직 내의 평가제도의 보완이 필요할 것이다.

기원전 2~1세기에 걸쳐 살았던 서한 시대의 사관 사마천(司馬遷)의 『사기(史記)』는 중국 3,000년 역사의 인물들의 치인(治人) 전략, 즉 인간 경영법의 노하우를 들려주는 인물 열전의 역사서다. 특히, 통치자의 자질로 '덕'을 강조했으며, '덕치주의'가 군주의 미덕이었다. 『사기』에는 성공한 위인들을 통해 인간 경영의 리더십이 과연 무엇인가를 보여 주고 있다. 인재를 등용하기 위한 수고와 그 인재들을 적재적소에 임명하는 과정은 현대의 정치가가 귀담아들을 대목이다. 사람을 통해 이익을 추구하지 않으며, 아랫사람을 믿음으로 감싸며, 조건 없이 대우하는 리더십에 대한 주옥 같은 본보기를 제시하고 있다.

주나라의 주공이 왕조의 기초를 다지기 위해 혼신의 힘을 다한 것은 바로 인재를 발굴하고 기용하는 것이었다. "아침에는 100편의 글을 읽고, 저녁에는 70명의 인재들과 면담했다."는 기록이 남아 있으며, 면담한 인재 중에는 평민도 포함되어 있고, 유능한 인재를 찾아 천 리를 마다하지 않고 찾아가 도움을 요청한 탁월한 정치가이자 관리자였다. 좋은 정책과 의견을 제안하는 100명에 달하는 자문 그룹이 있었다고 하니, 현대의 리더십에 비추어 가히 손색이 없는 대목이다.

〈진시황본기〉 편에서는 천하통일의 주역인 진시황의 치적과 진왕조의 흥망사를 나타내는데, 위아래의 언로가 막히면 나라가 망한다는 '옹폐지(雍蔽之), 국상야(國傷也)'의 이치를 설명하면서 위의 뜻이 아래로 전달되지 못하고 아래의 감정이 위로 전달되지 못한다면 나라의 혈관이 막혀 몰락한다는 뜻이다. 진시황의 언론 통제와 사상을 탄압하는 정책으로 유명한 '분서갱유(焚書坑儒)'는 사상 서적을 압수해 불태우고 지식인을 산 채로 매장한 사건이었다. 결국 백성들과 의사 소통 없는 정치는 성공하지 못한다는 일례를 남기게 되었다. 즉, 사마천이 전하고자 하는 리더십이란 민심을 알고 민심을 얻어 덕을 베풀 줄 아는 능력이며, 그 다음은 초나라의 장왕같이 기회와 위기를 구분할 줄 아는 직관적 통찰력이었다.

리더십의 이론을 말할 때 16세기 중세 르네상스 말기 이탈리아 사상가 마키아벨리(Niccolo B. Machiavelli)를 빼놓을 수 없을 것이다. 1532년에 출간된 대표적인 저서 『군주론(君主論)』에서 "군주는 여우와 사자를 겸비해야 한다. 사자는 스스로 함정을 막을 수 없고, 여우는 이리를 막을 수 없다. 따라서 함정의 단서를 알기 위해서는 여우가 되고, 이리를 도망가게 하기 위해서는 사자가 되지 않으면 안 된다."라고 말했다. 즉, 리더는 힘과 지략을 겸비한 자이어야 한다는 뜻이다.

또한 유능한 지도자는 악(惡)을 행해야 한다고 하였다. 국민이 위협을 받을 때나 국가의 창건과 개혁 시, 사악한 독재자의 제거를 위해서는 악을 행해야 한다고 주장했기에 마키아벨리에 대해 끊임없는 비판이 있어 왔다. 권력과 권모술수의 정치가 그의 주된 논리라고 생각되어 왔지만, 악행도 서슴지 마라는 그의 메시지에는 더 큰 도덕을 위해서는 작은 악덕을 행할 필요도 있다는 뜻으로 해석되기도 한다. 중세 종교적인 측면과 '신'의 나라 건설이라는 국가관에서 마키아벨리는 기독교적인 미덕과 순종보다는 좋은 법과 좋은 군대를 바탕으로 한 국가 건설을 전제로 하였다. 마키아벨리는 국가를 부강하게 하고 국민을 행복하게 하는 정치, 행정, 외교를 강조했다는 점에서 근대 정치사상에 큰 기여를 한 인물이었다.

근·현대 리더십 이론에 위대한 영향을 끼친 막스 베버(Max Weber)는 독일 바이마르 헌법의 초안을 만드는 위원회의 일원으로 일했으며, 리더십의 유형을 전통적 지배, 카리스마적 지배, 합법적 지배로 분류했다. 전통적 지배란 배경에 따른 영향력이며, 카리스마적 지배는 초인적인 힘에 따른 영향력, 합법적 지배는 법적·제도적 장치에 따른 영향력을 의미한다.

그의 대표적 저서인 『직업으로서의 정치』에 보면, 종교 윤리와 정치 윤리는 다르다는 것을 설명하고 있으며, 정치인은 악에 폭력으로 저항해야 하며, 악이 만연될 때에는 그 또한 정치인의 책임이라고 해석했다. 아울러 옳다고 생각하는 것을 행하는 '신념 윤리'와 결과에 책임을 염두에 두고 행동하는 '책임 윤리'가 정치의 기본 윤리라 여겼다. 정치가의 자질로는 열정과 위 두 가지 윤리의 균형 감각이며, 정치란 '이 두 요소로 단단한 널빤지에 구멍을 강하게 서서히 뚫는 것'이라고하였다. "자신이 제공하려는 것에 비해 세상이 너무나 어리석고 비열하게 보일지라도 이에 좌절하지 않을 자신이 있는 사람, 그 어떤 상황에서도 '그럼에도 불구하고'라고 말할 능력이 있는 사람, 이런 사람만이 정치에 소명을 가진 자"라고 말했다.

우리나라의 현대인들은 정치에 관심이 많으면서도 정치인을 좋아하지 않는다. 많은 사람들이 정치인들의 신념 윤리와 책임 윤리를 기대하

나는 내 인생의 '리더'다

지만, 그들의 실제 모습에서 쉽게 찾아보기 힘든 덕목이 되어 버렸기 때문일 것이다. 우리나라의 경우 정치인들의 상황에 따라 말 바꾸기, 계파 눈치 보기, 선거 때 푸짐한 각종 선거 공약의 불이행, 당략에 따른 포퓰리즘적인 정책 추구가 극심하다. 재정 낭비를 한 정치인이라면 베버가 말한 대로 과연 자신이 정치인의 자질이 있는가 그리고 소명의식을 가지고 일에 임하는지 스스로 묻고 답변해 보아야 할 것이다.

나는 대학생들에게 막스 베버의 말을 되새기기를 요구한다. 지금 형편이 좋지 않아도, 지금 당장 좋은 학교에 다니지 못해도, 대학 등록금이 비싸고, 취직이 힘들어 좌절되고, 세상이 불평등하다고 느낄 그 순간순간마다 "그럼에도 불구하고"라는 말을 되뇌라고 말한다. 사실 어느 시대와 장소를 불문하고 그리 완벽히 살기 쉬웠던 세상은 없었다. 그럼에도 불구하고 무언가를 해내는 사람이 바로 리더이다.

리더십의 연구는 20세기에 들어서 부쩍 활발해지게 되었다. 개인에 대한 리더십에서 조직에서의 리더십 연구로 발전하게 되었다. 1940년대 특성 연구(trait approach)는 최초의 체계적 리더십 연구의 시도였다. 리더는 타고난 위인(great man)이며, 그들은 일반인과는 다른 예외적인 능력과 뛰어난 자질을 소유한 카리스마 있는 자였다. 그들은 뛰어난 예지력과 에너지, 직관을 소유한 자들로 여겨졌다.

리더십 연구가 유전학 연구에서 점차 사회과학 분야로 발달됨에 따라서 보다 과학적 방식의 연구에 관심을 갖게 되었다. 과학적 리더십 연구를 위해서는 과학적 데이터와 객관적 타당성을 분석할 필요성이 대두됨에 따라서 내적 성향보다는 객관적 관찰과 측정이 용이한 리더의 외적 행동에 대한 연구가 활발하게 되었다. 따라서 행동 연구(behavior approach)는 개인의 타고난 자질과 특성보다는 일에서의 수행 능력에 초점이 맞추어졌다(what is done on the job). 행동연구는 1950년대부터 약 20년간 활발하게 연구되었고, 리더의 역할과 기능, 책임감이 중요해졌다.

1960년대 들어서 특성 연구와 행동 연구에 대한 비판이 가해졌고, 리더가 사용하는 권력의 유형과 그에 따른 상대적 효과에 관한 연구가 진행되었다. 권력/영향력 연구(power/influence approach)는 리더가 부하에게 어떠한 영향력을 미치는가에 대한 접근법으로 권력의 사용과 나눔, 이양, 그리고 위임과 참여를 통한 성과와 만족도에 중점을 두게 되었다. 어떠한 리더십 영향력이 집단의 임무 달성과 조직원의 만족도를 높이는가에 관한 상관관계 연구가 활발하게 진행되어 이 시기부터 리더와 조직원 사이의 역학관계(dynamics)에 관심을 갖게 되었다.

1960년 후반에 접어들면서 기존의 리더 특성이나 행동에 관한 연구 접근 방법에 비판이 일어나기 시작했다. 기존의 리더 특성과 행동 연구 접근 방법으로는 모든 상황에서 일반적 결과를 창출할 수 없다는 데 의문을 갖게 되었다. 구성원의 특성과 자질, 그리고 업무의 성질과 같은 상황적 요소가 다르면 그 효과도 다르다는 사실에 착안한 상황적 연구(situational approach)가 대두된 것이다. 따라서 리더가 어떻게 구성원들의 요구를 처리하고 제약은 어디까지 둘 것인가에 대해 연구를 하게 되었다.

1970년대 들어서는 사회과학 분야 전반에 걸쳐 인지주의적 관점과 인본 주의적 관점이 주요 관심사로 대두됨에 따라 리더십 연구 역시 개인 리더의 자질과 특성, 행동이 아니라 추종자와의 관계에 관심이 더 부

그림 2. 리더십 이론의 변천

특성 이론 (traits theory)	→	행동 이론 (behavior theory)	→	상황 이론 (situational theory)

각되었다. 리더십이란 조직이 목표를 이루어 나가는 과정 속에 있는 영향력이라는 생각이 지배적이 됨에 따라 리더와 추종자 간의 거래적 사건(transactional event)으로 여겨지게 되었다. 즉, 리더십은 일방적인 것이 아닌 상호작용의 관계로 인식되었다(Northouse, Leadership: theory and practice).

1980년대 들어서면서 '변혁적 리더십 접근법(transformational leadership approach)'의 연구가 본격화되었다. 이 용어는 제임스 다운톤(James Downton)이라는 학자에 의해 처음 사용되었으나, 제임스 번즈(James M. Burns)가 『리더십(leadership)』에서 보다 구체적으로 이론화시켰다. 번즈는 마하트마 간디를 변혁적 리더십의 대표적인 사례로 제시하고, 리더란 추종자들의 동기와 요구에 충실하며 그들에게 희망을 보여 주는 과정에서 자기 자신을 변화시키는 자로 여겼다. 변혁적 리더십은 보다 높은 가치관과 도덕 윤리의식이 반영되며, 조직원의 사기 진작과 동기부여를 통한 조직의 점진적 변화를 강조하고 있다.

변혁적 리더십의 주요 요인은 리더가 내적 가치관과 높은 이상을 가지고 비전의 달성을 위해 조직원들이 가진 잠재력을 최대한 계발시키는 데 있다. 그 결과 리더와 조직원 공동체의 이익을 추구하고 달성하는 것이다. 변혁적 리더의 주된 자질은 이상적 영향력(idealized influence), 영감적 동기부여(inspirational motivation), 지적 자극(intellectual stimulation), 개별적 배려(individual consideration)다. 이 이론은 현재에도 많은 연구가 진행 중에 있다. 변혁적 리더십에서 필요로 하는 감성 지능(EI, Emotional Intelligence), 사회 지능(SI,

Social Intelligence)의 중요성이 부각되면서 이에 요구되는 감성, 공감, 소통 그리고 서번트 리더십에 대한 관심이 증대되고 있다.

시대가 요구하는 리더십

전통적 리더십이 개인의 능력을 중시한 데 비해 현대에는 조직을 중요시 함에 따라 리더의 능력은 보다 종합적인 능력을 갖춘자를 필요로 하게 되었다. 과거의 군주, 영웅, 인물 위주의 개인 역량이 전체 집단의 임무 수행 성패에 결정적인 것으로 간주했기 때문에, 리더와 조직원 간의 관계는 권력과 힘에 의한 일방적, 상하 수직적 구조를 형성하게 되었다. 사회 가치관의 흐름이 민주적 방향으로 변화하고, 구조의 규모도 확장됨에 따라서 리더십의 개념도 많이 변화하고 있다. 사람들의 의식구조 역시 자유, 평등, 자아실현 같은 고차원적 동기를 가지게 됨에 따라 지시와 명령만으로는 조직원들을 동기화하기도, 목표를 달성하기도 어렵게 되었다. 따라서 현대적 관점의 리더십은 보다 수평적 관계를 추구하게 되었고, 리더와 구성원은 서로 영향을 주고받는 쌍방적 혹은 교호적 관계로 받아들여지고 있다.

시대가 요구하는 리더십을 비유할 때 동물 중에 물소와 기러기를 흔히 예로 들곤 한다. 두 동물 모두 무리를 지어다니는 공통점이 있다. 미국의 인디언 부족민들이 물소떼를 잡기 위해서 취한 방법은 비교적 쉬웠다. 물소떼의 리더를 유인하여 절벽으로 떨어지게 만들면 나머지 물소떼들은 지도자를 따라 같이 절벽으로 떨어져 버리고 만다. 물소떼의 예는 1인 리더에 치중된 과거의 리더십 유형으로, 명령하는 리더,

나는 내 인생의 '리더'다

그리고 아무 생각 없이 명령을 기다리는 추종자 간의 상하구조를 나타낸다.

반면에 V자형을 짓고 날아감으로 인해 71% 부양효과를 일으키는 기러기떼는 맨 앞의 리더가 피곤하면 서로서로 돌아가면서 리더 자리를 대체한다. 누군가가 아프거나 총에 맞으면 좌우의 두 마리가 자동적으로 팀에서 이탈하여 동료를 치료해서 복귀하거나, 동료가 죽을 경우 그 죽음을 같이 맞이한 후에 다른 팀을 찾아나선다고 한다. 이들은 공통된 방향의식을 가지고 있으며, 서로 돕는 공동체 의식을 가지고 있다는 점에서 쌍방적·교호적 관계를 유지한다. 따라서 현대 시대가 요구하는 리더십은 기러기떼의 예처럼 팀 리더들을 필요로 하며, 서로서로 책임감을 나누어 가지고, 서로 격려하고 코칭하는 새로운 스타일의 리더십이다.

현대의 리더십은 힘과 권력에 의한 추종이 아닌 신념과 가치철학, 조직의 비전으로 조직원들을 일치 단결시켜 에이브러햄 매슬로우(Abraham H. Maslow)*가 말하는 자아실현 욕구를 실현시키는 데 목적을 두어야 한다. 소크라테스는 "진정한 리더는 자신의 이익을 찾는 사람이 아니라 추종자의 이익을 찾는 사람이다."라고 말했다. 리더십은 개인의 이익 추구가 목적이 아니라 조직원과 조직을 우선시하는 마음에서 시작되어야 할 것이다.

---

* 에이브러햄 매슬로우(1908~1970)는 인간의 본성에 대한 욕구를 다섯 가지로 구분한 동기부여 이론(욕구단계설)을 주창한 미국의 인본주의 심리학자로 인간 욕구를 기본적인 생리적(physiological), 안전(safety) 욕구와 상위 욕구인 애정(love)과 소속감(belongings), 자존감(self-esteem) 그리고 자아실현(self-actualization) 욕구의 다섯 가지로 구분하였다.

21세기 들어 시대가 요구하는 새로운 리더십은 무엇이며, 현대 우리들이 원하는 리더십은 무엇인지에 대해 명확히 알 필요가 있다는 생각이 든다. 20세기는 포털 중심으로 정보를 가공해 대중에게 전달했으며, 리더십의 형태는 수직구조를 나타냈지만, 21세기는 웹을 기반으로 대중이 얼마든지 정보를 직접 선택할 수 있게 됨에 따라 리더십 역시 탈권위적이며 수평구조를 띠게 되었다. 따라서 변화의 21세기를 살아가는 현대인들은 수평구조 속에서 각자 자기 리더십 역량을 계발시키고, 점점 커지고 있는 조직의 구성원이자 리더로서 조직의 가치관을 위해 행동으로 실천해야 하는 팀 리더이어야 한다. 리더십의 학문은 몇몇 소수의 군림하는 특권층을 위한 선택이 아니라 보다 다수의 중간 계급층을 위한 필수과목이 되었다.

감성지능, EI로 유명한 대니얼 골먼(Daniel Goleman)과 동료들은 여섯 가지의 리더십 유형을 제시했다.

- 지휘형 리더십(commanding leadership) : 복종을 강요하며, 위기에 효과적일 수 있으며, EI로는 자기 조절, 솔선수범, 행동을 촉발시키는 동인(drive)을 필요로 한다.
- 비전제시형 리더십(visionary leadership) : 비전을 향해 사람들을 움직일 때 효과적이며, 명확한 방향이 설정되었을 때나 새로운 비전이 요구될 때 사용되며, EI로는 자신감, 공감 그리고 변화의 기폭제 역할이 요구된다.
- 친화적 리더십(affiliative leadership) : 조화와 감성적 유대감을 창조하며, 불화와 스트레스에서 화합을 도모할 때 효과적이다. EI로는 공감, 관계지향, 그리고 소통 능력이 요구된다.

나는 내 인생의 '리더'다

- 민주적 리더십(democratic leadership) : 참여를 통한 합의를 추구하며, 합의를 도출해 내는 상황에서 유익하며, EI로는 협력, 팀 리더십, 그리고 소통 능력을 요구한다.
- 모범형 리더십(pacesetting leadership) : 높은 수행 목표 달성을 위해 필요하며, 유능하고 동기화된 팀을 통해 결과를 추구할 때 합리적이며, EI로는 성실성(conscientiousness), 솔선수범, 동인을 필요로 한다.
- 코칭 리더십(coaching leadership) : 미래 성장을 위한 구성원의 개발과 그들의 업무 증진과 장기적 발전을 도모하는 데 효과적이다. EI가 코칭 리더십에서 중요한 기술이라 할 수 있는데 이는 다른 사람들의 성장과 발전을 위하는 마음, 공감과 자기 인식을 필요로 한다.

이와 같이 골먼의 여섯 가지의 리더십 유형을 설명한 이유는 단 한가지 리더십 유형으로 모든 상황에서 적용되는 것이 아니라는 것이다. 시대와 문화, 상황, 조직원의 능력과 성향에 따라 달라질 수 있다. 현대의 리더십 정의는 보다 건강하고 긍정적인 조직의 환경 조성을 강조하고 있으며, 리더 자체가 상황과 조직원의 구성 조건에 따라 현명하게 그리고 기술적으로 다르게 행동할 수 있는 능력을 가져야 한다. 골먼의 표현에 따르면, 리더는 공명(共鳴)을 창조하는 자다.

21세기를 바쁘게 살아가는 현대인에게 리더십이 필요한 이유는 리더는 과거 특수계층이 아니라 창조적 집단이기 때문이다. 우리는 이전 보다 많은 '이끄는 집단'을 필요로 한다. 리더십은 리더와 조직원 간의 창의적 협력관계를 형성해야 한다. 그래서 리더십과 동시에 팔로워십을 요구한다. 이는 앞서 골먼이 설명한대로 제휴하고 협상하며, 구성원들을 동기유발시키고 코칭하는 과거와 다른 리더십을 이 시대가 필요로 하기 때문이다.

사마천의 『사기』에 나오는 초나라 장왕은 자신의 애첩을 농락한 신하를 보호하기 위해 촛불을 끄고 갓끈을 모두 끊게 했다. 그래서 훗날 그 신하가 전투에서 용맹을 다해 수훈을 올려 전쟁에서 승리할 수 있었다. 현대 리더의 중요한 역할은 구성원의 잠재력이 최고로 발현되도록 돕는 자이면서 기다려 주는 자이어야 한다. 21세기의 리더는 '명사'가 아닌 '동사'로 손수 보여 주고 행동하는 사람이어야 한다.

불확실하고 모든 것이 예측하지 못할 정도로 빨리 움직이는 디지털·모바일 시대에서 보다 변화에 역동적으로 대처하고 적응하는 리더의 탄생을 염원하고 있다. 『변화의 리더십(What Leaders Really Do)』의 존 코터(John Kotter)는 변화의 속도가 가속화됨에 따라서 리더십이 요구되는 역할의 비중이 계속 증가하고 있다고 말했다. 제품의 수명 주기는 몇십 년만에 15년에서 또 4년 정도로 떨어졌고, 1950~1960년대 사무실용 컴퓨터를 10~20년마다 교체한 것을 근래는 36개월을 넘기지 않는다고 한다. 따라서 유능한 최고경영자들이 리더십 업무에 할당하던 시간이 얼마 전만 해도 40%이었던 것이 지금은 80%에 이르고, 하위관리자도 20% 정도의 시간을 할애할 것이라고 한다.

고대나 중세, 현대에 이르러 리더십은 '사람을 움직이는 힘'이었다. 현대의 리더십은 사람을 어떻게 움직이느냐 하는 과정에 관심이 생겨나게 되었다. 오늘날의 리더십은 비전과 전략을 개발하고 사람들을 배치하며, 비전 구현을 위해 조직원에게 적절한 권한과 책임을 위임하는 활동 과정인 것이다. 따라서 21세기 리더십의 요소로 능력과 자질 못지않게 이성과 감성의 통합감각을 요구하게 되었다. 21세기가 요구하는 리더십은 리더십의 기본 자질에 변화를 감지하여, 비약적 혁신을 주도·창출하는 능력이 추가되었다.

Question

- 리더십의 이론이 시대에 따라 바뀌는 원인은 무엇인가?
- 변혁적 리더십을 발휘한 혹은 발휘하고 있는 리더는 누구인가?
- 자신이 가장 존경하고 따르고 싶은 리더는 누구인가? 모델링 하고 싶은 부분은?

Activity

- 본인의 리더십 측정, 개인의 리더십 어젠다 측정해 보기.

Reflection

- 21세기에 들어서 정의, 공감, 도덕, 그리고 소통이 강조되고 있는 원인을 생각해 보기.

변화하는 리더십 : 소통과 공감의 혁명

박지환(2016년 수강생)

빈부격차, 쉽게 찾아볼 수 있는 갑과 을의 관세, 고령화에 따른 세대 간의 갈등, 편중된 정책 등 우리가 살고 있는 21세기 사회에는 여러 가지 사회 문제들이 존재한다. 이에 따라서 우리 사회에서는 도덕과 정의 그리고 공감과 소통이 어느 때보다도 중요한 가치로 자리잡고 있다. 이런 상황 속에서 "왜 그럴까?"라는 질문의 대답을 나는 사회적, 경제적 그리고 정치적 움직임 속에서 그 원인을 바라보았다.

"오빠 강남스타일!" 2012년 여름, 싸이의 노래 한 곡이 전 세계를 흥분의 도가니에 빠지게 했다. 경외, 감탄의 대상이었던 연예인들의 이미지와는 전혀 어울리지 않는, 혹은 한 번도 본적 없는 형상의 연예인 싸이. 그가 글로벌 스타가 될 수 있었던 이유는 무엇일까? 바로 공감과 소통이다. 멀게만 느껴지는 연예인과는 다르게 마치 옆집 형, 오빠 같은 싸이에게 공감하고, 강남스타일의 쉬운 안무를 많은 사람들이 따라하면서 직접 그들의 동영상을 공유함으로써 전 세계가 소통하기 쉽게 했다. 이와 더불어 싸이는 어린이 병원에 기부를 하는 등 스스로 생각하는 사회적 책임을 다함으로써 많은 사람들의 지지를 받고 있다. 싸이뿐만 아니라 오늘날 전 세계가 서로 소통하고 공감함으로써 제래미 리프킨이 '공감의 시대'에서 언급한 것처럼 유색 인종에 대한 상호존중, 양성애자, 이성애자에 대한 이해 등의 전 세계적 공감혁명이 일어나고 있다고 생각한다.

경제적 측면에서도 많은 것들이 변화했다. 산업혁명에 따라서 기술의 발전을 이루던 과거에는 수요란 저절로 따라오는 것이었다. 개발할 수 있는 영역은 넘쳐 났고, 지속적인 경제성장을 가능하게 한 이유 또한 충분한 수요에 있다고 본다. 하지만, 오늘날의 상황은 많이 다르다. 수요는 더 이상 자연적으로 따라오는 것이 아닌 '창출해야 하는 것'이 된 현실이다. 많은 영역에서 우리는 Zero Sum Game을 펼치고 있으며, 산업군의 대부분은 Red Ocean 시장이라고 해도 과언이 아니다. 이런 경제적 포화상태가 앞에서 언급한 가치들을 중요하게 만든 원인 중 하나가 아닐까 생각해 보았다. 수요를 창출하기 위해서라도 기업들은 소비자들이 인정할 만한 사회적인 책임과 정의를 다해야 하며, 이보다 더 중요한 것은 가치를 인식시키기 위해서는 직접적인 공감을 이끌어 내며 소통해야 한다는 것이다.

전 미국 대통령 오바마는 항상 "여러분의 의견을 듣겠습니다."라는 태도를 고수했다. 과거엔 책임지는 리더, 카리스마를 지닌 리더가 훌륭한 리더라고 평가되었다면 오늘날에는 공감하고 소통하는 리더가 필요하다는 가치관의 변화가 일어났다. 물론 오바마의 당선에는 인종적, 지역적인 지지세력의 도움을 무시할 수 없지만 더 중요한 포인트는 공감에 있다고 생각한다. '공감은 힘이다.' 내가 생각한 공감의 또 다른 의미다. 오늘날에는 수직적이고 강제적인 힘이 아닌 소통하고 공감함으로써 힘을 구축한다고 생각한다.

인간의 본성은 공감이라는 재래미 리프킨의 생각에 동의한다. 본래 인간은 사회적 동물로 혼자 살아갈 수 없는 존재이며 서로에게 공감하고 소통하면서 성장한다. 앞으로의 세상은 지금보다 더 치열하고 상대적 결핍의 시대가 될 것이다. 이런 상황에서 우리는 인간이라면 응당 지켜야 할 기본적인 책임과 도덕은 지키면서 보다 많은 사람들과 공감하며 소통하는 것이 중요한 시대라고 생각한다.

Class 5

21세기형 리더가 필요하다

"다음 시대의 리더는 사람들에게 능력을 부여하는 자다."

– 빌 게이츠

새로운 비전을 제시할 능력

요사이 리더십에 대한 필요성이 대두되면서 '비전'이라는 단어 역시 부쩍 많이 사용되고 있다. 기업뿐만 아니라 대학에서도 비전과 미션 선언문이 홈페이지에 작성되어 있음을 볼 수 있다. 하지만 비전과 미션을 잘못 혼용해서 쓰는 기관도 흔히 찾아볼 수 있다. 그렇다면 꿈과 야망, 비전, 그리고 미션의 개념적 차이를 짚고 넘어갈 필요가 있다는 생각이 든다.

꿈이란 막연하고 추상적인 개념으로 자신이 희망하고 바라는 그 무엇인가를 의미한다. 꿈은 자신의 이상적인 세계관이다. 하지만 비전이란 희망의 청사진을 보여 주는 것이다. 즉, 보다 뚜렷한 방향과 신념을 향한 가치적 의미를 내포하고 있으며, 자신의 인생이 앞으로 나아가는

나는 내 인생의 '리더'다

'왜'라는 방향을 설정해 준다. 꿈과는 달리 비전이란 이상적인 세계관이라기보다는 현실적이면서 철학적인 직업관을 내포하며, 다른 말로 이상주의와 현실주의의 조합이다.

요즘 대학가에서는 '취업 선배와의 대화'라는 이름으로 취업준비 대학생들을 위한 조언의 자리들이 종종 있다. 한 대학을 방문한 취업 선배는 대학 시절 가족과 함께 즐겁게 사는 것이 꿈이었으나, 취업하기로 할 당시 꿈이 구체적으로 바뀌어서 회사에서 인정받는 최고경영자(CEO)가 되기로 마음먹었다고 한다. 이러한 예처럼 꿈과 비전에 대한 용어가 실제로 혼동되어 사용되고 있다. 앞의 내용을 신문을 통해 읽으면서 그의 꿈이 '가족과 즐겁게 살 수 있는 세상'으로, 그의 비전이 '꿈과 혁신이 이루어지는 조직의 대표', 'GWP(Great Work Place)를 실천할 경영 리더' 혹은 '조직원을 행복하게 해 줄 소신과 실력의 경영 지도자'로 바뀌면 좋겠다는 생각을 했다. 꿈은 직책이나 위치가 아니다. 그리고 비전은 자신뿐만 아니라 타인에게도 이로울 가치관을 정립하는 것이어야 한다.

19세기 미국의 식물학자 윌리엄 클라크(William S. Clack)가 한 말인 "소년이여, 야망을 품어라(Boys, be ambitious)."는 그가 일본에서 대학 교수직을 마치고 본국으로 귀국할 때, 배웅을 나온 제자들에게 큰 포부를 가지고 살아가라는 의미에서 한 말이라고 한다. '야망'은 성공, 권력, 부에 대한 강한 욕망을 나타내며, 비전과 같이 방향과 신념은 있으나 수단과 방법을 구분하지 않기 때문에 비전에 포함하는 가치철학이나 의미는 결여되어 있다. 우리나라에서 특히 야망과 비전을 혼용해서 사용되는 경우를 많이 본다. 비전 선언문이란 직위를 향한 성공을 의미하는 것이 아니다. 자신이 할 일이 자신뿐만 아니라 다른 사람과 공동체, 그리고 더 크게는 인류에 어떠한 유익을 줄 것인가를 생각하는 진지한 성찰과정을 통해서 기술되어야 할 것이다.

미션이란 비전과 마찬가지로 행동 계획을 나타내지만, 단지 수행업무를 위한 눈에 보이는 목표치이며, 숫자로 나타나는 최종 결산치이다. 예를 들어 식품회사의 비전이 "가정의 행복과 건강을 위해 신선하고 영양가 있는 음식을 제공한다"라면, 미션의 예는 "우리 회사는 이번 분기에 94%에 달하는 고객 만족 수치에 도달한다"이다. 따라서 개인이나 기관의 비전 선언문은 "내가(기관) 왜 이 일을 하는지, 이 일이 사회에 어떠한 이바지를 하는지, 그리고 궁극적 가치는 무엇인지에 대한 서술이어야 할 것이다. 반면에 미션 선언문은 분기별이나 연도별로 도달할, 수치화할 수 있는, 즉 결과를 산출할 수 있는 수행임무에 대한 목표 설정으로 기술되어야 할 것이다.

켄 블렌차드(Ken Blanchard)와 제시 스토너(Jesse Stoner)의 『비전으로 가슴을 뛰게 하라(Full Steam Ahead!)』에 보면 확고한 비전을 만드는 세 가지 핵심요소를 ① 의미 있는 목적, ② 뚜렷한 가치, ③ 미래에 대한 청사진으로 꼽았다. 비전 선언문을 작성하는 것 못지않게 비전이 현실이 되도록 만드는 전략 역시 중요하다. 따라서 비전이라는 목적을 위해 미션이라는 목표를 세우는 것이다. 그렇다면 리더는 왜 비전을 선언하고 그 비전을 구성원과 함께 나누어야 될까? 구성원이 리더를 따르는 것은 리더가 가진 바로 그 '비전'을 따른다는 것을 말한다. 많은 리더들은 명확하고 확고한 비전을 창출한 자이고, 그 비전을 자신의 구성원과 함께 공유한다면 성

나는 내 인생의 '리더'다

공한 리더다.

　리더십의 첫번째 기본 요소는 비전이다. 그 이유는 우리가 지금 어디로 가고 있는지, 그리고 왜 가고 있는지 알지 못한다면, 우리는 그곳에 도달하지 못하기 때문이다. 실패와 좌절이 있더라도 자신의 비전이 확고하다면, 그것을 밀고 나갈 동력이 된다. 자신의 삶에 대한 청사진을 만드는 것에서 출발해서 그 다음에 조직의 비전을 보여줌으로써 조직이 추구해야 할 지향점을 제시하는 것이야말로 리더의 최우선시되어야 할 임무라고 생각한다.

　워런 베니스와 버트 나누스(Burt Nanus)의 공저 『리더와 리더십(Leaders)』에서 말한 성공하는 리더십의 네 가지 전략의 첫번째 역시 "비전을 통해 관심을 확보하라."다. 비전이 사람을 사로잡는 이유로는 리더들이 전달하는 비전은 구성원 자신이 능력을 가지고 있다는 확신을 주며, 전력투구할 수 있는 동인을 이끌어 낸다는 것이다. 즉, 비전은 활력과 영감을 주어 단순한 한줄의 문구가 행동으로 전환시키는 강력한 동기부여를 제공하며, 구성원 각자가 가치 있는 일에 참여한다는 자부심을 함양시킬 수 있다.

　그렇다면 21세기 리더십에서 비전을 제시하는 능력은 왜 점점 중요시되고 있을까? 현대 사회의 조직은 점점 크기가 방대해지고 있으며, 글로벌화되고 있다. 게다가 전문화됨에 따라 각자 자신의 위치와 역할에 충실하지 않으면 안 되는 구조 속에서 조직을 하나로 모으는 구심점이 필요하다는 생각이 지배적이었다. 따라서 조직의 비전이라는 목적을 달성하는 과정에서 끊임없는 지침과 존재 이유, 희망과 설렘의 자부심을 느낄 수 있는 강력한 청사진을 제시해야 할 필요성을 느끼게 된 것이다.

미래에 대한 비전은 전체 조직과 각 전문 부서 간의 연결고리가 되며, 업무는 달라도 최종의 추구점은 동일하다는 총체적 목표를 가질 수 있다.

로잘린 카터(Rosalynn Carter)는 "리더는 자신이 원하는 곳으로 사람들을 이끈다. 위대한 리더는 자신이 원하는 곳이 아니라 꼭 가야만 하는 곳으로 사람들을 이끈다."고 말했다. 리더는 과거를 교훈 삼아 현재와 미래를 연결하는 창의적인 사람이다. 개인의 비전이 구체화된 미래 설계이자 삶의 목적이라면, 기업의 비전은 조직의 존재 목적이면서 기업의 통합 목표를 제시한다. 리더의 비전이란 미래에 대한 적절한 비전을 선택하고 종합시켜 구체화 작업을 할 수 있는 역량이라고 정의하고자 한다.

헬렌 켈러(Helen Keller)는 "맹인으로 태어나는 것보다 더 불행한 것이 무엇이냐?"라는 질문에 "시력은 있으나 비전이 없는 것이다."라고 말했다. 개인이나 조직이 비전이 없다면 비전을 선언하는 일이 먼저 수행되어야 할 것이다. 비전이란 마술과 같이 개인이나 공동체가 한곳을 바라볼 수 있는 동력을 제공하며, 실패와 좌절 속에서도 이겨 내고 극복할 수 있는 촉매제 역할을 한다. 삶의 목적, 그리고 조직의 목적과 방향을 설정하고 같이 그 비전을 공유할 수 있도록 소통하는 자, 21세기 최고의 리더임에 틀림없다.

자신만의 가치철학과 리더십을 갖춘 자

1974년 7월 15일 자 『타임(Time)』은 스페셜 섹션란에 〈누가 역사상 위대한 리더였는가〉를 게재했다. 이 기사에서는 누가 위대한 리더였는가와 위대한 리더를 만들게 하는 리더의 자질을 열거했다. 예수, 모하메트, 부

나는 내 인생의 '리더'다

처, 공자로부터 위대한 정복자였던 칭기즈칸과 알렉산더대왕에서 영국의 윈스턴 처칠, 미국의 조지 워싱턴, 에이브러햄 링컨, 시어도어 루스벨트, 존 에프 케네디, 그리고 간디와 마틴 루터 킹 등이 거론되었다.

미국의 철학자인 몰티머 애들러(Mortimer Adler)는 아리스토텔레스(Aristotle)가 『수사학(rhetoric)』에 기술한 것 같이 좋은 리더란 에토스(Ethos), 파토스(Pathos), 로고스(Logos), 즉 윤리, 감성, 이성을 겸비한 자라고 했다. 『타임』이 물어본 다른 여러 유명 인사들은 리더의 자질로 낙관적 사고, 상상력, 예지력, 준비성, 성품, 지성, 열정, 성실, 도덕성, 유머, 희망 전파, 가치관을 리더의 조건으로 보았다. 워렌 베니스는 기본 요소로 비전, 열정, 성실성, 이 밖에 호기심과 대담함을 꼽았다. 리더의 요건은 위의 예 이외에도 정직, 자신만의 성격, 환경을 이해하는 자, 자기 성찰, 새로운 상황에서 주도적으로 변화하는 자, 그리고 조직의 혁신을 도모하는 자 등 다양하다.

리더의 요건은 공통적 성향도 있겠지만 그 리더가 일하는 분야에 따라 혹은 상황에 따라 필요한 자질이 다를 수 있다. 최진(崔進)의 『대통령 리더십』에서는 바람직한 대통령의 리더십 방향으로 비전 제시 리더십, 변화주도형 리더십, 전략적 리더십이 요구된다고 보았다. 빌 클린턴(Bill Clinton)은 리더십의 네 가지 요소로 비전, 전략, 집행력, 인내를 들었다.

넬슨 만델라(Nelson Mandela)는 전략적 기술이 뛰어난 정치가로 손꼽힌다. 그는 '여덟 가지 리더십 레슨'이라는 주제의 인터뷰에서 용기, 앞에서 이끌고 때론 위에서 이끌며, 적을 알고, 친구와 라이벌을 가까이 하며, 중도의 자세를 취하고, 외모에 신경을 쓰는데, 특히 미소를 잃지 않는 점을 그만의 전략으로 보았다. 마지막으로 재미있는 점은 자신의 의견과 견해에 물러설 줄 아는 결정력, '그만두는 것 역시 이끄는 일이다.'였다. 정치인에게 비전과 전략은 리더의 자질에 중요한 요소임을 알 수 있다(『타임』, 2008. 7).

정동일 연세대 경영대학 교수는 각각의 회사를 세계적인 기업으로 성장시킨 미국의 허브 켈러허, 앤디 그로브, 잭 웰치, 샘 월튼, 스티브 잡스가 위대한 리더라고 불리는 데는 이유가 있다고 말했다. 그들은 모두 자신들만의 방향을 제시하는 삶의 철학인 핵심가치를 가지고 회사를 이끌었다는 공통점이 있었다.

사우스웨스트 항공사의 CEO였던 허브 켈러허(Herb Kelleher)는 사람이 회사의 가장 큰 자산이라고 보고, 신뢰를 앞세운 인간 경영을 추구한 자이다. 그는 "일은 즐거워야 한다(Fun 경영)"는 철학하에 직원사랑을 실천했으며 직원 행복을 우선으로 챙기는 CEO였다. '자기 자신을 이끌려면 당신의 머리를 사용하고 다른 사람을 이끌려면 당신의 가슴을 사용하라'라는 그의 격언은 감성을 갖춘 서번트 리더십의 강조였다.

인텔의 CEO였던 앤디 그로브(Andy Grove)는 경영 환경의 변화를 적극적으로 예측하고 전략적으로 대응했던 리더로 유명하다. "회사는 살아있는 유기체이다. 끊임없이 탈피해야 한다. 방법도, 초점도 변해야 한다. 그러한 변화의 총체가 바로 변혁이다."라고 할 정도로 변화를 강조한 리더이다.

GE의 CEO였던 잭 웰치(Jack Welch)는 특히 '소통'을 강조한 것으로 알려져 있다. 에너지와 동기부여, 결단력, 실행, 즉 '4E(Energy, Energizer, Edge, Execute)'로 불리는 잭 웰치의 리더십에 대한 철학, 그리고 배움과 성과를 강조하는 핵심가치는 오늘도 전 세계 많은 CEO들의 모델이 되고 있다.

월마트의 창시자 샘 월튼(Samuel Walton)은 '고객 경영'을 가장 중요한 사

나는 내 인생의 '리더'다

명으로 삼았다. "고객의 기대를 넘어서라. 만약 그렇게 할 수만 있다면 고객들은 계속해서 다시 올 것이다. 고객이 원하는 것을 주어라. 가능하면 그 이상을 주도록 하라. 당신이 고객에게 감사하고 있다는 사실을 그들에게 알게 하라." 그는 단순히 고객만족의 차원만을 추구하는 것이 아니라 동료들을 동기부여하고, 그들을 동반자로 인정하면서 이익을 공유하는 것을 가치철학으로 여긴 경영자였다(샘 월튼, 『불황 없는 소비를 창조하라』).

이지훈은 세계 최고의 경영대가 CEO를 만나면서 그들의 지혜에는 일관된 메시지가 있었음을 발견했는데, 그것이 큰 뜻을 세우고(혼), 늘 새로워지려고 노력하며(창), 물이 흐르듯 소통하라(통)는 것이다. 혼은 비전과 기업철학, 핵심가치라 할 수 있고, 창은 날마다 새로워지려는 노력이므로 혁신적 사고와 열정, 통은 직원과의 공감과 배려라 할 수 있겠다. 21세기 기업을 경영하는 리더라면 비전, 개방과 혁신적 사고, 그리고 공감으로 소통하는 자세가 필요하다(이지훈, 『혼창통』).

우리는 우리나라의 교육 현실에 대해 많은 비판을 하지만, 미국에서는 도리어 아시아의 교육을 본받아야 한다는 목소리도 있다. 미국에 사는 한국, 중국, 일본, 인도의 학생들은 '우수 소수민족(model minority)'이라 불리며, 미국 내 아시아 학생들의 학업 우수성은 CNN에서 특집 방송을 했을 정도이다. 그들은 아시아에서 온 수학·과학 천재들로 불린다. 한국의 대학 진학률은 83%가 넘어 핀란드와 늘 1~2위를 다투고, TIMSS-R 같은 중고생 대상인 국제 수학·과학 경시대회에서 싱가포르, 한국, 일본, 중국, 대만이 늘 상위권을 차지한다. 한국 중·고등학생의 성범죄, 마약, 폭력, 중퇴율이 미국에 비해 현저히 떨어지므로 오바마 전 대통령의 한국 교육에 대한 우수성 발언은 미국이 한국의 중·고등학교를 벤치마킹해야 한다는 것이다. 그러나 교수법이나 교육 방침이 아닌 '교육열', 즉 교육에 대한 높은 가치(value)를 벤치마킹하고 싶은 것이다. 미국에서 교육자와 미국의 교육 문제를 논할 때, 학생들에게는 동기부여를, 학부모에게는 교육열을, 교장과 선생님들에게는 리더십을 향상시켜야 한다는 결론을 내리곤 했다. 미국에서는 교육계에서의 리더십이 특별히 강조되고 있다.

케이티 옴(Kathy Ohm)은 '리더십과 문화 : 밀접한 연관성'이라는 글에서 교육기관의 변화를 위한 네 가지 방법으로, 전략, 문화, 인사 과정 및 인사구조를 꼽았다. 또한 학생들을 글로벌 인력으로 키우는 것을 목표로 하는 21세기 교육 혁신을 위해서 가장 중요한 것은 건설적인 조직 환경을 형성시키는 것이라고 하였으며, 이 모든 것이 리더십에 달려 있다고 강조했다. 건설적인 조직 환경은 혁신적인 해결 방법, 능률성, 질적인 만족감, 그리고 효과적 업무수행을 유지하게 한다는 것이다. ACSA(Association for California School Administrators Board of Director)는 캘리포니아 내 학교의 교육자들을 위한 리더십 코칭 계발과 후원을 위한 방안을 제시했다. 국가 건설자를 양성하기 위한 교육자 리더십 프로그램은 우리나라보다 미국이 훨씬 활성화되어 있다.

토머스 서지오바니(Thomas J. Sergiovanni)는 『도덕적 리더십(Moral leadership: Getting to the Heart of School Improvement)』에서 학교에서의 리더십이 실패한 두 가지 요인을 지적했다. 첫번째는 우리들은 리더십을 행동이라기보다는 태도로, 영적이기보다는 심리학적으로, 아이디어라기보다는 사람들과의 관계로만 보아 왔다는 것이다. 두번째는 우리들은 관료적·심리학적·기술적·합리적 권위 체제를 지나치게 강조해 왔으며, 전문적·도덕적인 권위 체제에 소홀해 왔다는 지적이다. 도덕적 리더십은 감성과 조직원의 중요성, 윤리관, 의무와 자기 희생에 가치를 둔다. 따라서 정직, 공정성, 성실을 바탕으로 한 직업정신이 필요하며, 학교는 조직이라기보다는 공동체의식을 가져야 한다는 주장이다.

서지오반니는 교육계에서 리더십이 성공하려면, 팔로워십이 뒷받침되는 리더십이 필요하며, 교육계의 리더는 신뢰의 환경을 조성해야 한다고 말했다. 교육자들은 도덕적으로 책임 있는 자로서 스튜어드십(stewardship)과 서번트 리더십(servant leadership)을 갖춘 자여야 한다. 서번트 리더십은 단순히 사람만을 섬기는 것이 아니라 하나의 공동체가 추구하는 가치관 역시 섬기는 것을 의미한다는 것이다. 메릴랜드주 몽고메리 카운티의 레이톤스빌 초등학교의 힐러리 루니 교장은 교사를 채용할 때 아이들에 대해 애정을 가지고 있는가를 최우선으로 본다고 한다. 교육계에서 종사하는 리더들은 교육의 질을 향상시키기 위한 전략과 동시에 학생들을 사랑하며 교직원들을 섬기는 모범 자세가 필요할 것이다.

캘리포니아주 가든그로브(Garden Grove)에 위치한 수정교회(Crystal Cathedral)는 로버트 슐러(Robert Schuller) 목사가 창시자였다. 미국 대형 교회의 효시인 수정교회가 2010년 파산 신청을 했다. 그는 처음에는 아들에게 다시 딸에게 담임 목사직을 물려주어 비난을 받았으며 헌금 감소와 텔레비전 선교 쇼 〈아워 오브 파워(Hour of Power)〉 방송을 위한 TV 방송료와 장비대여비 등이 대형 행사로 인한 누적된 재정 위험 상태를 초래했다.

종교계에서 일어나는 여러 불미스러운 일들을 미디어로 접하면서 종교인의 리더십은 특히 달라야 하지 않을까 생각해 보았다. 그들은 사랑과 헌신, 봉사를 약속한 종교인이기에 다른 분야의 리더와 달리 청렴결백하고 말보다는 실천이 앞서는 도덕적 모범을 보여 주어야 한다고 생각한다. 그래서 종교 리더십의 실천은 쉽지 않다. 각종 직업군에 따라 그들이 추구하는 가치철학은 달라야 하지만 공직자들은 정의와 봉사, 의료계는 휴머니즘 리더십이 그 분야 리더의 주요 가치철학이 되어야 할 것이다.

성공한 사람들의 글을 읽어 보면서, 혹은 실제로 만나보면서 이들이 일반 사람들과 다른 점이 무엇일까 진지하게 고민해 본 적이 있다. 재능과 능력, 환경적인 뒷받침, 혹자들은 운이라고 말할지도 모른다. 그러나 그들의 삶을 지켜보면, 그들은 자신들의 인생의 항로를 운행해 나가면서 그들만의 원칙이 있었다. 그리고 그 원칙을 철저히 지킨 사람들이었다. 진정한 리더라면 리더에게 요구되는 원칙인 자신만의 가치철학과 리더십을 갖추고 그것을 준수하는 자이어야만 한다.

가치는 목적을 향하는 데 필요한 지침이 되어 준다. 비전이라는 목적이 '왜'를 설명해 준다면, 가치는 "나는 무엇을 토대로 어떻게 살고자 하는가?" 하는 철학적 질문을 던져 준다. 이는 또한 행동의 실천의지를 선포하는 일이다. 그래서 가치철학의 구축은 개인의 삶의 가치이자 철학이다. 우리나라의 젊은이들이 인생항로의 나침반이 되어 줄 자신만의 가치철학을 세웠으면 좋겠다. 이것은 자신의 비전이라는 등대를 향해 전진해 가는 배의 여정이 된다.

진정한 리더를 꿈꾼다면, 그리고 자신이 품은 비전을 성취하고 싶다면 자신만의 삶의 원칙과 행동기준을 세워야 한다. 리더의 가치철학이 중요한 이유는 이것이 자신 뿐만 아니라 다른 사람들의 삶에도 긍정적 영향을 미치기 때문이다. 그러한 모범적인 영향력이 추종자와의 관계에서 리더십으로 발전한다. 자신만의 리더십을 갖춘다는 것은 "나는 다른 사람들과 무엇을 나누고 또한 그들에게 무엇을 베풀 것인가?"에 대한 질문이다. 즉, 리더십은 권위와 희생이 아닌 자기 만족과 인류애를 동시에 포함한 나눔과 행복 경영이다.

혁신을 주도하는 용기

우리들은 그동안 인물과 영웅에 근거한 전통적 리더의 개념에 익숙했었다. 과거 우리가 생각했던 리더는 만들어지는 것이 아니라 타고난 선천적인 위대한 인물이었다. 현대에 들어서서 리더에 대한 정의가 변화되고 있다. 리더의 선천적 자질론에서 후천적 자기 계발 관점의 리더십 정의가 가장 큰 변화라 할 수 있다.

대통령이나 고위 공직자, 기업 총수와 같은 높은 위치에 있는 자 혹은 빌 게이츠나 스티브 잡스처럼 드문 재주를 가진 자만이 리더라 불릴 수 있는 것은 아니다. 강한 카리스마를 가진 명령하는 자가 과거의 리더형이었다면, 오히려 현대의 리더형은 부드러운 카리스마를 가진 코칭하고 소통하는 자로 바뀌고 있다. 또한 과거의 리더는 남성이라는 보다 권위적인 존재로서의 리더를 바탕으로 했다면, 현대의 리더는 성별이 문제되지 않는다고 보는 것이 젊은이들의 보편적인 견해다. 여성의 사회 진출이 활발해짐에 따라 여성 리더십에 대한 기대가 커지는 것도 사실이다.

2010년 고려대 정경대학에 수시 합격한 한 학생은 "리더란 다른 사람과 잘어울리면서도 자신을 드러내지 않고 집단 속에 녹아드는 사람"이라고 정의했다. 내가 가르치는 대학생들은 현대 리더의 정의를 자신의 변화와 성장을 바탕으로 조직을 변화·성장시키는 자, 남의 의견을 존중하고 경청하여 하나의 목소리로 전환시킬 수 있는 창의력이 있는 자, 융복합적인 능력을 갖춘 자, 그리고 비전을 창출하여 조직원들과 재창출하는 자라는 다양한 의견을 제시해 주었다.

현재의 젊은 대학생들이 리더에게 바라는 것은 비전 제시와 소통 능력, 서번트 리더십과 책임감, 도덕관으로 압축된다. 즉, 과거 리더의 특권의식, 권위와 권력 남용으로부터의 변화를 추구하는 목소리다.

어느 기자가 빌 게이츠에게 "대학 중퇴자인 당신이 어떻게 세계 1인자가 되었습니까? 그 비결이 무엇입니까?"라고 물었다.

빌 게이츠는 "이 시대의 필수품이 6Q입니다. 지능지수(IQ), 감성지수(EQ), 사회지수(SQ), 세계화지수(GQ), 도덕지수(MQ), 변화지수(CQ)가 있어요. 저는 그중에서 가장 중요한 것이 변화지수(CQ)라고 생각합니다. 그래서 저는 날마다 새롭게 변화하려고 했고, 어제와 다른 오늘을 만들어 냈습니다."라고 말했다.

존 코터(John Kotter) 역시 『변화의 리더십』에서 조직 변화의 어려움을 토로하면서 변화에 대응하기 위한 리더의 전략을 강조했다. 사람들이 변화에 대해 저항하는 이유는 네 가지인데, 변화로 인해 자신이 중요시 여기는 어떤 것도 잃지 않고 싶은 것이 첫 번째 이유이고, 두 번째는 변화의 성격과 추구하는 의미를 오해하고, 세 번째는 정보의 차이로 변화해야 하는 이유를 이해하지 못하며, 네 번째는 변화에 대한 수용력이 부족하기 때문이라는 것이다.

이러한 변화의 저항을 리더들은 어떻게 대처하고 설득할 것인가에 대한 숙제는 온전히 그들의 몫이다. 리더들이 변화를 추진하는 과정은 매우 중요하며 저항을 극복할 수 있는 적절한 방법은 투명하게 진행되어야 한다. 강압이나 의도적 속임수보다는 변화에 대한 두려움을 설득하는 방법을 추진해야 한다.

헨리 포드(Henry Ford)는 "일의 성공을 위하여 필요하다면 어떤 조직도 개혁하고 어떤 방법도 폐기하고 어떤 의논도 포기할 각오가 있어야 한다."고 말했다. 그는 조직에서 변화와 혁신이 필요할 때마다 리더의 개혁에 대한 의자와 노력을 강조한 셈이다. 21세기 변화하는 리더의 첫번째 덕목을 꼽으라면 나는 비전 제시를 제일 우위에 놓는다. 그 다음은 타인의 비난을 감수하려는 용기와 동시에 비전을 실행에 옮기는 용기라고 말하고 싶다. 이러한 행동이 소위 혁신으로 가는 길이 아닐까 한다.

인더 시두(Inder Sidhu)의 『투 래빗(Doing Both)』에는 구글, 애플과 더불어 네트워킹 분야의 강자 기업 '시스코'를 소개하고 있다. 시스코는 2010년 『비즈니스 위크』 선정 50대 혁신 기업 중 32위에 올랐으며, 지난 7년 동안 매출 200%, 이윤 300%, 주당 순이익 400%의 성장을 이룬 우량 기업이다. 이 책은 2008년 파산 신청한 '폴라로이드'사의 예를 들면서, 제품을 점진적으로 개선하는 지속적 혁신과 창의적 아이디어를 실제 사업으로 발전시키는 파괴적 혁신의 조화를 이룩한 시스코의 전략을 소개하고 있다. 지속적 혁신이란 과거의 성공을 거울삼아 부단히 향상시키는 것을 말하며, 파괴적 혁신이란 과거의 성공을 바탕으로 미래를 향한 새로운 규칙을 만드는 것이다.

P&G에는 '기업혁신펀드'라고 하는 사내 벤처 캐피탈 부문이 있는데, 이는 고위험 고수익의 아이디어가 부가적 이익으로 창출될지의 여부를

테스트해 볼 자본을 관리하는 곳이다. 또한 '퓨처 워크스(Future works)'란 팀은 전 세계를 대상으로 새로운 비즈니스를 고안·창출하기 위한 미래사업팀이다. 지속적이고 파괴적인 혁신을 주도한 P&G처럼 시스쿼는 창의적 아이디어를 위한 사내 온라인 커뮤니티 '아이존(I-zone)'뿐만 아니라 전 세계인들에게도 아이디어를 모으기 위해 아이프라이즈(I-Prize)란 공모전을 실시하고 있다.

　　로버트 프로스트(Robert Lee Frost)의 〈가지 않은 길〉이라는 시를 기억하며 남이 가지 않은 그 길을 간 사람이 있다. 박지영 컴투스 전 대표는 남이 가지 않은 길에 대한 두려운 결정을 할 때면 이 시를 떠올린다고 말했다. 대기업의 문을 두드리던 다른 대학 동기와 달리 고려대 컴퓨터공학과 4학년 때 친구 2명과 게임회사를 창업했다. 남들이 온라인 게임에 몰두할 때 그녀는 모바일 게임으로 눈을 돌렸고, 전 세계 사람들이 컴투스의 게임을 하는 꿈을 꾸었다. 아이폰이 국내에 들어오기 전 2008년 말 앱스토어에 올린 제품이 모바일 게임 분야 1위를 차지하고, 현재 모바일 게임업체 글로벌 톱 10에 진입했다. 그녀는 남이 가지 않은 길이 바로 블루오션임을 입증한 자가 되었다(『포브스코리아』, 2011. 1).

　　노란 숲 속에 길이 두 갈래로 났습니다.
　　나는 두 길을 다 가지 못하는 것을 안타깝게 생각하면서
　　오랫동안 서서 한 길이 굽어 꺾어 내려간 데까지
　　바라다 볼 수 있는 데까지 멀리 바라다 보았습니다.
　　그리고 똑같이 아름다운 다른 길을 택했습니다.

　　　　　　　　　　　　　　　　　　나는 내 인생의 '리더'다

그 길에는 풀이 더 있고 사람이 걸은 자취가 적어
아마 더 걸어야 될 길이라고 나는 생각했던 게지요.
그 길을 걸으므로 그 길도 거의 같아질 것이지만.

그날 아침 두 길에는
낙엽을 밟은 자취는 없었습니다.
아, 나는 다음날을 위하여 한 길을 남겨 두었습니다.
길은 길에 연하여 끝없으므로
내가 다시 돌아올 것을 의심하면서.

훗날에 훗날에 나는 어디선가
한숨을 쉬며 이야기할 것입니다.
숲 속에 두 갈래 길이 있었다고
나는 사람이 적게 간 길을 택하였다고.
그리고 그것 때문에 모든 것이 달라졌다고.

— 로버트 프로스트, 『가지 않은 길』

　　우리나라의 대학생들이 바라는 리더의 요건은 변화와 혁신에 대한 바람이었음에도 불구하고 그들은 변화된 삶보다는 안정된 삶에 대한 욕구를 나타냈다. 그것은 편안함과 안정성의 추구였다. TV 프로그램 〈이금희의 특별한 만남〉에 나온 송승환 PMC프로덕션의 공동대표가 이런 말을 했다. "우리의 부모님들이 자녀들에게 공부하라고 하는 이유가 공부를 잘하는 10명 중의 하나가 성공한다면, 운동은 100명 중의 하나, 그리고 예술로는 1,000명 중의 1명이 성공할 확률이기 때문이다." 즉, 부모들은 자녀들에게 안정된 직장을 통한 안정된, 기복 없는 삶을 원하는 것이다. 학교 역시 학생들의 성향과 적성보다는 성적에 맞는 대학교에 진학할 것을 조언한다. 그리고 적성과 재능의 고려 없이 수많은 이력서를 제출한 후에 받아 주는 회사에 입사한다. 우리의 환경이 도전이라는 단어의 뜻을 퇴색시키고 있다. 도전정신 없이는 변화와 혁신이 이루어지지 않는다.

우리나라 대학생들은 대학을 입학할 때도 '소신 지원'이라는 과감성보다는 '안정 지원'을 선호한다. 우리나라 가정에서부터 우리의 젊은이들에게 실패의 경험이 인생의 실패가 아니라고 일러주어야 하며, 학교에서는 학생들이 실패 속의 교훈에서 다시 일어설 수 있는 회복탄력성(resilience)을 개발시켜 주어야 한다. 기업과 기관에서는 위험 감수와 도전정신에 용기를 주고, 실패 다음의 성공을 기다려 주는 문화가 정착되어야 할 것이다. 정부 차원에서는 재능 있는 젊은이들을 위해 소규모 벤처기업 육성과 지원에 과감한 투자를 해야 한다. 도전과 혁신을 주도하는 젊은이들이 미래의 주인공이 되어야 할 것이다.

2011년 3월 23~25일 서울대와 MIT(매사추세츠공대)가 '청년 창업과 기업가 정신'을 주제로 MIT-GSW 워크숍*을 열었다. MIT 기업가정신센터 빌 올렛(Bill Aulet) 소장은 "창업가는 현대의 영웅이다. 이들은 일자리를 만들고, 세계의 변화를 이끌며, 문화를 창출한다."라고 말했다. 최근 5년간 미국의 새 일자리 대부분을 창출한 것은 벤처기업계라고 부연 설명했다. 그리고 추진력과 결정력을 갖춘 1명, 기술력이 있는 1명, 관리에 능한

---

* MIT-GSW : 미국 MIT가 기업가 정신 구현과 창업문화 확산을 위해 1998년부터 매해 세계 각국에서 개최하는 '글로벌 스타트업 워크숍', MIT와 개최국 창업 동아리 학생들이 주축이 된다.

나는 내 인생의 '리더'다

1명, 영업력이 뛰어난 1명, 이러한 4명이 팀을 이루는 것이 이상적이라고도 하였다.

오광현 한국 도미노피자 회장은 "상대적으로 손쉬운 내수시장은 젊은 창업자와 중소기업에 맡기고 기성세대는 해외 시장에 앞장서 나가는 게 젊은 세대에게 해 줄 수 있는 최선의 배려이다."라고 말했다.

창업이 가능한 나라는 도전과 혁신에 대한 용기를 가능하게 한다. 실패를 긍정할 수 있다. 우리나라는 대기업의 성장에 대비해 중소기업과 벤처기업의 활약이 미비한 편이다. 젊은이의 도전정신이 없는 사회는 개혁으로 가는 발전이 막힌 국가이다. 도전하고 창의적이며 변화하는 젊은 리더를 꿈꾸려면, 우리 사회의 구조 역시 변화를 추구하여야 할 것이다.

쿠지스(James Kouzes)와 포즈너(Barry Posner)는 "리더는 위험을 무릅쓰고 나아가는 자(Leaders venture out)"라고 했다. 리더란 현상태의 호수에 머물기보다는 먼 항해를 위해 바다로 나아가는 자들이다. 끊임없는 시도와 실수(trial and error)를 통해 배우고 성장하고 개발하는 자들이다. 그리고 작은 승리(small wins)로 동기부여하며, 혁신을 위해 앞으로 전진하고 성취하며 또한 그 길을 구성원들과 동행하는 자이기도 하다.

중국의 덩샤오핑은 중국의 개혁을 위해 "쥐만 잘 잡는다면 고양이가 흰색이건 검은색이건 아무런 상관이 없다."라는 '흑묘백묘론(黑猫白猫論)'을 주장했다. 그는 궁극적 목표달성을 위한 결과론적·실리적 개방 경제 정책으로 유명하다. 반면에 세종대왕은 '국정 대토론'의 장을 열어서 신하들의 아이디어를 들었으며, 목표를 내릴 때까지 끊임없이 신하들과 의논하고 토론한 왕으로 유명하다. 제아무리 좋은 비전과 개혁의지라도 신하들의 동의와 백성의 지지 없이는 좋은 결과를 거둘 수 없다는 세종대왕의 소통의 지혜를 반면교사(反面教師)하여 우리의 지도자들이 올바른 혁신을 주도해야 할 것이다.

우리나라는 과거의 전통적·권위적 리더십에서 보다 혁신적·창조적 리더십을 요구하고 있다. 21세기 창조적 리더십을 위해 필요한 덕목은 비전 제시와 혁신하는 용기이며, 리더들 각자의 고유한 가치철학과 리더십의 실천으로 그 비전을 추종자들과 나누고 발전시켜야 한다. 이제는 경제발전뿐만 아니라 정신적인 풍요로움과 행복관 함양, 소통과 화합, 신뢰를 도모하는 가치철학을 가진 실천하는 리더들의 등장을 원한다. 21세기는 리더십 능력 소유 자체가 자산인 시대다.

Question

• 당신의 꿈, 비전과 미션은 무엇인가?
• 인생으로 비유한다면 비전과 미션 그리고 가치철학은 어떠한 관계가 있는가?
• 개인이나 조직의 비전과 미션 그리고 가치철학 수립은 왜 중요한가?

Activity

• 리더십 가치 자기 평가하기(자신이 리더십에서 가장 가치를 두는 것 찾아내기).

Reflection

• 21세기 리더가 지녀야 할 앞선 세 가지 요소 이외에 직종별, 분야별에 따른 다른 필요한 조건 생각해 보기.
• 자신이 속한 직업군에서 필요한 가치철학과 리더십은 무엇일까 생각해 보기.

나는 내 인생의 '리더'다

21세기 리더가 지녀야 할 세 가지 요소

최대한(2015년 수강생)

1) 새로운 비전을 제시할 능력

2) 자신만의 가치철학과 리더십을 갖춘 자

3) 혁신을 주도하는 용기

대분야로 서비스업과 제조업으로 나누어 보고자 한다. 제조업의 경우 한 가지 완제품을 만드는 데에 있어서 각 조직원은 한 가지 부품으로부터 출발한다고 본다. 부품이라 하여 그들의 역량이 무시당하고 헌신짝 취급받는 것이 아닌, 조직이라는 하나의 엔진이 돌아가기 위하여 필수적으로 존재하여야 할 부품이라는 것이다. 21세기 제조업 종사자의 경우, Human Relationship이 더더욱 중요하다. 이는 시대가 변할수록 Networking이 점점 더 발전한다는 점에서 방향을 같이 한다. 위에서 이야기한 부품으로 비유하자면 부품과 부품의 관계의 결합으로 더욱 큰 부품이 될 수 있다는 점에서 같은 방향성을 지닌다. 새로운 비전을 제시할 능력, 가치철학과 리더십을 갖춘 자, 그리고 혁신을 주도하는 용기뿐만 아니라 '인간관계에서 누구보다 유연한 자'가 바로 제조업 분야에서 성공할 수 있는 진정한 리더가 될 수 있을 것이라 자신한다.

물론 혹자는 서비스업에서 더더욱 Human Relationship이 중요할 것이라 이야기하지만, 나는 서비스업은 Social Relationship이 더욱 중요할 것이라 생각한다. 향후의 서비스업은 자신이 서비스하는 분야뿐만 아니라 사회가 진정으로 필요로 하는 것이 무엇인지 지속적으로 생각하고 고민해 보아야 한다. 즉, 점점 더 '고객 맞춤형'의 시대가 도래하는 것이다. 21세기 서비스업 리더는 사회적 관계에 대해서 고민해 보고 고객과의 소통을 통해 위의 세 가지 능력뿐만 아니라 더욱 깊은 고찰과 유연성이 필요하다고 이야기 할 수 있다. 이는 제조업 종사자보다 한 단계 높은 단계의 Relationship을 의미한다.

결론적으로 서비스업이든 제조업이든 21세기의 리더는 자신의 능력으로 혁신하거나, 리더십, 비전을 제시하는 능력과 더불어 '주변 사람들과 얼마나 융합할 수 있는가'가 또한 리더의 필수요건이 될 것이라 본다. 현재 우리 사회는 21세기의 리더에 대해서 많은 것을 요구한다. 무엇보다도 현재의 리더들이 공감 받을 수 있는 이유는, 어떤 사람이 보기에도 '이 사람은 Relationship이 좋은 사람이다.'라고 평가할 수 있기 때문이 아닐까 생각한다.

내가 만약 선생님이 된다면(자신이 속한 직업군에서 필요한 가치철학과 리더십)

문혜진(2015년 수강생)

"자신이 무엇을 하고 싶은지 고민이 된다면,

가장 힘들었던 순간이 언제인지 생각해 봐. 그곳에 답이 있을 거야."

과거, 내가 진로에 대해 고민하고 있었을 때 나에게 해 준 얘기다. 나의 가까운 목표는 특성화고의 선생님이 되는 것이다. 가까운 목표라고 한 것은 최종 꿈은 아니기 때문이다. 나는 특성화고(과거의 실업계다)를 졸업했다. 그러다 보니 다른 학교(인문계, 특목고, 자사고 등)에 비해 진로를 탐색할 기회가 매우 적었다. 자신의 진로에 대한 생각을 구체화하고자 하는 학생들이 존재함에도 불구하고 사회적 환경은 특성화고를 위한 제반이 마련되어 있지 않다.

예를 들면, 대학입시에서 특성화고에 대한 지원을 막아 놓는 대학이 있고, 면접에서는 특성화고 자체에 편견을 갖고 보는 등 사회적 인식이 부정적이다. 이렇게, 사회적 인식이 부정적인 것은 특성화고의 학생들이 부족해서만은 아닐 것이다. 나에게 이런 시선과 편견은 힘든 기억이다. 그리고 고등학교를 졸업하며 다짐했다. 적어도 나만큼은 그들을 무시하지 말 것. 그리고 나의 다짐은 그들과 함께, 그들과 가깝게 '동등함'으로 대할 수 있는 선생님이 되겠다는 목표를 갖게 했다.

만약, 특성화고의 선생님이 된다면 나에게 필요한 가장 큰 가치철학은 '동등함'이 될 것이다. 동등함의 역할은 크게 두 가지로 나눌 수 있다. 첫째, 학생들을 대하는 태도다. 학생을 대하는 데 있어 그들의 가정 환경, 성격, 성적등의 편파적인 제반들은 뒤로 하고 마음으로 소통하는 것이 먼저다. 소통이 이루어진 후에는 그들의 환경적 요인 등의 다른 시각으로 바라볼 가능성은 낮아질 것이다. 둘째, 외부적 요인으로 인한 동등함은, 특성화고가 가지고 있는 한계점을 나의 교육철학을 통해 발전시키는 것이다. 만약, 학생들의 학습(국어, 영어, 수학)이 부족하다면 다른 재능을 발견하여 그것을 대신할 수 있는 것을 찾는 것이다. 이러한, 나의 '동등함'으로부터 시작된 선생님이라는 미래의 직업은 내가 행하는 모든 활동에 기초가 되어 자리 잡고 있다.

"리더는 위험을 무릅 쓰고 나아가는 자이다."

"리더란 현 상태의 호수에 머물기보다는 먼 항해를 위해 바다로 나아가는 자들이다.
그리고 작은 승리로 동기부여하며, 혁신을 위해 앞으로 전진하고 성취하며 또한,
그 길을 구성원들과 동행하는 자이기도 하다."

쿠지스와 포즈너의 말은 내가 특성화고의 선생님이 되는 데에 필수적으로 갖춰야 할 리더십이다. 특성화고 재학 시절부터 사람들의 편견, 외부의 상황 등 나에게는 많은 위험 요소들이 있었다. 하지만 이런 상황을 이겨 내고 앞으로 나아갔을 때는 상상하지 못할 거대한 선물이 내 눈앞에 있을 것이다. 분명, 선생님이라는 위치가 된다고 해도 특성화고 선생님들과 나의 가치철학을 공감하지 못하게 될 경우에는 다른 선생님들과의 갈등 요소들도 존재할 것이다. 하지만 나의 가치는 나의 고유한 것으로 지켜야 할 것이고, 이것을 해결하기 위한 리더십을 가져야 한다.

PART 2
자기 브랜드로
자신의 운명 창조하기
Create Your Own KISMET

KISMET

Know yourself 너 자신을 알라.

Initiate action to be a leader 리더가 되게 하라.

Schedule your vision 비전을 위한 목표를 계획하라.

Manage yourself 너 자신을 경영하라.

Engage your motivation 동기부여하라.

Train yourself to be a leader 리더가 되도록 자신을 훈련하라.

너 자신을 알라
Know yourself

"남들이 감탄할 만한 예지는 내게 없을지 모른다. 그러나 내 안에는 자연이 주신 여러 장점이 있다. 성실, 진지함, 참을성, 쾌락을 혐오하고 주어진 운명에 만족하는 소박함, 자비, 솔직함, 자유, 아량 같은 훌륭한 성품이 그것이다."

-마르쿠스 아우렐리우스

나 자신 알기- 자아 성찰

"나는 누구인가?"

가장 쉽고도 어려운 질문이 아닐까?

나는 주말 시간 날 때 꽃시장 가는 것을 좋아한다. 나무나 꽃화분을 사게 되면 먼저 이름을 알아보고 햇빛, 물, 온도, 통풍 조건에 대해 질문한다. 꽃은 언제 피는지 열매는 맺히는지, 비료는 얼마나 주고 가지치기는 필요한지, 적절한 분갈이 시기는 언제인지 화분 하나 잘 키우는 데 필요한 정보가 무궁무진하다. 단지 정보에만 그치는 것이 아니라 집에 와서 실천해야 할 정성도 만만치 않다. 그보다 더 중요한 것은 내가 그 식물이 왜 필요한 것인가에 있다. 공기정화용, 분재용, 관상용, 조림용, 약재용, 과실용, 채소용, 축하선물용, 애완용등 식물들도 그들이 태어난 목적이 있다.

우리가 학교에서 배운 생물학적 분류법을 보면 나무에도 조상이 있다. 같은 참나무목에 속하지만 자작나무와 상수리나무의 외형적 생김이 상이하며, 같은 소나무과에 속한 소나무, 잣나무, 전나무도 솔방울 모양이 다르고 잎의 개수가 다르다. 사람도 마찬가지다. 같은 부모 유전자를 받은 형제 자매도 모두 외향적, 내향적 특성이 일치하지 않는다. 인간이 유전자적 특성과 부모가 제공한 환경적 지배 조건 속에서 1차적 성장을 한다면, 자신이 누구인지 아는 것, 자신의 재능을 계발시켜 사회에 유익한 인재로 육성시키는 2차적 성장은 교육과 학습의 역할이다.

F. 스콧 피츠제럴드(F. Scott Fitzgerald)의 소설을 영화화한 데이빗 핀처(David Fincher) 감독의 "벤자민 버튼의 시간은 거꾸로 간다"는 나에게 인생의 숭고함에 대해 알려 준 작품이다.

80세 노인의 몸으로 태어나서 점점 젊어지는 벤자민 버튼의 일생을 담은 영화다. 벤자민의 연인 데이지의 임종 순간을 회고하는 장면에서 시작하고 그와의 사이에서 낳은 딸 캐롤라인이 아버지 벤자민의 편지를 읽는 장면으로 끝맺는다. 그는 사랑하지만 만날 수 없었던 딸에게 글을 남긴다. 가치 있는 일을 하는데 늦었다는 것은 없으며 너가 되고 싶은 사람이 되어 자랑스러워 하는 인생을 살기를 바란다고 유언처럼 조언한다. 편지 말미에 나오는 글이다.

"누군가는 강가에 앉아 있기 위해 태어난다.

누군가는 번개에 맞고, 누군가는 음악에 조예가 깊고

누군가는 예술가이고, 누군가는 수영을 하고

누군가는 단추를 잘 알고, 누군가는 셰익스피어를 알고

누군가는 어머니다.

그리고 누군가는 춤을 춘다."

"나는 무엇을 위해 태어난 누구인가?"

요새 대학생들이 가장 부러워하는 사람은 서울대생이 아니라 자기가 좋아하는 일을 알고 그 길을 가는 사람이다. 그만큼 우리나라의 젊은이들이 자기 자신에 대해 잘 알지 못한다. 나 자신을 안다는 것은 남이 혹은 세상이 결정지어 주는 존재에서 벗어나 내가 누구이고 어떤 사람이 되리라고 깨닫는 자기 인식(self-awareness)에서 시작한다. 그렇다면 자기 자신을 누구보다도 잘 알아야 할 우리는 왜 자신에 대한 이해가 부족한 것일까?

존 맥스웰(John Maxwell)은 상담 전문가인 세실 오스본(Cecil Osborne)이 쓴 『자각의 기술(The Art of Understanding your Mate)』의 한 부분을 다음과 같이 인용했다. "어린아이는 자기 자신에 대한 명확한 그림이 없다. 아이는 부모가 자신을 어떻게 평가하는지를 반영해서 자신을 볼 뿐이다. … (중략) … 나쁜 아이라거나 게으르고, 못됐고, 멍청하고, 부끄럼을 타고, 조심성이 없다는 말을 반복해서 들은 아이는 부모나 다른 어른이 부여한 그 그림대로 행동하려는 경향이 있다."

우리나라를 포함한 동양권 문화는 자신보다는 남을 이해하는 것을 강조해 왔고, 자신의 재능을 표현하는 것도 타인의 시선을 의식해야 함을 알 수 있다. 이러한 문화적 요소가 우리나라 학생들이 자신의 장점을 독자적으로 깨닫기 힘들게 만들고 있으며, 자신들의 재능과 끼를 오히려 억누르기까지 한다.

우리나라에서는 '나'라는 개체보다는 가족의 일원, 조직의 구성원으로서의 역할과 규범을 강조해 왔다. 내 자신에 대해 깊숙이 들여다보고 자신을 발견하려고 고민한 시간이 없기 때문에 자신의 강점을 자신이 평가하는 것에 익숙하지 않다. 왜냐하면 부모가 혹은 교사가 자신에게 해준 "너는 수학을 잘한다.", "너는 언어 능력이 뛰어나다." 혹은 "너는 정직하고 성실하다."와 같은 타인의 피드백에 오랫동안 의존되어 있었기 때문이다. 자신의 장점을 제3자가 아닌 자기 자신에게 묻는 자체를 의아해 하는 학생들이 많이 있었다.

에이브러햄 매슬로우(Abraham Maslow)는 우리 대다수가 자기 자신의 목소리에 귀 기울이기보다 부모님, 사회 체제, 연장자, 권위 또는 전통의 목소리에 귀 기울이는 경향이 있다고 말했다. 우리들은 주변 사람이 그어 놓은 금 안에서 자기 자신을 발견하지 못한 채 타인의 인정과 기대를 저버리지 않는 삶을 선택한다.

『포춘(Fortune)』이 선정한 영향력 있는 여성 기업인 인드라 누이(Indra Nooyi) 펩시코 CEO는 18세에 결혼하는 인도의 풍습과 부모의 기대를 저버리고 20대에 홀로 미국으로 유학가서 예일대를 졸업했다. 그리고는 성공한 CEO로 변신했다. 자신이 원하는 삶에 대해 끊임없이 질문하고 도전한 결과다. 끊임없이 묻고 질문하는 자기와의 대화는 자아 성찰의 세계다.

자아 성찰이란 자신을 돌아보고 반성하면서, 자신을 살피는 일이다. 자신 안에서 나오는 내면의 목소리에 귀 기울이는 행위다. 따라서 자아

나는 내 인생의 '리더'다

성찰을 하는 방식은 뒤돌아보고, 상기하고, 피드백을 들으며, 자신만의 시간을 갖는 것이다. 그러나 자아 성찰은 자신을 반성하고 살피는 데 그치는 게 아니라 자신의 결의가 담긴 행동 방침이 뒤따라야 한다. 그렇다면 자아 성찰을 위한 자신만의 대화는 어떻게 시작하는 것이 좋을까?

첫째, 자신이 생각하는 대표적인 자기 정체성을 먼저 생각해 보는 것이 중요하다. 나는 누구인가? (예 : 한국인, 남성, 대학생, ○○전공생, ○○지역 출신) 나의 가치관은 무엇인가? 나를 가장 나답게 하는 일은 무엇인가? 나는 어느 순간에 가장 행복한가? 내 삶의 목적과 의미는 무엇인가?

둘째, 자기 정체성에 대한 되돌아봄과 반성이 뒤따라야 한다. 한국인으로서, 대학생으로서 또는 남성, 여성으로 혹은 현재의 나 자신이 누려온 것은 무엇이었는지, 그리고 앞으로 고쳐야 될 점은 무엇인지 깊이 생각해 보는 시간이다. 자신이 지나온 삶에 대한 반성과 더불어 자신의 존재에 대한 귀중한 가치를 파악하는 일이며, 폄하한 자존심을 회복하는 시간이다. 윤동주(尹東柱)의 「참회록(懺悔錄)」에 보면, 부끄러운 자아에 대한 반성과 자신의 삶에 대한 참회의 고백, 역사적 책임감에 대한 자아 성찰을 시로 표현하고 있다.

파란 녹이 낀 구리 거울 속에

내 얼굴이 남아 있는 것은

어느 왕조의 유물이기에

이다지도 욕될까.

나는 나의 참회의 글을 한 줄에 줄이자.

만(滿) 이십사 년 일 개월을

무슨 기쁨을 바라 살아왔던가?

내일이나 모레나 그 어느 즐거운 날에
나는 또 한 줄의 참회록을 써야 한다.
그때 그 젊은 나이에
왜 그런 부끄런 고백(告白)을 했던가?

밤이면 밤마다 나의 거울을
손바닥으로 발바닥으로 닦아 보자.

그러면 어느 운석(隕石) 밑으로 홀로 걸어가는
슬픈 사람의 뒷모양이
거울 속에 나타나온다.

　셋째, 자아 성찰 단계는 환경결정론적 사고에서 자기결정론적 사고로의 전환이다. 유리 브론펜브레너(Urie Bronfenbrenner)의 생태학적 체계 이론에서 언급한 것처럼 자신을 둘러싼 환경이 준 영향을 인식하는 일이다. 그 다음이 자신이 변하고 싶은 사고와 태도를 파악하고 바꾸는 일이며, 다른 사람이 아닌 자신의 시각과 관점을 갖는 일이다. 그 일을 위해 자신이 원하는 삶과 역할, 목표에 대한 성찰의 시간을 가지고 글로 남겨 보는 것이 좋은 방법이다.

　① 나에게 영향을 끼친 책이나 위인, 주변 사람은 누구인가?

어떻게 영향을 미쳤는가?

어떤 면을 존경하고 어떤 면에서 교훈을 얻었는가?

② 그에 따른 나의 태도 변화는 무엇인가? 나는 무엇을 하고 싶은가?

나는 어떻게 되고, 어떻게 살고 싶은가?

③ 내가 앞으로 하고자 하는 일에 대해 내가 맡을 역할은 무엇인가?

나는 어떤 사람으로 불리기를 원하는가?

내가 하고자 하는 일에 있어서 이루어야 할 목표는 무엇인가?

엘리자베스 길버트(Elizabeth Gilbert)의『먹고 기도하고 사랑하라(Eat, Pray, Love)』는 후에 영화로도 나와서 우리나라에서도 많이 알려진 자전소설이다. 안정적 직장과 평범하지만 불행하지 않은 남편과의 결혼생활 속에서 내가 원하는 삶이 무엇인가에 대한 의문과 회의로 갈등하는 저널리스트 리즈(Liz)는 무작정 떠나는 자아 찾기 여행을 계획한다. 자아를 찾아나서는 것은 고통이고 많은 용기를 필요로 한다. 무책임한 그녀의 돌연한 결정에 비난하는 사람들도 있겠지만, 그녀는 보다 자신의 내면의 목소리에 진실했으며, 고통 속에 결정을 내렸다고 생각한다. 익숙하지 않은 곳으로 떠나는 여행지인 이탈리아, 인도, 발리에서 자기 일탈, 자기 수양, 자기 변화라는 순서를 거친다. 나의 존재감, 삶의 의미, 타인의 시선이 아닌 자신만의 행복 수립을 위한 여행이었다.

떠난다는 것은 포기하는 것이 아니다.

계속 움직이는 것이다.

인생의 여정에서 멈추는 것이 아니라

더 나은 방향으로 한 걸음을 내딛는 것이다.

직장이든 습관이든 버리고 떠난다는 것은

꿈을 실현할 수 있는 쪽으로 계속 움직이기 위한 방향 선환이다.

-롤프 포츠, 『떠나고 싶을 때 떠나라』

자신을 안다는 것은 많은 노력을 필요로 하는 과정이다. 자신의 내면의 목소리에 충실해야 하며, 자신을 믿고 자신이 결정해야 하는 두려운 시간이다. 하지만 이러한 고민과 방황의 자아 성찰 시간이 자아 발견을 위한 밑거름이 된다. 자기 발견은 마치 '나'라는 고유한 존재를 들여다보는 비밀상자의 열쇠와 같다. 성공한 사람들은 왜 한결같이 '너 자신을 알라'고 할까? 자신의 강점을 깨닫고 진화할 때 잠재력은 발현되고 가능성을 확인할 수 있기 때문이다. 자신의 가능성을 세상에 내어놓기 전에 자기를 아는 일에 도전해야 한다. 내 인생을 보다 행복하게 만들 열쇠는 내 손안에 있다.

요즘 젊은이들은 자기자신에 대해 제대로 알지 못한 채 취업준비를 한다. 대학교 4학년이 되면 거의 모두 멘붕상태가 된다. 자기 자신에 대해 아직 잘 모르고 희망직종에 대한 제대로 된 지식도 없다면 당연히 누구나 두렵다. 예를 들어 아마추어 권투시합에 참가한다고 가정해 보자. 자신의 몸무게를 재고 내가 어느 체급에 해당되는지 혹은 감량을 할 것인지 결정한다. 권투의 규칙을 익히고 상대 선수를 파악하며 스파링 상대를 정한다. 나의 기초체력과 기본기를(잽, 스트라이트, 훅, 어퍼컷) 점검하고 연습하고 훈련하여 코치에게 피드백을 받으며 실전에 대비한다. 구직활동도 마찬가지다.

나는 내 인생의 '리더'다

헨리 데이비드 소로(Henry David Thoreau)는 28세에 삶의 본질을 찾기 위해 자신이 손수 지은 소박한 오두막에서 2년 2개월 동안 기거(起居)했다. 그 이유를 '인생을 자기 의도대로 살면서 인생의 본질적인 측면만을 보기 위해서'라고 밝혔다. 소로는 자신이 죽음을 맞이했을 때 내가 헛된 삶을 살았구나 하고 깨닫는 일이 없도록 하기 위해 오두막 삶 속의 사색을 선택했다. 그러한 삶을 묘사한 글『월든(Walden)』이 그의 최고의 명작이 된 것처럼 우리의 삶을 걸작으로 만들고 싶다면, 의도적으로 멈춰 서서 자신을 되돌아보고 자신에 대해 사유하고 탐구할 필요가 있다.

한 가지 질문을 하겠습니다.
여러분 자신에게 물어보세요.
나는 어떤 사람이 될 것인가?
거울에 비치는 나는
눈에 보이는 곧 나 자체,
나의 본질은 아니랍니다.
진실로 믿고, 생각하고, 행동으로 옮기는 것
그것이야말로 자기 자신이라고
부를 수 있는 것이지요.
내면의 소리에 가만히 귀기울여 보세요.
마음 깊은 곳에서
나는 어떤 사람이 되기를 원할까?
시간을 가지고
자기 내면의 목소리를 듣고

현명한 선택으로

내가 누구인지 알아보세요.

-마리아 슈라이버, 『삶은 항상 새로운 꿈을 꾸게 한다』

나의 강점을 찾는 여행 – 자아 발견

"인생의 진정한 비극은 우리가 충분한 강점을 갖고 있지 않다는 데에 있지 않고, 오히려 갖고 있는 강점을 충분히 활용하지 못하는 데에 있다."

-벤저민 프랭클린

강점 = 자신의 재능(talents) + 지식(knoledge) + 기술(sklis)

• 재능 : 타고난 선천적 능력

• 지식 : 학습과 경험이 바탕이 되어 축적된 진리의 총합

• 기술 : 활동을 통한 업무 수행 능력

– 마커스 버킹엄, 『위대한 나의 발견, 강점 혁명』

자신의 재능 찾기

재능이란 태어날 때부터 가지고 있는 특별한 능력이라고 정의할 수 있다. 마커스 버킹엄의 『위대한 나의 발견, 강점 혁명』에 의하면, 뇌의 비밀은 뉴런이라 불리는 뇌세포끼리의 연결 부분인 시냅스에 숨겨져 있다고 한다. 수정된 난자가 자궁에 착상되고 42일이 지나면 뇌는 4개월 동안 급

성장을 한다. 각각의 뉴런은 뻗어나가(뻗어나가는 줄이 축색돌기) 다른 뉴런과 연결을 시도하고 3세가 되면 천억 개의 뉴런이 각각 15,000개의 연결을 만든다. 광범위하고 독특한 뇌회로가 만들어지는 것이다. 그러나 3~15세 까지 뇌회로의 형성은 더디어지고 16세가 되면 뇌회로의 절반이 이미 사용 불가능하다. 그러나 신비스러운 점은 자연이 뇌회로 중 강력한 것만 남겨 놓는다.

재능이란 가장 강력한 뇌회로의 결합이 만들어 낸 것이다. 따라서 누구에게나 자신만의 재능이 숨겨져 있다. 성공한 사람과 성공하지 못한 사람의 차이는 자신의 강력한 뇌회로의 결합 비밀을 찾느냐 찾지 못하느냐에 달려 있다. 자신의 재능을 알아내어 지식과 기술로 다져질 때 그제야 진정한 자신만의 강점이 된다. 따라서 자신의 재능을 파악하는 일은 자아 발견의 삶을 위해 어느 무엇보다 중요한 일이다. 그렇다면 보이지도 않는 자신의 강력한 뇌회로, 즉선 천적인 자신만의 고유한 재능의 비밀을 어떻게 찾아낼까?

영화 〈아바타〉로 유명한 제임스 카메론(James Cameron) 감독은 TED 강연에서 "자신은 어릴 때 공상과학물을 꾸준히 읽고 자랐다."고 말문을 열었다. 어린 시절로 되돌아가 보면 호기심이 많은 소년이었고, 공상과학물을 읽는 데 몰두했으며, 외계인, 우주선, 로봇과 같은 공상물들을 그리기 좋아하는 예술가였다고 자신의 어린 시절을 기억했다. 그는 쟈크 이브 쿠스토(Jacques Cousteau)의 영향으로 해저 세계를 동경해 왔으며, 15세 때에는 스쿠버다이버가 되겠다고 다짐한다. 어른이 되고서는 영화 감독이 자신의 천직임을 깨닫는다. 제임스 카메론 감독은 자신의 탐구적 재능을 지식과 기술로 꾸준히 계발하였음을 알 수 있다. 그는 결국 SF를 다루는 영화 연출자가 되었다.

　정신분석학의 아버지 지그문트 프로이트(Sigmund Freud)는 자신의 생애를 회고한 책에서 유년 시절이 인생 행로에 얼마나 중요한 역할을 하는지 보여 주고 있다. 그는 주변 사람이 알아볼 정도로 재능이 뛰어났고, 총명했으며, 다재다능했다. 책을 좋아하는 소년이었지만, 다양한 취미를 즐겼으며, 특히 다양하고 폭넓은 독서를 했다. 정치, 문학, 미술, 과학과 철학까지 그의 지적 탐구심은 끝이 없었다. 프로이트는 자서전에서 "자연보다는 인간 문제에 관심이 더 많았다."라고 회고했다. 그는 특히 언어지능과 인성지능이 우수했다. 그는 "나의 재능에는 한계가 있다. 자연과학이나 수학에는 아무 재능이 없다. 양적인 것에는 아무 소질이 없다."라고 말했다(하워드 가드너,『열정과 기질』).

　성공한 많은 사람들은 자신들의 재능을 자신들이 알고 있었으며, 자신들의 약점보다 강점을 가지고 더욱 학문과 기술로 발전시켜 나갔다. 프로이트의 대표 저서『꿈의 해석(Die Traumdeutung)』은 그의 문학적 재능과 심리학적 식견, 그리고 논리적 서술로 인성 영역을 다루고 있으며, 그의 능숙한 지식과 기술을 아낌없이 보여 주고 있다. 프로이트는 여러 융합 학문의 교감이 가능했던 학자로 보인다. 하지만 그는 자신의 재능을 최대한 발휘할 수 있는 분야로 정신분석학을 택했다.

　하워드 가드너(Howard Gardner)는 아인슈타인은 논리와 공간 능력, 피카소는 공간, 인성, 신체 능력, 엘리엇은 언어와 학문, 간디는 인성과 언어에 재능을 나타냈으며, 자신의 재능을 발견한 시기와 양상이 상당히 다르다고 말했다. 피카소는 전통적인 의미의 신동이었다고 한다. 성공한 사람들은 자신들이 일단 어떠한 일에 빠져들고, 시도하고 좌절하며 때론 실패를 하기도 하지만, 남보다 빠른 속도로 성장했다는 공통점이 있다. 그러면서 자신의 재능에 지식과 기술을 익히며 자신만의 강점으로 계발시켜 나갔다. 부모의 이해나 교사의 격려, 멘토의 등장과 같은 환경적 요소의 결합으로 강점은 특화되어 전문성으로 발전되었다.

'골프의 황제'라 불리는 타이거 우즈나 '피겨 스케이팅의 여왕'이라 불리는 김연아 선수는 재능+지식+기술에 부모와 멘토의 영향, 엄청난 연습과 훈련을 극복한 선천성과 후천성을 갖춘 천재들이다. 결론적으로 자신의 재능을 찾는 일은 성공과 연계되어 있으며, 자기만족과 자기실현으로 이어진다. 따라서 자신의 재능을 아는 것은 무엇보다도 중요하다. 솔직히 예체능 특기자들이나 특출나게 우수한 과목이 있었던 사람들을 제외한 일반 사람들은 자신의 재능을 찾아내기가 쉽지 않은 것이 사실이다. 그렇다면 자신의 재능을 어떻게 발견해 낼 수 있을까?

자신을 관찰하라

미하이 칙센트미하이(Mihaly Csikszentmihalyi) 박사는 『몰입(Flow)』에 쓴 것처럼, 일 자체에 대한 즐거움으로 그 일을 추구하는 마음 상태에 대해 수십 년간 연구해 왔다. 우리들은 무아지경에 빠질 만한 즐거움의 대상, 그것으로부터 에너지가 고갈되는 것이 아니라 에너지가 충전되는 대상을 찾아나서야 한다.

우리들은 타임머신을 타고 과거의 유년, 소년기로 돌아갈 수는 없지만, 강력한 뇌회로의 연결이 반으로 줄어들기 전, 3~15세까지 자신은 어떠한 어린이였는가를 회상할 수는 있다. 제임스 카메론 감독이 자신은 호기심이 많은 아이였다고 기억하는 것과 같이 자신만의 기억을 찾아내

보자. 우리나라 학생들이 아무리 학점 위주의 경쟁적 교육 환경에 있다 하더라도 틈만 나면 했던 일이라든가 특별히 관심이 있었던 일은 누구에게나 있다.

'시골의사'라는 닉네임을 가지고 있는 박경철은 운동도 잘 못하고, 운전도 못해서 부모님이 나중에 커서 대체 무엇에 쓸까 하고 걱정했다고 한다. 하지만 그는 자신에게 두 가지의 강점이 있다는 것을 깨닫는다. 첫 번째는 사물의 뼈대를 보고 전체를 파악하는 일이고, 두 번째는 분석하는 힘이었다. 그래서 그는 의사임에도 많은 경제평론서를 저술하게 되었고, 제대로 된 글쓰기를 위해 정확한 표현으로 이름난 소설가 오정희의 글을 수십 번도 더 베껴 썼다는 일화가 전해진다.

나의 어린 시절을 회고해 보면, 책 읽고 일기 쓰기를 좋아하는 아이였다. 특히 시험 때면 읽고 싶은 소설책에 대한 유혹으로 괴로웠던 순간들이 많았다. 남을 가르치는 것을 좋아했고, 상대방이 발전하는 모습에 보람을 느끼곤 했다. 나는 어릴 때부터 깊은 사고를 즐기고 지적 호기심이 많은 학습자로 남의 발전을 서포트하는 코치 역할을 좋아했다. 내가 대학생 때 가르쳤던 학생들은 서울대와 연세대에 합격했고, 시험을 앞둔 한 학생이 현재분사와 동명사를 혼동하기에 다음날 다시 내 집으로 불러들여 가르치는 열정 넘치는 과외선생님이었다.

내가 생각하는 나의 강점은 지적 호기심+코칭이 아닐까 한다.

전문가의 피드백을 기억하라

켄 로빈슨(Ken Robinson)은 『엘리먼트(Element)』에서 개인의 재능과 열정이 만나는 지점을 '엘리먼트'라 지칭하고, 우리 모두 반드시 자신만의 엘리

나는 내 인생의 '리더'다

먼트를 발견해야 한다고 강조했다. 자신의 재능은 본인이 찾아내지 못하는 경우도 있고, 자라는 과정에서 부모나 학교, 사회적인 인식 부족으로 자신의 재능을 오히려 수장시켜 버리는 경우가 허다하다. 그것은 재능의 고유성과 잠재력에 대한 인식 부족일 수도 있고, 우리의 교육이 문과와 이과, 예체능과라는 세 분야로 재능을 판단하는 단순한 능력의 범주 한계를 매기는 제도적 문제점일 수도 있다. 우리의 학생들은 자신의 재능과 호기심에 대해 깊이 생각해 보고 자신을 탐구하고 관찰해 볼 기회가 거의 없었다.

자신의 재능에 대한 확신이 없다면 어렸을 때 주변 사람의 피드백을 기억해 내라. 특히, 교사와 같이 남의 재능을 읽어 낼 수 있는 전문가로부터 받은 피드백이 있다면, 그것이 본인의 재능일 가능성이 아주 높다. 청소년 시절 전문가로부터 자신의 재능에 대한 피드백을 받은 적이 있다면 당신은 행운아이다.

1930년대 미국인인 질리언은 초등학교 시절 일종의 학습장애를 겪고 있었고, 그녀가 다니는 학교의 교장선생님은 질리언이 장애아를 위한 특수학교에 다니는 것이 더 적합할 것이라고 생각했다. 질리언의 부모는 학교의 편지를 받고는 최악의 경우를 다짐하며 그녀를 심리 상담가에게 데려갔다. 질리언의 움직임을 관찰한 상담가는 대화가 끝나고는 부모를 데리고 옆방으로 가서 몰래 그녀의 움직임을 지켜보게 하였다. 질리언은 아무도 없자 소파에서 일어나 음악에 맞추어 몸을 움직이며 방을 돌아다니기 시작했다. 그녀의 움직임은 타고난 아름다움과 자연스러움이었다. 마침내 상담가는 질리언의 부모에게 말했다. "질리언은 이상한 게 아닙니다. 그녀는 댄서이지요. 그녀를 댄스 학교에 보내십시오."

초등학교 때 문제아로 낙인 찍힌 질리언은 훗날 미국에서 가장 성공한 안무가 질리언 린(Gillian Lynne)으로 〈캣츠〉와 〈오페라의 유령〉 등 가장 성공한 뮤지컬을 여러 편 제작했다(켄 로빈슨, 『엘리먼트』).

실제 있었던 일화 하나를 더 소개하고자 한다. 초등학교 교실에 쥐가 들어온 사건이 있었다. 모두가 놀라 소리를 지르고 난리가 났다. 그때 선생님이 "네가 한번 찾아볼래? 너는 보지 못하는 대신 작은 소리도 들을 수 있는 특별한 귀를 가졌을 거야." 그 말은 들은 학생은 "아, 정말 그렇구나. 나는 작은 소리도 구별할 수 있고, 노래도 한 번 들으면 그대로 따라 부를 수 있었거든." 하고 되뇌이게 되었다. 그가 바로 최연소 빌보드 차트 1위, 대단한 청음을 가진 세계적인 맹인 가수 스티비 원더(Stevie Wonder)다. 선생님의 한마디 피드백이 그의 엄청난 재능을 인식하게 만들어 주었고 재능을 키울 수 있는 발판을 마련해 준 셈이다(삼성경제연구소, 『삼매경』).

김연아 선수가 7세 때 스케이트장을 찾은 적이 있었는데, 그녀의 재능을 알아본 한 코치가 그녀의 어머니에게 피겨 스케이팅을 권유했다고 한다. 그녀의 어머니 박미희의 『아이의 재능에 꿈의 날개를 달아라』에 의하면, 방학 특강반에서 취미로 시작했고, 코치의 재능이 있다는 말 한마디에 잠시 고민했지만, 오래 하지는 않았노라고 했다. 특기자 교육 뒷바라지에 걱정이 된 것이 사실이지만 엄마의 안일함 때문에 딸의 재능을 썩힐 수 없었다고 술회했다. 세계적인 올림픽 금메달리스트 김연아 선수 역시 우연한 전문가의 피드백으로 자신의 재능을 확인하게 된 행운아 중의 1명이라 할 수 있다.

미술을 전공으로 하고 있는 내 딸의 경우도 5세 무렵 유치원 선생님이 감수성이 강한 아이이니 예능 쪽에 재능이 있다고 귀띔해 주셨고, 6세 때

168

는 미술선생님이 미술을 전공해야만 하는 아이라고 말씀해 주셨다. 초등학교 3학년 담임선생님은 서양화 전공자이셨는데, 그림대회에서 끝까지 그림을 완성하지 않는 딸아이에게 "너, 그림 완성하면 상 탈 거다."라고 지나치며 말씀해 주신 덕분에 내 딸은 몰입을 통한 집중력과 완성을 통한 성취감이란 귀한 학습을 얻었다. 목적 있는 의식적인 학습 덕분에 초등학교 때부터 그림대회에서 상을 많이 타곤 했으며 현재 아티스트로 활동 중이다. 전문가의 단 한마디 피드백은 한 사람의 소중한 진로를 결정한다.

부모들은 전문가의 조언을 들으면 자녀의 재능을 발휘할 수 있도록 적합한 환경을 조성하기 위해 노력한다. 우리집 가족여행 스케줄은 딸을 위해 박물관과 미술관, 갤러리 투어가 우선적으로 계획되어 있다. 내 딸의 담임선생님처럼 나에게도 피드백을 해 주신 선생님이 계셨다. 초등학교 당시 나는 소년한국일보 주최 백일장에서 수상한 경험이 있었는데 그 당시 글짓기반 선생님은 내가 글쓰는 일을 하게 될 거라고 말씀해 주셨다. 전문가의 피드백이 얼마나 중요한지 깨달은 나는 연구소 개소와 함께 진로적성 도구를 개발하여 컨설팅을 하고 있다. 이 일을 하면서 느끼는 점은 우리나라의 학생들이 자기 자신에 대해 잘 알지 못한다는 점과 부모님은 자녀에 대해 더 많이 모른다는 안타까운 사실이다.

자신의 관찰과 전문가의 피드백으로 재능을 발견하면 운이 좋은 케이스이고, 대부분 사람들이 자신의 드러나지 않은 특화된 재능을 찾아내기 힘들어 한다. 예체능이 아닌 여러 학문을 두루두루 잘했다거나 특출나게 잘하는 과목이 없었던 경우에는 더욱 재능의 실마리를 찾기 쉽지 않다.

마커스 버킹험(Marcus Buckingham)은 『위대한 나의 발견, 강점 혁명』에서 자발적이고 무의식적으로 나오는 것 이외에 재능의 원천으로 염두에 두어야 할 세 가지 수단으로 동경, 학습 속도, 만족감을 꼽았다.

동경이란 뇌회로 중에서 두드러진 강력한 뇌회로를 찾는 일로 관심을 가지고 열정을 보이게 되는 내면의 외침에 귀 기울임을 말한다. 컴퓨터에 유달리 집착한 스티브 잡스(Steve Jobs)나 영어 배우는 일에 몰두하여 이 세상의 모든 물품을 거래하는 회사로 만든 알리바바(Alibaba)의 마윈(Jack Ma)은 자기 내면의 목소리에 충실한 자들이었다.

학습 속도란 늦게 시작했어도 남보다 유난히 익힘이 빠른 것을 말한다. 어린 시절 그림에 대한 동경이 없었던 앙리 마티스(Henri Matisse)는 21세까지 붓을 제대로 쥐어 본 적이 없었다고 한다. 지독한 독감에 걸린 아들을 위해 선물한 그림 도구가 마티스의 인생을 바꾸어 놓았다. 혼자 4년을 독학하였으며 나중에 파리의 명문 미술대학에 입학한다. 그는 놀라운 속도로 자신의 재능을 발현해 나간 자다.

마지막으로 언급한 만족감이란 일을 통한 기쁨과 정신적 성취감이다. 타고난 재능을 발견하는 일은 행복한 삶의 구현에 필요한 일이다. 자신의 인생에서 좋아하고 즐기며 만족하는 일, 많은 시간을 들여도 지치기보다는 삶의 활력이 되는 일은 자신이 잘하는 일로 진보할 가능성이 높다. 그 일을 찾는 것은 내 안에 잠들어 있는 거인을 깨우는 일이다.

내 컨설팅 경험에 따르면 대부분 어린 시절 자신이 동경하고 만족감을 느끼며 시간 가는 줄 모르게 보낸 일이 한 가지씩은 있었다. 하지만 그것을 재능으로 여기지 못하고 계발시키지 못했거나, 자신의 잠재력을 어떻게 발현시켜 나가야 하는지 모르는 경우였다. 가장 큰 문제는 자신의 적성과 상관없는 전공에 성적순으로 입학하는 우리나라의 무조건적인 일류대 선호 풍토에 있다.

나는 내 인생의 '리더'다

내가 미국의 공립학교에서 석사과정 인턴으로 일하면서 느낀 점은 학교가 미국 사회를 반영하고 있다는 점이다. 학교 공동체는 공부를 잘하는 애들과 평균인 애들, 장애우들이 자신의 능력과 집안형편에 따라 자신의 위치에서 서로 함께 생활하며 협동하며 자신의 책임과 시민의식을 배우는 곳이다. 우리나라의 학교가 자신의 재능과 잠재력을 미리 실험해 보는 곳, 내가 앞으로 필요한 지식과 기술 경험은 무엇일까 깨닫는 곳, 나의 소중한 가치와 성취감을 사회를 위해 어떻게 사용할 것인가 탐구하는 곳이 되었으면 좋겠다. 내 앞에서 눈물 흘리는 젊은이들을 보면서 생겨난 나의 꿈이다.

| 자신의 강점 찾기 |

먼저 1번 질문인 내가 좋아하고 즐기는 것을 모두 쓰십시오. 그리고 나에게 재능이 있다고 생각되는 것만 남기고 나머지는 지우십시오. 계속해서 9번까지 질문을 완성한 후 마지막으로 남아 있는 것은 무엇인가요? 자신의 강점을 살려 자신의 미래를 계획하십시오.

1. 내가 좋아하고 즐기는 일은?
2. 그 일에 재능이 있다.
3. 남들도 나에게 재능이 있다고 말한다.
4. 이 일을 다루는 데 있어서 나만의 노하우가 있다.
5. 잠자는 것도 배고픈 것도 잊을 만큼 몰입되는 일이다.
6. 남보다 시간을 덜 들여도 보다 좋은 결과가 나타난다.
7. 이 일은 나의 잠재력으로 더욱 발전할 것으로 신뢰한다.
8. 한동안 대가가 없어도 가슴 뛰는 열정으로 버틸 수 있다.
9. 나와 타인의 삶에 가치 있는 일인가?

Question

- 내가 남과 다른 나만의 강점이 있는가?
- 토마스 프리드만이 말한 대로 나를 남과 비교할 수 없는 다른 사람이 건드릴 수 없는 나만의 재능과 능력이 있는가?
- 내가 나를 잘 파악함으로써 좋은 점은 무엇인가? 그러한 경험은 언제였나?

Activity

- 핸드폰으로 문자 보내기(타인이 생각하는 나의 강점 알아보기).
- 자신의 강점 세 개 이상 써 보기. 남들이 말하는 강점과 일치하는지 살펴보기.

Reflection

- 자기 성찰에 도달하는 다양한 방법 생각해 보기.

나는 내 인생의 '리더'다

자기 성찰에 도달하는 다양한 방법

김혜정(2017년 수강생)

우리가 살아가면서 자기 자신의 행동, 생각들에 대해 되돌아보는 시간을 지속적으로 가지는 것은 생각과 달리 쉽지 않은 일이다. 하지만 자기 성찰은 인생의 동기부여이자 방향이 될 수 있는 좋은 발판이 되는 매우 중요한 일이다. 나 또한 스스로를 알고, 되돌아보기 위해 시도했던 방법들을 몇 가지 소개해 보려 한다.

생각이 많았던 내가 가장 먼저 한 일은 '적어 보기'였다. 나와 주변, 내가 하는 일 더 나아가 인생에 대해서 막연히 떠다녔던 생각들을 적어 보면서 많은 것을 느낄 수 있었다. 순간의 생각과 감정들을 적어보면서, 근본적인 원인에 대해 생각도 하게 되고 더 깊이 있는 생각을 해 볼 수 있었다. 또한 많은 생각들이 정리도 되고, 직접 표현해 보면서 확고해지고, 동기부여도 되어서 많은 도움이 되었다.

그리고 하루를 정리하는 시간을 가지는 것도 중요하다. 샤워 시간, 잠자기 10분 전 등 짧은 시간이라도 오늘 하루를 정리해 보는 시간은 생각보다 많은 것을 일깨워 준다.

'그때는 내가 왜 그런 생각이 들었을까?'
'왜 그런 감정이 들었지?'
'이번에 후회한다면, 다음번엔 어떻게 행동해야 할까?'

이러한 생각을 하다 보면, 가끔 하나의 사건과 감정이 많은 의미를 전해 줄 때가 있다. 그렇게 생각해 보면서 스스로 배우고 성장할 수 있는 것 같다. 이러한 것을 느낀 뒤부터 나는 간단한 메모 일기를 쓰기 시작하였다. 느끼고, 배우는 것들을 잊지 않고 기록해 두는 것은 좋은 자극제가 되곤 한다.

　　마지막으로 내 강점과 약점을 스스로 생각해 보는 시간은 삶의 목표에 가기 위해 꼭 필요한 시간이다. 내가 강점이라고 생각하는 내 부분을 인지하는 순간부터 그 역량은 진짜 내 강점이 된다. 또한 약점이라고 생각하는 부분에 대해서는 그것을 보완할 방법을 스스로 고민하고, 찾게 된다. 그리고 나의 목표를 위해 필요한 부분들을 볼 수도 있고, 강점과 약점을 보고 목표가 생기기도 한다.

　　어쩌면 우리는 가장 잘 알고 있어야 할 스스로에 대해 가장 무관심하게 살아가고 있을지도 모른다. 자기 자신에게 집중하는 시간을 가지고, 알아갈수록 스스로에 대한 확신과 애정은 커진다. 나의 삶을 사랑하기 위해 나에 대해 고민하고 집중하는 시간, 즉 자기 성찰은 매우 중요하다.

나는 내 인생의 '리더'다

내가 가진 재능과 지식, 그리고 기술

나는 어릴 적부터 많은 사람들 앞에 서는 것과 사람들에게 나의 이야기와 의견을 전달하는 것에 대한 두려움이 없었다. 그래서 유치원 시절부터 학예회, 구연동화대회 등 꾸준히 다른 사람들 앞에서 공연을 하거나, 이야기 하는 활동들을 하곤 했다. 그리고 나의 이야기를 전달하고, 설득하는 것이 재미있고, 자신 있었기에 토론 대회도 굉장히 많이 참여했다.

물론 시간이 흐르면서 유치원, 초등학생 때보다 많은 사람들 앞에 서는 것에 대해 두려움과 떨림이 생겼다. 아무래도 '평가'라는 개념을 인지하고 난 후부터가 아닐까 생각한다. 하지만 나의 강점이라고 생각하는 것을 놓치고 싶지 않아 지속적으로 친구들과 공연할 기회가 있으면 참여하고, 수업시간에 발표에 적극적으로 참여하거나, 학생회장을 하고, 나의 이야기를 담은 책을 쓰는 등 다른 사람들 앞에 서거나, 나의 의견을 전달할 수 있는 기회가 있다면 참여하도록 노력했다.

이러한 노력으로 최근에도 주변 친구들에게
"이야기에 빠져들게 한다. 하나의 드라마를 본 것 같다."
"자신의 의견을 상대방 기분 상하기 않게 잘 설득하고, 조율한다."
"자신감 있어 보여서 믿음이 간다."와 같은 평을 종종 듣곤 한다.

그렇게 대학생이 되면서 이 두 가지 능력이 요구되는 사람들에게 나의 이야기를 전달하는 '강연'이라는 활동에 관심을 가지게 되었다. 봉사활동을 통해 청소년 캠프에 참여하면서 아이들 앞에서 나의 이야기를 들려주는 강연을 해 볼 수 있었다. 나의 이야기를 통해 다른 사람이 어떠한 생각을 하게 되는 것, 감동을 받는 것은 매우 어려운 일이지만 가치 있는 일이라고 생각했다. 좀 더 좋은 문구와 이야기를 위해 인문학 관련 독서나 사람의 심리와 관련된 것들을 찾아보고, 공부하곤 했다. 또한, 좋은 전달력을 위해 스피치 자격증을 딸 계획도 세웠다.

이 두 가지의 역량을 앞으로도 지속적으로 발전시켜 많은 사람들의 생각과 마음을 움직일 수 있는 일을 하고 싶다. 그래서 계속해서 강연과 공연을 통한 봉사활동을 하고, 교육, HRD에 관한 일들을 하면서 내가 즐기고, 자신 있는 역량을 키워 나가고자 한다. '진정성'을 가지고 사람들에게 나의 이야기, 의견을 전달함으로써 사람들에게 많은 영감을 주는 존재가 되고 싶다.

나는 내 인생의 '리더'다

리더가 되게 하라
Initiate action to be a leader

"무엇이 '되기(be)' 위해서는 반드시 지금 이 순간 무언가를 '해야(do)' 해."

― 스튜어트 에이버리 골드, 『리스타트 핑』

자신의 강점을 살리는 노력

"반복이 자신을 만든다. 따라서 강점은 일회성이 아니라 습관이다."

― 아리스토텔레스

　자신의 강점을 발견하고 자기가 된다는 것은 많은 좌절과 함께 힘찬 의지와 용기를 필요로 하는 일이다. 주변의 사람들에게 자신의 강점이 이러하니 그 일을 하고 싶다고 의견을 물어보라. 그 일이 사회적으로 지위와 명성을 혹은 경제적 안정을 보장하는 일이라면 환영을 받을 것이다. 하지만 많은 도전과 실패를 암시하고 또한 불안정한 삶을 추구하는 일이라면 주변의 사람들은 당신들에게 물어볼 것이다. "그거 해서 대체

뭘 어쩌려고?"

자신이 가진 재능과 지식, 기술이 특별하다면 당신 자신만의 강점을 이해해 줄 사람은 극소수임을 미리 예상하고 각오하라. 철학 시인 랄프 왈도 에머슨(Ralph Waldo Emerson)은 다음과 같이 말했다. "어떤 진로를 선택하더라도 당신에게 틀리다고 하는 사람이 있기 마련이다. 그 사람의 말이 옳은 것처럼 느껴지는 사건도 일어나기 마련이다. 따라서 진로를 계획하고 그것을 완주하는 데는 용기가 필요하다."

"우리가 원하는 길을 가기 위해 가장 중요한 두 가지 규칙은,

시작하는 것 그리고 계속 나아가는 거야.

길은 다만 우리가 가진 것, 원하는 것, 할 수 있는 것을 지지할 뿐이지.

항상 내가 이미 가진 것이 무엇인지,

내가 얼마나 많은 가능성을 지니고 있는지 알기 위해 노력해야 해.

현재 직면한 문제나 과제가 무엇이든,

나는 그것들을 극복하고 넘어설 수 있다는 걸 깨달아야 해."

– 스튜어트 에이버리 골드, 『리스타트 핑』

아놀드는 운동을 좋아해서 복싱, 달리기, 투창과 투포환, 그리고 축구를 해 보았지만, 자신이 특별한 열정을 보이는 종목은 없었다. 14세의 어느 날, 체육관에서 자신의 열정이 꿈틀거림을 느낀다. 어느 한 잡지 표지에서 영화 〈헤라클래스〉를 연기한 보디빌더의 사진을 본 것이다. 그때부터 자신의 꿈은 보디빌더가 되어 나중에는 영화 스타가 되는 것으로 삼게 된다. 부모를 포함한 주변의 모든 사람들이 그를 미쳤다고 생각했

나는 내 인생의 '리더'다

다. 하지만 그는 남들의 시선에는 아랑곳하지 않고 자신의 에너지를 불살랐고, 자신의 목표를 향해 매진했다. 그가 바로 미국의 영화배우이자 전 캘리포니아 주지사였던 아놀드 슈워제네거(Arnold Schwarzenegger)다.

『연금술사(The Alchemist)』로 잘 알려진 브라질의 대표작가 파울로 코엘료(Paulo Coelho)가 17세부터 세 차례나 정신병동에 입원해 있었다는 사실을 아는 사람은 많지 않다. 그는 어릴 때 영리했고, 부모는 그가 장차 변호사로 크게 성공할 것이라고 믿었다. 하지만 10대의 젊은 나이에 작가의 열정을 보이는 아들을 막을 수 없었고, 그의 꿈을 포기시키기 위한 방편이 정신병동에 입원시키는 것이었다. 하지만 맹렬한 부모의 반대에도 불구하고 글쓰기를 계속해서 자신의 삶을 고집스레 살았고, 『연금술사』는 60개의 언어로 번역되어 그를 베스트셀러 작가로 우뚝 서게 만들었다. 그 책에 나오는 '참된 운명', '자아의 신화'로 사는 것에 대한 메시지는 그의 꿈을 잃지 않으려는 실제 파울로 코엘료의 삶의 여정을 반영하고 있는 듯 보인다.

위의 예처럼 강력한 주변의 방해 세력이 있는 경우도 있지만, '자신이 되는 삶'을 추구하는 데 있어서 가장 큰 장애물은 실제로 자기 자신이다. 자신의 강점을 파악하고 자신이 원하는 삶을 알게 되더라도 그 길을 향해 달려가는 사람들은 흔치 않다. 실제로 새로운 삶을 위해 필요한 일, 할 수 있고 또 그것을 해낼 수 있는 가능성에 도전하는 사람들은 흔치 않기 때문이다.

한때 인터넷을 뜨겁게 달궜던 발레리나 강수진의 발을 기억할 것이다. 그녀는 뒤늦은 나이에 발레를 시작했지만, 피나는 노력과 자신과의 경쟁에서 당당히 세계적인 발레리나로 자리매김했다. 그녀는 다른 삶을 동경해 본 적이 없다고 말한다. 발레에 인생을 바치고, 발레에 최선을 다한 후회 없는 삶을 살고 있다는 그녀의 말처럼 자신이 정한 인생의 길을 향해 질주하는 사람들은 자신의 재능에 안주하지 않고 노력하는 자들이다.

2006년 10월 미국의 『포춘』이 흥미로운 기사를 내보냈다. 「위대하게 만 드는 것 - 위대함의 비밀(What it takes to be great: Secrets of greatness)」이라는 기사인데 타고난 재주나 천재성만으로는 최고가 되지 못하며, 뼈를 깎는 노력과 훈련만이 위대함을 창조한다고 보도하였다. 투자의 귀재라 불리는 미국의 워런 버핏(Warren Buffett)은 『포춘』과의 인터뷰에서 자신은 투자하기 위해 태어난 백만 명 중의 하나라고 말하였다. 하지만 그는 절제된 생활 습관과 투자에 대해 끊임없이 연구하고 공부하는 사람으로 잘 알려져 있다. 즉, 타고난 투자가나 CEO는 존재하지 않으며, 잠재적 재능이 최고를 만들지는 않는다는 것이다. 또한 많은 학자들은 타고난 재능과 위대함과는 상관관계가 없으며, 그 위대함에 도달하는 열쇠는 고통스러울 만큼의 노력의 결과라고 결론지었다.

선천적 재능과 후천적 노력에 대한 연구를 한 플로리다 주립대학교의 안데르스 에릭슨(Anderes Ericsson) 교수는 고된 훈련만이 최고를 만들며, 연습만이 완벽을 도모할 수 있다고 했다. 그와 동료들은 20세의 우수한 바이올리니스트를 전문가의 자문에 따라 선발하여 누가 가장 훌륭하게 바이올린을 연주하는가를 연구했다. 그 결과 가장 연주를 잘하는 그룹은 일생 평균 10,000시간 이상의 연습을 한 그룹이고, 그 다음은 7,500시간, 다음은 5,000시간을 연습한 그룹으로, 피나는 계속된 연습만이 최

나는 내 인생의 '리더'다

고의 실력을 보여 준다는 데 주목했다. 즉, 모두 재능 있는 바이올리니스트 중에서의 실력이란 것은 결국 연습 시간의 차이에서 판가름이 난다는 것이다. 16세에 세계 챔피언이 되어 '체스의 천재'라 불리는 보비 피셔(Bobby Fischer)는 9년의 심도 있는 학습 후에 챔피언이 되었다고 말한 적이 있고, USC(서던캘리포니아대학교)의 존 혼(John Horn)과 캘리포니아 주립대학의 히로미 마쯔나가(Hiromi Masunaga)는 최소한 누군가 무언가를 이루려면 최소 10년의 경험이 필요하고, 정상에 도달하기 위해서는 20~30년의 노력이 필요하다고 말했다.

　말콤 글래드웰(Malcolm Gladwell)의 저서 『아웃라이어』는 에릭슨의 연구결과를 대중에게 소개한 셈이다. 바로 '1만 시간의 법칙'으로 대부분 특정 분야에서 최고의 경지에 오르는 데는 1만 시간의 연습이 필요하다는 법칙이다. 하지만 에릭슨 교수는 『1만 시간의 재발견』에서 연습에 필요한 시간이 분야마다 다르다는 점과 단순한 1만 시간의 단순 노력은 우리를 배신할 수 있다는 오류를 지적했다. 1만 시간을 노력해도 최고가 되지 못하는 이유는 우리가 만족할 만한 수준이나 기계적으로 하는 경지에 도달하면 성장 발전이 멈춘다. 무작정 열심히 하는 것이 아닌 다르게 더 잘하게 하기 위한 의식적이고 목적의식 있는 연습과 구체적인 목표, 집중, 그리고 피드백을 받을 때 실력이 향상된다. 우리는 어떠한 일을 반복적으로 하다 보면 타성에 빠질 때가 있다. 자신이 익숙한 환경(comfort zone)에서 벗어나 자신의 한계를 넘어설 때 놀라운 능력 향상이 가능하다.

　내가 재미있게 본 의학 드라마로 '낭만닥터 김사부'가 있다. 괴짜 천재 의사로 한때 신의 손이라고 불린 외과의사 부용주는 시골병원에서 김사부란 이름으로 활동한다. 그는 거대병원 이사장의 인공심장 교체수술을 집도하게 된다. 폐암 말기의 환자이기도 한 이사장의 수술은 한마디로 이중고다. 그는 드림팀을 편성한 후 수술시간 절약 방법에 대해 세부적인 전략을 짠다. 고령의 환자가 장시간의 마취를 견디기 힘들기 때문에 통상적으로 9시간 이상이 소요될 수술을 7시간 30분으로 줄이는 것을 1차 목표로 한 후 최종 6시간으로 단축할 것을 2차 목표로 한다. 김사부의 예는 에릭슨의 주장대로 도전할 만한 목표를 설정하여 의식적이고 목적의식 있는 연습을 통해서만이 최고가 된다는 것을 설명해 준다. 도전 없는 1만 시간의 법칙은 성공을 보장하지 않는다.

음악 비평가 어니스트 뉴먼(Ernest Newman)은 다음과 같이 말했다.

"위대한 작곡가는 영감을 받아 작곡을 하는 것이 아니라 작곡을 시작하고 나서 영감을 받는다. 베토벤, 바그너, 모차르트, 바흐는 날마다 마음을 다잡고 눈앞의 일에 정성을 기울였다. 그들은 영감을 기다리느라 시간을 낭비하지 않았다."(존 맥스웰, 『사람은 무엇으로 성장하는가』)

〈스타워즈〉, 〈레이더스〉, 〈조스〉, 〈해리포터〉의 주제곡으로 유명한 작곡가 존 윌리엄즈(John Williams)는 아침 일찍부터 좋든 싫든 날마다 곡을 쓰는 습관을 원칙으로 삼았다. 그의 주옥 같은 영화음악 121편 이상은 자신의 강점을 살리는 꾸준한 노력의 결실이다.

누군가는 스케이트를 계속 탔기 때문에 전국체전에 출전할 자격이 생겼고, 또다른 방법의 피나는 노력과 훈련의 결과 동계올림픽에 출전 기회를 얻는다. 가만히 있어도 자연스레 오는 좋은 기회는 없다. 기회는 계속 무언가를 했기 때문에 오는 노력의 결과물이다.

에디슨의 명언 '천재는 1%의 영감과 99%의 노력으로 이루어진다.'란

나는 내 인생의 '리더'다

말을 모르는 사람은 없다. 에디슨은 자신이 발명 분야에 재능이 있다는 1% 영감을 확신했기 때문에 미련할 정도로 99%의 노력을 했을 것이다. 자신의 재능, 지식, 기술을 극대화하는 자들의 공통된 특징은 자신들이 가지고 있는 강점에 만족하지 않고 노력하는 자들이다.

소설가 헨리 밀러(Henry Miller)는 "새 비료를 뿌리기보다 매일 조금씩 땅을 다져라."고 말했다. 선천적으로 타고난 재능만으로 성공하는 경우는 거의 없다. 꾸준한 노력의 양과 질은 재능을 배신하지 않는다.

나는 매일 어떤 작은 노력을 습관적으로 할 것인가?

이제 한번 생각해 보세요.
나는 어떤 사람이 될 것인가?
이것은 중요한 질문입니다.

이 질문에 답할 때
단지 유명해지겠다고 생각하지 마세요.
미래에 남길 나 자신의 소중한 유산을 생각하세요.
나 자신의 이름을 생각하세요.

나는 어떤 사람이고
어떤 사람이 될 것인가? 나 자신이 되기까지
어떤 과정을 거쳐야 할 것인가?

여유를 갖고 서두르지 마세요.

시간을 갖고 곰곰이 심사숙고해 보세요.

재능과 젊음을 사용해서

어려운 문제를 해결하고

진실을 발견하세요.

이 힘든 세상을

훨씬 더 좋은 곳으로 만들고

인류의 발전에 기여하세요.

- 마리아 슈라이버, 『삶은 항상 새로운 꿈을 꾸게 한다』

나만의 원칙 세우기

"많은 사람들이 지식을 가지고 잠시 성공한다. 몇몇 사람들이 행동을 가지고 조금 더 오래 성공한다. 소수의 사람들이 인격을 가지고 영원히 성공한다."

- 존 맥스웰, 짐 도넌, 『존 맥스웰의 위대한 영향력』

그림 3. 나 자신이 되기

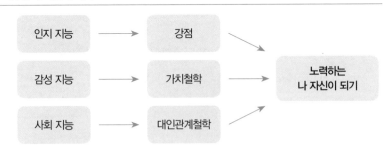

요새 4차 산업혁명 시대의 인재상에 대해 우려가 많다. 나는 앞으로 많은 부분이 기계로 대체되는 세상에서 필요한 인재의 자질은 크게 전문성과 관계 기술이라고 말하고 싶다. 전문성이 앞으로 무엇으로 살 것인가의 문제 해결이라면 관계 기술은 앞으로 어떻게 살 것인가 가치 추구의 자각이다. 인간은 물질적인 쾌락만으로 행복하지 않다. 많은 것이 기계화되는 세상에서 존귀한 것은 바로 인간적인 성품이다.

자신의 가치관을 아는 일은 삶의 의미를 생각하는 일이고 이에 적합한 일에 종사해야 행복하다. 요새 젊은이들은 월급 못지않게 가치를 제공하는 직장을 선호하고 좀 더 의미있는 직장생활을 하고 싶어한다. 대기업에 입사하여 인정을 받던 내 제자 중 한 명은 자신이 입사 후 깨달은 가치관에 따라 교대에 입학하여 교원임용고사를 준비 중에 있다. 지난 학기 수강한 한 학생은 '창의성'이 자신이 추구하는 주요 가치관으로 앞으로 자신의 가치관을 중요시하는 조직에서 일하고 싶다는 희망을 피력했다.

스턴버그와 살로비(Sternberg & Salovey) 심리학 교수는 하워드 가드너(Howard Gardner)가 말하는 자성 지능과 인간관계 능력에 착안하여 이성적 사고와 대비된 감성적 사고 능력의 영역을 5개의 주요 분야로 확장시켰다.

첫 번째는 자신의 감정 상태를 알고 인식하는 능력이며, 통찰력과 자기 이해를 포함한다.

두 번째는 자신의 감정을 경영하는 능력이다. 분노와 좌절을 통제하는 능력과 실패에서도 이겨 나가는 힘을 소유한다.

세 번째는 동기부여 능력이다. 충동적인 일을 자제하며, 훗날의 보상 지원(delayed gratification)을 위해 헌신할 수 있는 능력이라고 하겠다. 미래의 목표를 위해 욕구나 만족감을 미룰 줄 아는 동기부여 능력은 바로 칙센트미하이(Mihaly Csikszentmihalyi) 교수가 강조하는 몰입 단계로 이어진다. 이 능력을 갖추고 있는 사람들은 무슨 일을 하든지 간에 능률적이면서 건설적으로 업무를 수행할 수 있다.

네 번째는 다른 사람의 감정을 인식하고 타인이 원하고 필요로 하는 것을 감지하고 공감할 수 있는 능력이다. 이러한 능력이 있는 사람들의 천직은 남을 돌보는 직업, 가르치는 일, 세일즈 및 경영 분야다.

마지막 다섯 번째는 관계 형성 능력이다. 다른 사람의 감정과 기분을 파악할 수 있는 능력으로 다른 사람과 원만한 관계를 맺을 줄 아는 사람들이다.

감성지능이라는 말은 1920년대 손다이크(Edward Lee Thorndike)의 사회지능이라는 말의 개념에서 시작하여 1980년대 가드너를 거쳐, 1990년 초 살로비와 메이어(Salovey & Mayer)의 감성 영역에 따른 요소 정리로 더욱 관심을 받게 되었다. 그 후 1995년 대니얼 골먼(Daniel Goleman)은 감성지능의 이론을 더욱 확장시켰다. 대니얼 골먼은 감성지능을 크게 네 가지, 자기 인식, 자기 조절, 공감, 사회 기술로 구분하였으나, 후에 공감과 사회 기술은 따로 사회 지능으로 분류시켰다. 자기 인식이란 자신의 감정과 기분, 충동을 인식, 이해하며, 그러한 이해를 바탕으로 자신에 대해 정확하게 평가하여 자기 확신을 구축할 수 있는 힘이다. 자기 조절이란 자신의 기분과 충동을 조절하고, 새로운 방향으로 전환시킬 수 있는 능력이며, 또한 행동하기 전에 판단하여 결정할 수 있는 힘을 포함한다. 이에 따른 역량으로는 자기 통제, 동기부여, 성실, 몰입, 적응력 등을 꼽을 수 있다.

대니얼 골먼이 말하는 감성지능이란 자기 자신을 다루고 경영하여 자신을 정복하는 자기 정복 능력으로 자기 자신의 충동과 욕구를 억제하며, 자신만의 규율을 가진다. 셀프 리더십의 기본은 자신이 정한 규율을 지키는 자다. 리더십 교육에서는 자신만의 가치철학이 있는지를 강조한다. 현대의 리더십 교육에서 강조하는 많은 프로그램들은 소통과 협상, 그리고 전략적 사고와 같은 기술을 강조한다. 워런 버핏은 돈을 많이 버는 사람들의 공통점에 대한 질문에서 지적인 능력보다는 성품이나 기질이 성공 요인이라고 못박았다. 주관이 있고 자신의 길을 걷는 자, 이성만큼 감성을 가진 자, 그리고 침착함과 냉정함을 지닌 자이어야 한다고 말했다.

스티븐 코비(Stephen R. Covey)는 대표 저서 『성공하는 사람들의 7가 지 습관(The 7 Habits of Highly Effective People)』에서 일차적 강점으로 내적 성품을 강조하고 있다. 내가 중심이 되는 주도적 삶이란 나의 자아 의식과 상상력, 그리고 양심을 가지고 진실로 가치 있다고 생각하는 것을 마음속에 간직하는 것을 의미한다. 자신이 마음속으로 굳건히 정한 가치의 기준을 분명하게 실행하고 있을 때, 우리는 자기 주도적이면서 가치 중심적인 삶을 살고 있다고 하겠다. 즉, 가치철학을 세우는 일은 자신만의 삶의 원칙을 정립하는 일이며, 실천을 목표로 한다.

철학이란 말은 그리스어의 필로소피아(philosophia)에서 유래하며, 필로는 '사랑하다', '좋아하다'라는 뜻의 접두사이고 소피아는 '지혜'라는 뜻이므로, 가치철학이라 함은 자신의 인생에서 가치 있다고 여기는 덕목 중 좋아하는 지혜, 즉 자신의 삶의 신조를 말한다. 이제 우리는 이 장에서 나는 어떤 사람이 되고 싶은지, 반드시 지키고 싶은 것이 무엇인지, 그리고 무엇이 되고 싶다기보다 무엇을 하고 싶은지를 깊이 생각해 볼 시간이다.

우리는 언젠가부터 초등학교 때의 도덕 교육과 중·고등학교의 윤리 교육의 중요성을 인지하지 못하고 있다. 인성과 품성을 강조하는 교육은 뒷전이고 대학 입시에 중요한 소위 국·영·수 삼종 세트의 교육에만 중점을 두고 있다. 스위스가 낳은 근대 교육의 아버지 페스탈로치(Johann Heinrich Pestalozzi)는 어린이의 본성에 적합한 교육, 즉 어린이가 스스로 내면을 형성하도록 돕는 교육에 힘썼다. 그는 두뇌와 심장과 손이 인간성의 3대 근본력이라 하였는데, 그것은 곧 지식과 도덕, 기술이라 하였다. 그러나 그것을 통제하는 주역은 심장이 되어야 한다고 하였다. 인간의 교육은 단지 지식의 열거와 기술만이 아닌 보다 완성되고 성숙한 인간상을 추구하고 있다. 생각하고 실천하며 사람들을 위해 그 지식이 쓰이며, 사회에 기여하는 건설적인 인간상을 교육의 목표로 삼은 것이다.

'텔로스(telos : 목적, 목표, 본질)'를 추구한 철학자 아리스토텔레스(Aristotles)는 실천적 지혜를 통한 도덕적 가치를 실현시키는 삶을 찾아내려 했다. 현대를 살고 있는 우리들은 아리스토텔레스의 '텔로스'에 대해 진지하게 생각해 보아야 한다. 앞으로 내가 가지게 될 직업이 갖는 '텔로스'는 무엇인지, 그리고 그것을 실현시킬 방법은 무엇인지에 대한 성찰이 필요하다. 재화를 벌어들이기 위한 생계의 목적 이외에 그 직업이 추구하는 본질은 무엇인지 사고해 보아야 한다. 정치인은 무엇을 위해 혹은 누구를 위해 존재하는지, 교육자가 가장 우선시해야 할 덕목은 무엇인지, 사업가가 갖추어야 할 도덕은 무엇인지에 대한 성찰 없이는 자신의 가치철학을 세우기 쉽지 않다.

미국에서 USC 박사과정에 있었을 때 '책무감(Accountability)' 과목의 교수님께서 교육자로서의 직업에 소명의식을 가지고 있는 사람은 손을 들라고 하셨다. 약 3분의 2가량의 동료들이 손을 들었다. 자신의 직업이 천직이라고 생각하는 사람들, 그리고 자신의 일이 가치 있다고 믿는 사람들은 그 직업뿐만 아니라 그 직업을 둘러싸고 있는 사람들에게도 애정을 베푸는 사람들이다. 그리고 그들은 확고한 가치철학을 세우고 실천하고 있었다. 우리가 가치철학을 세운다는 것은 '나의 이러한 품성을 습관화하겠다'는 자신과의 굳은 약속이다. 굳은 결의와 함께 언행일치를 요구한다.

나의 경우는 가치철학을 정직과 진실성, 정확성, 열정으로 정하고 그에 따른 삶의 원칙을 세워 놓고 있다. 정직이란 돌아가신 아버지에게서 물려받은 유산으로 거짓말과 거짓 행동을 하지 않으며, 나 개인의 이익을 위해 다른 사람을 이용하지 않음을 말한다. 진실성이라 함은 지위 고하를 막론하고 사람을 외모나 신분, 학위, 인종 등으로 차별하지 않으며, 그들의 의견과 다양성을 인정하고 존중함을 말한다. 정확성은 시간 약속, 약속 이행, 원칙 지키기, 그리고 금전관계가 포함된다. 또한 받은 이메일과 문자는 48시간 이내(여행 시 제외) 답변을 원칙으로 하고 있다. 열정이란 단어는 가장 많이 듣는 피드백이다. 늘 배우는 자세를 잃지 않으며, 내가 하는 일에 최선을 다하며, 나 자신을 사랑하고 다른 사람들의 존재와 그들의 삶도 사랑하는 마음가짐이다.

내가 정한 가치철학의 이행에 완벽하다고는 할 수 없지만, 재미있게도 내가 정한 가치관을 모르면서도 사람들은 나에게 '열정적이다.', '진심 있는 조언이었다.', '정확한 성격이다.'와 같은 피드백을 해 주곤 한다. 이 책을 읽는 여러분도 '나는 이러한 사람으로 불리고 싶다.'는 자신만의 바람이 있다면, 그리고 평소에 자신이 가진, 발전시키고 싶은 긍정적 품성이 있다면 그것을 삶의 원칙으로 명문화해 보라.

자신만의 굳은 언약으로 명문화하는 것이 반이라면 그 나머지 반은 자신이 억지로 지키는 규율이 아니라 자연스럽게 습관화하는 일일 것이다. 리더십의 기초는 스티븐 코비가 말한 것처럼 '내면에서 시작하는 것'이다. 자신만의 리더십을 발휘하고 싶다면 리더가 갖추어야 할 자신만의 내적 성품을 가다듬고 지속적으로 자기를 쇄신해야 한다. 다른 사람의 신뢰를 받고 싶다면 자기 자신과의 약속부터 지켜라.

대인관계 철학

"사람은 모두 입 안에 도끼를 가지고 태어난다. 어리석은 사람은 말을 함부로 하여 그 도끼로 자신을 찍고 만다."

–법정(法頂) 스님

대니얼 골먼은 감성지능이 자기 자신을 조절하고 다루는 개인 수행의 기술이라면 사회지능이란 다른 사람들을 공감하고 이해하며, 인간관계를 현명하게 행동하는 기술이라고 설명했다. 즉, 사람들과 좋은 관계를 유지하는 인간관계 기술은 근래 들어 더 많이 강조되고 있는 리더십 기술이다.

2008년 9월 『하버드 비즈니스 리뷰』에 실린 그의 논문 〈Social intelligence and the biology of leadership〉에서 기업 임원들의 사회지능과 조직 내 수행 능력과의 긍정적 관계를 보고했다. 부하직원에게 부정적 평가를 전달하면서 웃는 표정을 지은 경우와 긍정적 평가를 하면서 찡그린 경우를 비교한 실험결과, 놀랍게도 전자보다 후자가 더 부정적 평가를 내렸다고 생각한 사람이 많았다고 전했다. 즉, 상사가 잘 웃고 편안한 분위기를 조성하면, 조직의 분위기도 개선되고 결속력도 높아진다는 결과다.

1978~2001년까지 약 20여 년간 CEO로 일하면서 독특한 조직문화를 일궈 낸 사람이 있는데, 69분기 연속 흑자의 주인공 사우스웨스트 항공사의 허브 켈러허(Herb Kelleher)가 바로 그 주인공이다. 대니얼 골먼의 표현에 의하면 그는 사회지능이 뛰어난 사람이다. 직장은 즐거운 곳이어야 한다는 철학하에 직원들과 많은 대화를 하기로 유명했으며, 직원들의 기념일을 챙기며 기념행사에 직접 참석하기도 했다. 단거리 운항의 저가 정책, 친절한 서비스와 정시운항으로 인한 20년 흑자 경영은 켈러허의 혁신에서 나왔다고 해도 과언이 아니다. 그는 '사랑으로 건립된 항공사'의 광고 카피를 실현시키려 노력한 자이고, 조직에 대한 직원들의 호감도에 커다란 영향을 미쳤다.

데일 카네기(Dale Carnegie)의 『인간관계의 7가지 원칙(Seven Laws of Human Relations)』은 상대에게 호감을 주는 처세법으로 대표적인 것이 공감과 경청이며, 원만한 대인관계를 위한 자기관리법으로는 존중과 임파워먼트를 강조했다. 사람을 모여들게 하는 대화법으로는 칭찬과 유머를 사용할 것을 주문하고 있다. 유능한 리더가 되기 위해서는 협력과 언행일치, 봉사, 책임감 등이 필수요소가 된다. 이 책에는 상대방을 기분좋게 하는 대화법으로는 1분 이내 말할 것, 2분 이상 상대의 말을 들으며, 3분 이상 긍정의 맞장구를 치라고 전한다. 그리고 경청을 통해서 "나는 당신의 말에 집중하고 공감하고 있습니다."라는 마음을 전하라는 것이다. 우리들은 가끔 저 사람이 좀 바뀌었으면 하고 느낄 때가 있다. 사람을 바뀌게 하고 싶다면 상대방에게 칭찬과 기대를 해 주며, 격려와 협력을 통해 상대방의 중요성을 확인시키는 일이 좋은 인간관계를 위한 기술일 것이다. 결국은 공감과 이해, 협력과 격려가 데일 카네기 책에서 강조되고 있다고 볼 수 있다.

나는 대인관계의 지혜가 형식적인 기술이 아니라 진심 어린 품성에서 나온다고 생각한다. 감성적인 경청과 아랫사람을 중요한 동반자로 여기는 리더십, 남을 탓하기보다는 책임을 지는 용기, 상대방의 좋은 점을 관찰하고 자율과 위임으로 실천하는 리더십, 하나의 숭고한 비전을 위해 격려하고 동기부여하는 신뢰를 바탕으로 하는 존중과 배려의 소통이 바로 대인관계 능력이 아닌가 한다. 상대방을 변화시키고자 한다면 자기 자신이 바뀌는 것이 가장 빠른 길이며, 사회를 변화시키고자 한다면, 내가 먼저 바뀌는 것이 시작일 것이다.

'3차 산업혁명'이라 불리는 인터넷 문화는 쌍방향 커뮤니케이션으로 공유와 협력을 가능하게 만들었다. 이제 4차 산업혁명 시대에 들어서서 더욱 필요로 하는 것은 보다 투명한 경영 방식이며, 직원 간에 신뢰를 조성하고 협동적 팀워크를 가능하게 하는 가치지향적 기업이 요구되고 있다. 이러한 문화를 조성하기 위해 빠뜨릴 수 없는 것이 바로 '공감'이며, 이는 유연하고 개방적인 태도와 효율적인 조화로 이어진다.

미국에서 200만 명 이상을 상대로 한 갤럽 조사에 따르면 '상사의 배려'를 직장에서의 가장 중요한 요소로 꼽았다. 우리나라 2년 미만의 신입사원을 상대로 한 "직장을 그만두고 싶을 때가 언제인가?"를 묻는 한 설문조사에서 첫 번째 사유가 직장상사나 동료와의 갈등이었다. 많은 다른 연구에서 보듯이 직장상사나 동료 간의 정서적 유대감과 직장에서의 생산성과는 밀접한 관계가 있는 것으로 나타나고 있다.

공감(empathy)이란 용어는 1872년 로베르트 피셔(Robert Vischer)가 미학에서 사용한 독일어 'Einfuhlung(감정이입)'에서 유래되었다. 독일의 철학자이자 역사가인 빌헬름 딜타이(Wilhelm Dilthey)는 이 미학 용어를 심리학적인 측면으로 해석했다. 즉, 다른 사람의 입장으로 돌아가 그들이 어떻게 느끼고 생각하는지를 이해하는 것을 의미한다. 1909년 미국의 심리학자 티치너(Edward Bradford Titchener)는 처음으로 공감이라 명명하고, 타인의 고통을 자신의 것처럼 느낌을 공유하는 의미로 발전시켰다.

그렇다면 현대에 들어 공감이라는 용어가 왜 화두가 되고 있는 것일까? 공감은 왜 세계적 추세가 되고 있는가? 대니얼 골먼에 의하면 사회가 다변화·전문화·글로벌화됨에 따라 공감적 감수성은 갈수록 중요해져서 협동적 환경을 관리하는 데 없어서는 안 된다는 것이다. 리더십의 임무가 보다 복잡하고 협동적이기 때문에 사람과의 관계 기술은 점점 중요해지고 있다. 또한 개인복지뿐만 아니라 사회복지를 강조하면서 경쟁보다는 협동과 상생을 통한 공동체 의식이 고조됨에 따라 보다 성숙한 공감적 감수성이 필요하다는 것이다.

제레미 리프킨(Jeremy Rifkin)은 『공감의 시대』에서 우리 인류는 생물학적으로 공감 성향을 가지고 있지만, 그래도 공감 성향은 꾸준히 연마되어야 한다고 말한다. 그렇다면 이러한 '공감의 기술'이 왜 현대사회에서 찾아보기 힘든 것일까? 물질이 풍부한 현대 사회에서 개인의 행복은 물질과 재산의 소유로 결부되고, 상대적 빈곤감으로 행복 지수나 삶에 대한 만족도는 오히려 떨어지고 있다. 많은 연구결과에서 나온 것처럼 물질적 가치가 생활의 중심이 될수록 삶의 질은 도리어 떨어진다고 한다.

김주환은 『회복탄력성』에서 공감의 원리를 이해히고 경청을 훈련하라고 말했다. 뇌과학자들에 의하면 우리 뇌의 거울신경계가 다른 사람의 경험을 나의 경험처럼 받아들이는 기능을 한다. 즉, 뇌가 다른 사람의 경험을 반사시켜 공감하게 된다. 이뿐만 아니라 인간은 다른 사람의 입장을 헤아릴 수 있는 능력, '역지사지의 능력'이 존재한다. 이를 '마음 이론(TOM, Theory of Mind)'이라 부른다. 위와 같이 인간의 뇌구조에서 남을 공감할 수 있는 능력이 활성화된다면, 자기 반성과 성찰, 명상과 같은 숙고의 시간은 공감 능력의 향상에 도움을 주리라 생각된다.

나는 공감한다는 것의 기본은 '인간에 대한 존중'이라고 생각한다. 공감하는 첫 번째 일은 남의 말을 들어주는 것이다. 데일 카네기는 남의 말을 듣는 두 가지 이유는, 들으면서 배우게 되는 것이 첫 번째이고, 사람들은 들어주는 사람에게만 반응한다는 게 그 두 번째 이유라고 말했다. 많은 사람들은 말하는 데 적극적이며, 듣는 데 소극적이다. 따라서 효과적인 경청이란 적극적인 경청을 말한다. 적극적인 경청은 집중과 진지한 참여, 그리고 진솔한 반응을 포함하는 효과적인 커뮤니케이션 기술의 시작인 셈이다.

레스 기브린(Les T. Giblin)은 『성공으로 가는 길 : 대화법(The Art of Dealing with People)』에서 경청의 포인트를 다음과 같이 제시하고 있다. 상대방의 대화에 최대한 관심을 가지고 집중하는 일곱 가지 적극적 경청법이다. 이 중에서 내가 부연 설명하고 싶은 포인트는 일곱 번째이다. 상대방이 즐겨

나는 내 인생의 '리더'다

사용하고 있는 단어나 문맥을 유심히 귀기울여 들었다가 자신이 말할 때 그 표현 그대로 사용하는 방법이다. 이 방법은 단순히 경청하고 있음의 관심을 넘어서 서로가 같은 세계에 속하고 있다는 소속감을 준다. 이러한 방법은 상대방의 방어태도를 완화시키며, 상대방을 보다 적극적인 대화로 유도할 수 있다.

① 상대방을 주시한다.
② 상대방의 말에 깊은 관심을 가지고 있다는 사실을 태도로써 나타낸다.
③ 상체를 상대방 쪽으로 내민다.
④ 질문을 한다.
⑤ 말을 중간에서 가로막지 않는다.
⑥ 상대방의 화제에 충실한다.
⑦ 당신의 의견을 말할 때 상대방의 표현을 이용한다.

진정한 경청이란 상대방의 언어를 듣기 이전에 감정을 헤아려 주는 일, 그 상황과 환경 혹은 그 사람이 처한 위치까지 배려해 주는 마음에서 시작된다고 생각한다. 첫째, 나는 누군가의 말을 경청해야 할 때 내가 가지고 있는 편견이나 판단 없이 대화에 입장하려 한다. 나만의 잘못된 혹은 개인적 경험에서 야기된 감정을 동반하지 않는다. 그런 다음 '나는 당신의 말을 진지하고 성실하게 들을 준비가 되었다.'는 태도와 자세 그리고 눈맞춤이 우선되어야 할 것이다. 화자가 방어적 태도를 없애고 진술한 자신의 의사를 표현할 수 있는 분위기를 조성해 주는 것이 중요하다. 맥스 드 프리는 『리더십은 예술이다(Leadership is an art)』에서 진정한 리더란 듣는 자라고 강조했다. 리더는 구성원들의 아이디어, 열망, 그리고 필요로 하고 원하는 것을 듣는 자다.

두 번째, 상대방의 말을 자신의 판단, 진단 없이 듣는 것이다. 그리고 자신의 의견이나 충고가 아닌 화자의 입장을 이해하고, '나라면 어떠할까' 하고 잠시 감정에 머무르는 시간이다. 이 시간은 이성이 아닌 감성이 지배해야 하는 시간이다. 바로 즉각적으로 반응할 필요가 없는 무언의 시간이기도 하다. 사람들은 이러한 침묵을 힘들어 한다. 많은 사람들은 조언과 솔루션을 통한 즉각적인 반응에 중점을 둔다.

언어적 메시지 전달보다는 비언어적 메시지인 태도나 자세, 미소와 자연스러운 눈맞춤을 통해 '나는 당신의 이야기에 공감하여 하나가 된 세상을 공유하고 있다.'는 진실의 시간이다. 조신영·박현찬의 『경청』에 보면 사람들이 진정으로 원하는 것은 자기 말을 들어주고 존중하고 이해하는 것이라고 했다. 경청이란 귀로 듣는 것이 아닌 마음으로 듣는 것이므로 그래야만 진실을 말한다고 했다. 귀기울여 듣는 것은 진정으로 사람의 마음을 얻는 최고의 지혜다.

세 번째, 경청에서 필요한 것은 지각과 의사소통의 기술이다. 자신이 마음으로 지각한 내용을 말로 표현해 주는 것이다. 맥스 드 프리는 리더는 아이디어를 갖추어야 한다고 말했다. 상황에 맞게 적절한 방식으로 다르게 대응해야 하기 때문이다. 이는 그의 저서명을 『리더십은 예술이다』라고 지은 이유이기도 하다. 리더십은 전문성과 기술만을 요하기 보다 때론 예술가와 같이 창조성을 필요로 한다.

마지막으로, 자신의 적극적인 경청 기술을 평가하는 시간이다. SGS Thomson Microelectronics 회사의 인사개발부장 빌 마카힐라힐라(Bill

Makahilahila)는 적극적인 경청을 하고 있는지 점검하기 위한 세 가지 질문을 다음과 같이 제시했다.

① 당신은 질문을 하고 답변을 듣기 위해 기다리는 편입니까?
② 당신은 답변을 신속하게 그리고 질문에는 피하지 않고 똑바로 답하는 편입니까?
③ 당신이 적극적으로 경청을 하고 있다는 것을 상대방이 느끼고 있다고 생각합니까?

적극적 경청으로 가기 위한 첫 번째 단계는 먼저 경청이 중요하다는 것을 인식하는 일이다. 두 번째는 들음으로써 배우려는 자세이며, 다음은 경청을 훈련하는 일이다. 고현숙은 『유쾌하게 자극하라』에서 경청을 실천하는 노하우를 소개하고 있다. 남이 말하는데 중간중간 자기 자신이 말하고 싶은 순간이 오면 '지금은 네가 나올 때가 아니거든? 나중에 얘기하자' 하고 마음속으로 외친다는 것이다. 경청을 일상화시키는 일은 인내심을 요구하며, 열린 마음 없이는 불가능한 일이다. 무엇보다도 잊지 말아야 할 것은 사람들은 듣는 사람을 필요로 한다는 사실이다(이지훈, 『혼창통』).

우리나라의 온라인 댓글을 가끔 들여다보면, 마치 '마녀사냥'과 같은 질투성 공격으로 난무할 때가 있다. 이는 다른 의견을 제시하는 것이 아니라 인신 공격일 경우가 많다. 우리들은 소위 잘나가는 사람에 대해 부러워하는 게 아니라 시기·질투하고 언어 폭력을 휘두른다. 그러다가 누군가가 자살을 하고 나면 우리들은 그제야 동정하고 '공감'하기 시작한다.

공감이라는 것은 우리의 순수했던 자연의 마음으로 돌아가는 것이라고 생각한다. 인간은 본래 평등하고 독립적인 타고난 권리를 가지고 있다는 것, 행복과 안전을 추구할 권리와 타인의 그것들을 존중해야 한다는 기본적 사명으로 돌아가야 할 것이다. 부와 소유의 추구에서 벗어나 인격과 인성, 창의력과 재능을 순수하게 인정하는 사회 속에서 공감의 꽃은 피어날 것이다.

나만의 리더십을 갖고 싶다면, 현재 내가 위치한 시대와 환경을 온전히 받아들이는 일이 기본 자세다. 리더십 교육의 첫 번째는 자기 자신을 알고 자신의 리더십을 파악하는 것이다. 그리고 멋진 자기 자신이 되기 위해, 자기만의 재능을 위해 노력하는 과정이다. 가치철학이 자신이 지켜야 할 인생 철학, 약조, 원칙이라면, 자신만의 리더십을 갖추라 함은 대인관계의 철학을 브랜드화하는 사회기술이다. 나의 경우는 대인관계의 원칙을 신뢰와 존중의 리더십으로 정하고 있다. 즉, 원리원칙과 공정성을 바탕으로 타인과의 신뢰관계를 중시하며, 지위 고하와 남녀노소, 다른 인종과 문화에 상관없이 다양성을 인정하며 다름을 존중할 것을 다짐하고 있다.

미국에서 8명의 대통령과 일하고 은퇴한 전 미국 국방장관 로버트 게이츠(Robert Gates)는 미 해군사관학교 졸업식에서 '위대한 지도자가 갖추어야 할 자질'이라는 주제의 연설을 했다. 그는 리더가 지켜야 할 가치철학과 리더십의 조건을 비전과 조용한 자신감, 도덕적 용기, 청렴과 예의라고 제시했다. 미래를 볼 수 있는 예지력과 자기중심적이지 않은 배려하는 자신감, 옳은 일을 할 수 있고 진실을 말할 수 있는 용기를 자신의 가치철학으로 삼았으며, 그가 가장 강조한 것은 대인관계 철학이었다. 청렴과 예의란 부하들을 존중하고 공평하게 대하는 것이며, 리더십을 갖춘 자를 판단하는 신랄한 척도란 자신보다 지위가 낮은 사람을 대하는 태도를 보면 알 수 있다고 말했다. 그는 겸손과 존중의 리더십을 보여준 사람이었다.

미국의 합참의장과 국무장관을 지낸 콜린 파월(Colin Powell)은 자신의 가치철학을 3Cs(clarity, consistency, commitment)로 표현했으며 명확성, 일관성, 헌신은 파월의 독트린이라 불린다. 하지만 대인관계에서의 원칙으로는 파트너십과 서번트 리더십을 추구한 자이다. "사람들은 모두 유능하며, 그들의 모든 일은 소중하다."라는 전제하에서 파트너십을 강조했다. 그는 동료들을 일에 포함시켜, 협력 체제하에서 공식화 과정을 통한 위임 방식으로 파트너십 체제를 구축시켰으며, 사후지도를 통한 보완작업을 거쳤다.

콜린 파월은 리더의 위치에 오른 사람은 자신의 시간 50%를 사람을 위해 쓰라고 말했다. 리크루트라든가 업무수행관리, 작업환경 개선, 그리고 조직원들의 역량을 발전시킬 전략을 세우는 데 많은 시간을 소비하라는 것이다. 이와 같은 방법으로 명령 하달식 업무 처리 방법이 아닌 함께 작업하며 권한을 위임하면서 코칭을 통한 조직과 조직원의 발전을 도모했다. 조직원들이 성장과 번영을 줄 수 있다는 확신을 주는 리더는 진정한 인간관계 기술을 가진 자이다.

그의 서번트 리더십은 월마트의 창시자 샘 월튼(Samuel Moore Walton)이 "최상의 리더란 서번트 리더다."라고 한 말에 영향을 받았다. 그는 군인이었고 정치가였지만, 따르는 자 없는 리더란 아무 소용이 없다는 것을 깨달은 자였다. 그는 자기 자신에게는 엄격했으며, 자신의 구성원들에게는 너그러우려고 노력한 자였다. 다음은 그의 서번트 리더로서의 진수를 보여 주는 대목이다.

> "나는 당신을 위해 싸울 것이며, 당신의 일이 더 쉬워질 수 있도록 모든 노력을 아끼지 않을 것이다(I am going to fight for you. I am going to do everything I can to make your job easier)."
>
> —오런 해러리, 『콜린 파월 리더십』

성공은 성적순이 아니다. 성공한 사람들은 자신이 정한 원칙이 있었고 그것을 실천했다. 자신이 평생을 걸고 지키고 싶은 나만의 신조와 원칙의 가치철학을 세워 본다. 대인관계에서 추구하려는 자신만의 독트린을 구상해 본다. 그리고 매일매일 의식적으로 그 원칙을 실천한다. 스스로 자신의 가치를 낮게 평가하면 세상도 딱 그만큼만의 가치로 나를 평가하는 법이다. 자신의 가치철학을 세워 자신의 가능성을 믿어 보자. 타인을 높여 주는 일은 자신이 낮아지는 일이 아니다. 타인의 가치를 높여 주면 나의 가치가 배가(倍加)된다.

여러분의 가치철학과 대인관계철학이 습관처럼 실천되는 그날, 여러분은 자신이 아닌 타인의 입을 통해 '리더'라 불릴 것이다.

나는 내 인생의 '리더'다

| 수강생의 가치철학과 리더십의 예 |

강두현 (2011년 수강생)

나는 세상을 살아가면서 겸손, 신중함, 인내를 나의 가치철학으로 삼고, 배려와 용기를 바탕으로 신뢰를 쌓는 리더십을 발휘할 것이다.

겸손은 나 자신의 자세에 관한 가치철학으로서 현재 갖고 있는 것과 할 수 있는 것에 만족하지 않고 더 배울 것을 찾아 받아들이겠다는 마음 자세이다. 신중함은 리더로서 의사결정을 할 때, 여러 대안의 장단점을 파악하고 분석하여 가장 효과적인 결정을 내리겠다는 의지의 표현이다.

인내는 외부 환경이나 주변의 장애물에 좌지우지되지 않고, 원하는 바를 이루기 위해 정진하겠다는 나와의 약속이다.

이 세 가지 가치철학을 바탕으로 '배려와 용기를 바탕으로 신뢰를 쌓는 리더십'을 갖기 위해 노력할 것이다.

Question

• 당신은 자신의 가치철학과 대인관계 철학이 있는가?
• 자신이 위의 항목별 원칙을 세우게 된 계기나 이유는 무엇인가?

Activity

• 자신의 가치철학과 대인관계 철학을 쓰고 발표하기.

Reflection

• 감성지능과 사회지능을 구체적으로 발달시킬 수 있는 방법 생각해 보기.

감정지능과 사회지능을 발달시킬 수 있는 구체적인 방법

권유지(2017년 수강생)

EI 감정시능이란 말은 감정을 지능으로 볼 것인가에 대한 것으로, 대니얼 골먼에 의해 그 중요성을 인정받았다. 감정지능이란 자신이나 타인의 감정을 인지하는 개인의 능력을 나타내는 용어이다.

감정을 인식하고 잘 통제하고 여러 종류의 감정들을 잘 변별하여 이것을 토대로 자신의 사고와 행동을 방향 지을 근거를 도출해 내는 능력을 감정능력이라고 말한다. 대니얼 골먼은 감정지능을 크게 4가지 자기인식, 조절, 공감, 사회기술로 분류했는데, 그 중에서 사회기술은 따로 사회지능으로 분리시켰다. 그러나 감정지능과 사회지능은 앞서 언급했듯이 감정을 사유하는 능력, 그리고 감정을 통해 생각을 강화하는 능력이라는 것은 공통적이나 그 대상이 자기 자신인지 타인인지에 따라 감정지능과 사회지능으로 나뉜다고 본다. 따라서 감성지능과 사회지능을 구체적으로 발달시키는 방법에서도 맥락을 같이한다.

자기 자신을 다루고 경영하고 컨트롤하는 자기정복 능력이 곧 감성지능의 핵심이다. 자신의 감정을 컨트롤하고 자신만의 삶의 원칙과 가치철학을 세우고 이를 실천하는 것을 목표로 하는 것, 자신의 감정이 지식과 같은 인지지능과 같은 하나의 지능으로 만드는 것이 감정지능의 핵심이라고 보면 되겠다. 따라서 이러한 감정지능을 구체적으로 발달시킬 수 있는 최우선은 자기 자신(자신의 감정)에 대한 끊임없는 자문자답일 것이다. '왜 내가 이런 감정이 비롯되었는지, 왜 나는 이 고민을 하는 것인지, 이것이 지금 나의 우선순위인지' 끊임없이 자신에게 질문을 던지고 답해 보려는 습관을 가져야 한다.

나는 내 인생의 '리더'다

또한 그러한 사고 과정이 뇌에서만 이루어지는 것이 아니라 schedule book과 같은 형식으로 자문자답을 작성해 가는 것 또한 자신만의 big data를 만들어 가는 과정이라고 본다.

그리고 나서 그러한 자문자답의 기준을 정립하는 데 노력을 기울여야 한다. 올바른 가치관의 정립이 가장 중요하다는 의미다. 가치관 정립의 방법으로는 진부할 수도 있겠지만 그것이 성경이든 도덕경이든 불경이든 철학 책이든 소설책이든 혹은 자기계발서이든 분야를 가리지 않는 많은 양의 독서를 하고 많은 경험을 해야 한다. 그 안에서 자신만의 올바른 철학과 가치를 정립해 나가는 것이다.

우리는 사회라는 공동체 안에서 살아가므로 나와 타인을 떼어놓고서는 생각할 수 없다. AI의 중요성이 대두되는 오늘날 '공감'이 키워드인 것도 사회지능(SI)이 중요시되는 이유 중에 하나일 것이다. 사회지능에서는 타인과의 공감과 이해, 존중과 신뢰, 그리고 협력과 격려가 중요하다. SI를 발달시키는 방법은 그 주체의 대상이 타인으로 넘어갔을 뿐, 감성지능의 발달방법과 크게 다르지 않다. 즉, 자문자답의 대상을 상대방으로 바꾸는 것이다. 역지사지의 마음가짐으로 그의 입장과 감정에서 끊임없이 자문자답을 지속적으로 해 나가면, 우리는 어느 순간 타인에게 자연스러운 공감과 이해, 존중과 신뢰, 그리고 협력과 격려를 할 수 밖에 없을 것이다. 타인이 곧 '나'라고 생각하면 그럴 수밖에 없다.

결과적으로 감정지능과 사회지능을 발달시킨다는 것은 기본적인 인성과 소양을 키우는 일과 크게 다르지 않다고 생각한다. '무엇이 인간다운 것인가', '정의란 무엇인가', '소통을 위해 무엇을 해야 하는가'와 같은 질문은 과거에도 중요했으며, 오늘날에는 더욱 중요해지고 있는 질문이다. 이러한 질문의 출발은 바로 인간으로서의 기본 소양을 키우는 것이 중요하며, 그러한 기본적 인성을 갖추는 노력이 결과적으로 감정지능과 사회지능을 발전시켜 나가는 것과 같은 것이라 생각된다.

나는 내 인생의 '리더'다

비전을 위한 목표를 계획하라
Schedule your vision

"미래에 대한 강한 희망을 품어라!"

– 스테판 폴란, 『2막』

비전 세우기

우리는 왜 공부를 하는가?

우리는 왜 일하는가?

우리는 왜 인생을 사는가?

이 챕터를 들어가기 전에 자신에게 먼저 왜(Why)에 대해 질문해 보면 좋겠다. 좋은 대학에 들어가서 돈을 많이 벌어 높은 자리에 오르면 행복할까? 일류 대학에 들어가고 대기업에 취업을 해도 그 기쁨은 몇 년 지속되지 못한다. 인간은 자신이 하는 일의 궁극적 이유를 알지 못하면 그 일을 오래 행복해 하기 힘들다.

죽음을 앞둔 사람들은 한결같이 물질적 가치보다 정신적 가치를 동경했다. 영화 〈버킷리스트(The Bucket List)〉에서는 자동차 정비사 카터(모건 프리먼)와 재벌사업가 에드워드(잭 니콜슨)가 우연히 병실에서 만나게 되고 자신들의 버킷리스트를 실행하기 위해 병실을 뛰쳐나와 여행을 떠난다. 이 영화에서 다음과 같은 말이 나온다. 고대 이집트인들은 영혼이 하늘에 가면 신이 두 가지 질문을 했는데 그 대답에 따라서 천국에 갈지 말지가 정해졌다고 한다.

"인생에서 기쁨을 찾았는가?"
"당신의 인생이 다른 사람들을 기쁘게 해 주었는가?"

아인슈타인(Albert Einstein)은 "단지 성공한 사람이 아니라 가치 있는 사람이 되기 위해 노력하라."고 말했다. 자신의 인생에서 자신이 정의하는 성공이 무엇인지, 인생에서 바라는 것이 무엇인지 내 재능으로 할 수 있는 가치 있는 일이 무엇인지 안다면 내 인생 배의 선장으로 어디로 방향의 키를 돌릴지 감지할 수 있을 것이다.

베스트셀러 작가가 되어 돈을 많이 버는 것을 비전으로 한다면, 글쓰는 일은 삶의 수단이 되는 일이고, 그 목표에 도달하기 위해 자극하는 삶은 초조할 것이며, 목표에 도달한 순간 더 이상 동기부여 되기 힘들다. 나의 이야기가 누군가의 삶에 용기를 주고 싶다거나 나의 소박한 이야기가 누군가에게 희망을 주고 싶다는 목적을 가진 사람은 글 쓰는 일이 고통이라기보다 삶의 보람이 될 것이다. 목적의식 있는 비전은 끊임없이 성장하고 발전하고 싶은 촉매제가 되어 자신을 변화시키고 성장하게 만든다. 퇴직 후 생계수단으로 음식점을 창업한 사람과 영양가 있는 음식으로 직장인을 위로하고 싶은 목적의 사람 중 누가 성공할 것인가?

인생은 단거리 경주가 아닌 장거리 마라톤이고 그 여정을 계속 유지시킬 수 있는 것은 자신의 일이 의미 있고 가치 있는 일이라는 확신에서 나온다. 비전 있는 삶은 자신의 성장을 의식하며 꾸준히 노력하게 만든다. 스티브 잡스의 '모든 책상 위에 컴퓨터'라든가, '아이, 어른이 모두 함께 즐길 수 있는 매직 월드'를 꿈꾸었던 월트 디즈니(Walt Disney)의 비전처럼 비전은 지속적으로 행동하고 실천해야 할 진정한 헌신을 약속하는 일이다. 비전의 참의미는 자신의 꿈과 타인의 꿈을 동시에 이루는 일이다.

"자신의 장점을 살려 세상에 유익한 리더로."

내 사무실에 쓰여 있는 연구소 비전이다. 누군가에게 희망을 주고 용기를 주는 일, 깨닫지 못한 재능과 잠재력을 발견해 주고 응원하는 일, 우리나라의 인재를 리더로 만드는 일은 연구소의 목적이며 내가 이 세상을 사는 존재 이유다.

현대에 들어서서 리더의 자질로 빠지지 않고 거론되는 것은 비전의 설계와 실현이다. 잭 웰치(Jack Welch)는 "내일의 리더는 비전, 공유된 가치관, 공유된 목적으로 미래를 이끌 것이다."라고 말했다. 조직에서 리더의 역할은 조직원들에게 활력과 영감을 불어넣어 공유된 목적을 향해 실천하도록 이끌어 내는 일이다. 조직에서의 비전 창출과 실현은 구성원을 하나의 접점으로 모으는 원동력이다. 이 장은 자신의 미래에 대한 비전을 세우는 작업이 될 것이다. 셀프리더의 기본인 가치철학 대인관계철학을 세웠다면, 이번에는 자신이 추구하는 삶에 대한 인생 선언문을 구상해 보기로 하자.

미션이 눈에 보이는 수행 업무라면, 비전이란 미션을 수행해야만 이룰 수 있는 보다 커다란 가치관을 담은 청사진의 행동 계획이며 지향점이다. 미션이 달성 목표라면, 비전은 인생 목적이라 하겠다. 비전 선언문을 작성하는 일은 막연하고 막대한 내용을 하나의 슬로건으로 농축시키는 작업이다.

켄 블랜차드(Ken Blanchard)는 『비전으로 가슴을 뛰게 하라(Full Steam Ahead)』에서 비전 전략에 대해 말하고 있다. 첫 번째는 '항상 비전에 초점을 맞춰라.'이고, 두 번째는 '비전에 헌신할 수 있는 용기를 가져라.'다. 비전 선언문을 작성하는 데 두려움을 느끼는 사람들은 예상치 못하게 발생할 여러 가지 변수들을 염려한다. 그러나 비전 선언문을 작성하는 것은 돌에 새기는 비문이 아니라, 필요할 때 언제든지 목표를 수정, 보완할 수 있다. 단, 기본적인 자신의 가치관에 대한 초심을 잃지 않는 것이 중요하다. 비전 선언문은 보다 나은 자신을 만드는 약속이자, 자신이 달려가야 할 방향과 대상을 보여 주는 목적지이기도 하다.

나는 학생들에게 비전 선언문을 작성하는 연습을 시킬 때, 비전에 자신의 미래 직업에 대한 포부가 들어갈 것과 직업으로 인한 지위(대통령, 장관, CEO 등)를 포함시키지 않을 것을 주문한다. 지위를 목표로 하는 비전은 목적이 아닌 목표를 위한 삶을 구상하게 만들기 때문이다. 따라서 보다 포괄적인 의미의 단어 선정에 주의를 기울이도록 도움을 주고 있다. 비전 선언문은 자신은 물론 주변과 공동체의 행복과 번영을 도모해야 한다. 즉, 비전 선언문은 단지 자신만의 성공이 아닌 이웃과 국가, 인류

나는 내 인생의 '리더'다

에 도움이 되는 일인지에 대한 공동체의식에 대한 진지한 사고를 필요로 한다.

비전을 작성하는 작업은 상상과 창조를 필요로 하는 좋은 우뇌 연습이다. 비전 선언문을 작성하기 전에 해야 될 첫 번째 일은 미래 어떠한 일을 하고 싶은가에 대한 성찰이다. 두 번째는 그 일이 요구하는 기본적 가치가 무엇인가 하는 점이다. 즉, 미래의 나의 일이 본질적으로 왜 필요로 하는지에 대한 정의내리기 시간이다. 정치가나 의사, 법률가 혹은 사업가나 교육자가 되기를 원한다면 그 일에 대한 숭고한 직업관에 대한 명상이 필요하다. 자신의 직업이 누구를 위해서 존재하며, 무엇을 필요로 하는 일이며, 왜 해야 하는지에 대한 전반적인 철학적 사고를 요구한다. 세 번째는 자신의 삶을 풍족하게 함과 동시에 공동체의 복리와 공동선을 추구해야 하는 일이어야 한다. 즉, 개인적인 영리와 명예와 더불어 소속감 속의 연대감, 집단석이며 책임주의적인 기회와 사명 그리고 공동 가치와 행복을 추구하고 있는지에 대한 깊은 숙고가 필요하다. 마지막으로, 자신의 긴 인생 여정 동안 동기부여할 수 있고 자극을 줄 수 있는 문구를 작성하고, 자신이 충분히 감동·감화받을 수 있을 때까지 계속 교정하는 작업이다.

비전이란 이 세상을 보다 좋은 방향으로 변화시키려는 염원과 자신을 보다 성숙한 개체로 변화시키려는 바람을 동시에 담아야 한다. 이 같은 내용의 비전 선언문은 삶에 대한 동기와 추진력을 고취시키며, 직업과 일에 대한 지침과 방향을 제공해 준다. 개인의 비전 선언문이 나아가 조직에서의 비전 선언문과 함께 공유될 때 개인과 조직의 발전과 번영을 도모하게 될 것이다.

미션 세우기

"여러분 인생의 큰 그림은 무엇인가?" 비전이 막연하면서도 이상적인 꿈을 담고 있다면, 미션이란 보다 현실적이면서 실천적인 수행 업무를 나타내야 한다. 큰 그림을 가졌다면 목표에 대한 체계적인 전략이 필요하다. 미션이란 우선 순위에 대한 성장 계획서라 할 수 있다.

미션은 실제로 보일 수 있는 결과물을 창출해야 함과 동시에 비전을 향한 실질적 목표 프로젝트다. 조직에서의 미션이란 숫자나 실질적 업무로 표현되는 최종 결산 결과(bottom line)를 말한다. 셀프 리더십에서의 미션이란 자신의 비전을 향한 역할과 책임에 대한 임무를 기술하는 일이다. 즉, 타인과의 관계성, 자신의 전문성과 관리적·기술적 역량을 포함한다.

미션 선언문을 작성하는 일의 첫 번째는 자신의 비전을 위해 필요한 아이디어를 구상해 내는 일이다. 두 번째는 SWOT*이나 USP** 전략 방법을 통해 나만의 남다른 재능과 능력을 어떻게 계발시킬까를 고민한다. 세 번째는 자신이 성공적으로 역할이나 임무 수행을 할 사항을 전략적 목표로 선택한다. 네 번째는 자신의 비전이 내포하고 있는 가치관과 목표를 조화시킨다. 마지막으로, 간결하고 명확한 의미의 문장이 될 때까지 수정·보완한다.

미션이란 멀고 먼 산에 도달하기 위한 경영전략이다. 먼 산에 도달하

---

* SWOT 분석 : 미국의 경영컨설턴트인 알버트 험프리(Albert Humphrey)에 의해 고안되었으며, 내부 환경인 강점(strength)과 약점(weakness), 외부 환경인 기회(opportunity)와 위협(threat) 요인을 분석하는 경영 전략 방법이다.
** USP(Unique Selling Proposition) 분석 : 상대방이 이길 수 없는 자신만의 독특한 경쟁력 우위 선점을 위한 분석 방법이다.

나는 내 인생의 '리더'다

| 기업의 비전과 미션의 예 |

삼성전자
① 비전 2020 : 미래 사회에 대한 영감, 새로운 미래 창조
② 미션 : 인간의 삶을 풍요롭게 하고 사회적 책임을 다하는 지속 가능한 미래에
　　　　공헌하는 혁신적 기술, 제품 그리고 디자인을 통해 미래 사회에 대한
　　　　영감 고취

LG화학
① 비전 : 일등 LG
② 미션 : 정도경영

한국전력
① 비전 : Smart Energy Creator
② 미션 : 미래 에너지 산업을 이끌 글로벌 기업으로 도약

| 개인의 비전과 미션의 예 |

김지환(2011년 수강생)
① 비전 : '매의 눈'을 가진 마케팅 리서치 전문가.
② 미션
　　• 필요 역량의 강화 : 시장을 읽는 눈의 정확성, 적합성 강화.
　　• 전문지식의 강화 : 통계적 접근의 일상화, 정보 산출 능력의 강화.
　　• 가치 접근 : 최대 다수의 최대 만족 지향점 발견

기 위한 자기관리에서부터 도달하는 수단, 계획, 방법에 대한 전략을 짜는 일이다. 미션 선언문이 중요한 이유는 비전을 현실화시켜 줄 가교 역할을 하기 때문이다. 월트 디즈니는 '환상의 공장'이라는 비전을 위해 지

속적인 개선과 개혁을 바탕으로 조직과 계획이 하나가 되어 현실적으로 실현 가능한 스토리 보딩 과정을 고안했다.

미션이란 비전이라는 원대한 장기계획을 '어떻게' 수행할 것인가에 초점이 맞추어져야 한다. 성공하는 기업들은 자신들의 비전과 미션 그리고 가치철학을 조직원들과 공유하고 있다. 개인도 마찬가지로 급하게 닥친 당면 과제보다는 미래의 중요한 업무에 투자할 줄 아는 결정력과 준비하고 계획하는 습성, 그리고 그것을 실천하는 능력을 가지고 있어야 한다. 즉, 비전과 미션 선언문 작성은 목표지향적, 미래지향적, 자기관리적인 삶을 주도한다.

목표 설정하기

비전과 미션을 세웠다면 다음은 인생의 길이를 3막이나 4막, 혹은 10년 단위로 크게 나누어 목표를 설정해 보는 시간이다. 목표를 설정한다는 것은 실질적 방향을 세우는 일로 마치 여행을 계획할 때 일정표를 짜는 행위와 비슷하다고 하겠다. 목표설정 계획에는 내용과 과정을 포함한다. 목표란 사격판의 과녁과 같다. 따라서 실제로 다다를 수 있는 현실적이면서 측정할 만한 목표이지만 도전할 만할 정도의 난이도이어야 한다.

소프트뱅크의 손정의 회장은 자신의 좌우명을 '뜻을 높게'라고 정했으며, '정보 기술(IT)로 인간을 행복하게'라는 비전하에 19세 그의 인생 50년 목표를 정한다. 그는 자신의 60번째 생일 파티에서 은퇴를 발표할 생각이었지만, 인류 역사상 가장 중요한 패러다임의 시대에 AI·로봇·사물

인터넷 사업에 대한 의욕으로 은퇴를 10년 후로 연기한다고 발표했다. 그는 또다른 도전의 10년 목표가 설정되었다.

> 20대 – 이름을 알린다 : 소프트뱅크 창업
>
> 30대 – 사업 자금을 모은다 : 증시 상장, 야후 투자, 야후 재팬 설립
>
> 40대 – 큰 승부를 건다 : 초고속 인터넷 도입, 보다폰 KK 인수
>
> 50대 – 사업을 완성시킨다 : 아시아의 대표 정보통신 기술 그룹으로 발돋움
>
> 60대 – 다음 세대에 경영권 이양
>
> * 60대 목표 실현 위해 후진양성기관인 '소프트뱅크 아카데미아' 설립
>
> 출처 : 소프트뱅크

조 디스펜자(Joe Dispenza)는 『꿈을 이룬 사람들의 뇌(Evolve your Brain)』에서 자신의 목표를 달성하기 위한 세 가지 방법을 제시했다. 지식, 훈련, 피드백이 바로 그것이다.

예를 들어, 다이어트를 목표로 한다고 가정해 보자. 먼저 체중 감소를 위한 정보와 지식을 습득하는 일이 우선이다. 식품의 영양 정보 및 열량, 비만도 지수, 적정 체중, 식사량, 식사 시간, 음식 조리 방법 등 체중 감량을 위한 정보를 수집하고 기록해야 한다. 다이어트 일지를 쓰는 것도 하나의 중요한 목표 과정이 될 것이다.

다음은 정보와 지식을 바탕으로 한 이론을 실습으로 훈련하는 일이다. 보다 빠른 학습 효과를 원한다면 전문가의 도움을 받아야 할 것이다. 우리가 원하는 목표에 도달하는 방법을 안내받는 일이기 때문이다.

『상어와 함께 수영하되 잡아먹히지 않고 살아남는 법(Swim with the sharks without being eaten alive)』이란 책으로 잘 알려진 직업과 성공의 전문가, 하비 맥케이(Harvey Mackay)는 목표란 마감 시간을 가진 꿈이라고 말했다. 자신이 목표로 하는 일이나 업무 책임을 행동화할 수 있도록 마음속으로 상상하고 연습한다. 목표를 이룬 자신의 모습을 비주얼화시켜보는 일이 첫 번째 단계이다.

많은 사람들이 목표 없는 삶을 산다. 먼저 자신이 도달할 가능성이 있는 도전할 만한 목표를 세우는 일이 두 번째 단계이다. 목표를 가지고 산다는 것은 방향성을 가진 보다 의미 있는 삶이 될 수 있으며, 몰두할 수 있는 에너지를 제공한다. 도전할 만한 목표를 잡는 이유가 바로 우리들 속의 잠자고 있는 잠재력을 일깨우는 일이기 때문이다. 먼저 자신의 비전과 미션의 성공을 위해 장기, 중기, 단기로 커다란 목표를 설정한다.

다음은 장기, 중기, 단기 목표를 보다 세분화하여 자신의 시간과 에너지, 환경 요인들을 감안하여 우선순위를 정해야 한다. 장기, 중기, 단기에 따른 세부사항을 정하기 시작한다. 목표란 노력해서 도달하기 위해 존재하며, 때로는 잘 이루어지기도 하고 예상에 어긋나기도 한다. 많은 사람들이 목표에 실패하면 좌절하고 더 이상 앞으로 나아가지 못하는 경우를 보았다.

학생들에게 한 달 정도의 단기 목표를 세우고 실천해 볼 것을 권유한 적이 있다. 한 달 후 대다수의 학생들이 목표 도달에 실패했다. 실패에는 여러 원인이 있겠지만, 현재 상황에 대한 환경의 고려 없이(앞으로 2주 후면 중간고사 기간) 높은 목표를 잡기 때문이다. 어느 학자는 목표 설정의 세 가지 중요한 요소를 3C(current, concrete, challenging)라 했다.

나는 내 인생의 '리더'다

세 번째 단계는 피드백을 참고하는 일이다. 피드백이란 말은 입력에 대한 반응이라는 뜻이다. 내가 하고 있는 일이 올바르게 잘 진행되고 있는지에 대한 중간 평가와도 같다. 다이어트를 하면서 계단오르기가 쉬워졌다거나, 청바지가 덜 끼는 것을 느끼는 것처럼 우리 자신의 몸으로부터 피드백을 받을 수 있다. 혹은 주변으로부터 피드백을 받는 일이다. 긍정적인 피드백은 목표 수행 과정에 커다란 동기부여가 된다. 특히, 전문가로부터 받는 피드백은 보다 정확한 평가가 될 수 있으며, 목표 수정과 보완, 달성에 엄청난 영향을 끼친다.

목표라는 지점을 향한 항해를 해 나아가는 데 천재지변으로 예상치 못한 일을 겪거나 시간 소요로 일정이 지체되더라도 중요한 것은 목표의 계속성이다. 목표설정이란 고정된 것이 아니라 계속 보완하고 발전시키는 일이 포함된다. 뇌과학에 의하면, 우리가 목표를 세우고 정진한다면 그 목표를 이루는 방향으로 뇌회로가 형성된다는 사실이다. 우리가 추구하고 실천하고 노력한다면 어느 순간 목표에 도달하게 된다. 목표 지향적 학습 강화의 원리이다.

마지막으로, 목표 진행 상황은 측정 가능해야 한다. 때로는 목표에도 달하기도 하고 수정이 필요하기도 하다. 자신이 정한 목표에 도달할 경우 자신에 대한 신뢰와 자부심, 자기 효능감이 상승한다. 대부분의 동양인들은 서양인들보다 자신들을 향한 칭찬에 인색하고 자신의 수고에 겸손하다. 또한 자기 자신에게 보상을 내리지 않는다.

미국의 작가 워싱톤 어빙(Washington Irving)은 "위대한 인물에게는 목표가 있고, 평범한 사람에게는 소망이 있을 뿐이다."라고 말했다. 목표는 소망과 달리 생각하는 것이 아닌 움직임 가운데 있다. 목표를 실천하는 중간 단계에서 긍정적인 결과를 보여 주고 있다면, 아낌없이 자기 자신에게 칭찬과 격려를 하라. 수고하고 애썼다고 자기 자신의 어깨를 두드려 주어라. 평소에 갖고 싶었던 선물을 하고, 작은 승리를 즐기고 축하하라. 작은 승리가 모여 커다란 승리를 이루듯이 목표가 미션을 이루고 미션이 비전으로 다가온다.

| 비전, 미션과 목표 설정의 예 |

김소지(2011년 수강생)

① 비전 : 서비스 운영 기획 분야의 전문성과 휴머니즘을 갖춘 지도자

② 미션(장기 목표)
- 지속적인 배움과 경험을 통한 전문성 극대화
- 사회적 교류를 통한 삶의 탐구와 후배 양성
- 전문성과 인류애를 바탕으로 한 유연한 리더십의 발휘

③ 중기 목표(5년 이내)
- 대학원 석사
- 최소 20개 이상의 서비스 운영 기획 프로젝트 참여
- 경영 기부 : 소규모 자영업자를 대상으로 서비스 운영 관련 컨설팅 서비스 무료 제공

④ 단기 목표(여름방학 2개월)
- Plan A : 기획 전략 분야 인턴 활동
- Plan B
  - 서비스 관련 분야 아르바이트를 통해 현장 경험 취득
  - 서비스 전략 관련 케이스 스터디(10개 이상)
  - 나만의 서비스 운영 기획서 작성(5개 이상)

나는 내 인생의 '리더'다

• 개인이 비전 선언문과 미션 선언문의 작성으로 얻게 되는 이점은 무엇인가?
• 목표 설정을 한 후 잘 지켜지지 않는 원인은 무엇 때문인가?

• 자신의 비전과 미션, 목표에 대한 설계 및 발표하기.

• 비전, 미션, 그리고 목표를 설정한 후 실천할 수 있는 자신만의 방법은 무엇인지 생각해 보기.
• 시대적 인물의 비전과 가치철학 중에서 감명을 받은 것이 있다면 무엇인지 그리고 자신의 인생에 어떠한 도움을 주고 있는지 생각해 보기.

비전, 미션, 목표를 설정한 후 실천할 수 있는 나만의 방법

안진성(2017년 수강생)

비전

— 인류에 물적/정신적 풍요를 더하는 서비스 기획자

미션

— 끊임없는 학습을 통한 인류 및 공동체의 원리 이해 및 전문성 확보

— 지식과 권력이 수평적으로배분될 수 있도록 기술공유 및 정보 교류

— 세상에 존재하지 않던 혁신적인 서비스 모델 수립

중기 목표(5년 이내)

— 중기 목표 (5년 이내)

— 서비스 기획 프로젝트 최소 20건 이상 참여

— 매년 20권 이상의 독서

— 영감을 줄 수 있는 Role-Model 인적 네트워크 수립

— 영어 및 중국어 어학 능력 향상

단기 목표(1년 이내)

— IT업계 기반 기술에 대한 기초적인 이해 쌓기(스마트폰, 인터넷)

— 기획서의 완성도를 위한 기초적인 소양 쌓기(매달 기획서 최소 3건 이상 작성)

— 매달 2권 이상의 독서

— 매주 1개 이상 사업을 위한 아이디어 축적

나는 내 인생의 '리더'다

역사를 돌이켜 생각해 보면 인류의 발전은 개인의 안녕을 추구하는 과정보다는 인류 전체를 향한 애정에서부터 비롯되는 경우가 더 많았다고 생각한다. 비난의 여지가 있겠으나, 역사상 가장 신기술 개발이 획기적으로 이루어졌던 세계대전 기간도 어찌 보면 '자국민의 안녕과 행복'이라는 사고가 전쟁의 저변에 깔려 있었다고 확신한다.

이처럼, '나라는 존재가 이 인류를 위해 할 수 있는 것은 무엇일까?' 라는 근원적인 질문을 해결하는 것이 인생의 목표라고 생각한다. 그 해결책이 사회에 미치는 영향력은 개개인에 따라 다를 수 있다. 하지만, '인간은 실수와 실패를 통해 발전하는 동물이다.' 라는 명제를 나는 진리처럼 믿고 있고, 인류 전체의 '발전'의 역사에 한 획을긋는 인물이 되고 싶다.

나는 인류의 발전을 '웹서비스' 영역에서 가져오는 사람이 되려 한다. 서비스의 근본 정신은 '인간에 대한 애정'에 담겨 있고, 최근 사람들에게 가장 많은 영향력을 끼치고 있는 분야이기 때문이다. 따라서 나의 비전과 미션, 목표는 이러한 생각을 담고 있다.

감성 리더십으로 비전을 제시하는 로버트 케네디에게서 느낀 참된 리더의 모습

편광현(2016년 수강생)

비전을 공유하는 것은 리더십의 가장 강력한 무기지만 그만큼 가장 어려운 리더의 역할이기도 하다. 특히 불만에 가득 찬 구성원들을 모두 만족시키는 것은 아무나 할 수 있는 일이 아니다. 나를 감명시킨 리더들의 미담은 많지만, 가장 어려운 일을 해낸 사람으로서 존 케네디 대통령의 동생이자 미국 정치가인 로버트 케네디를 빼놓을 수 없다.

살다 보면 세상 모르게 억울한 일이 많다. 창피하지만, 잘나가는 스펙공룡 친구나 금수저를 바라보며 느끼는 묘한 열등감은 언제나 나와 함께 한다. 그런데 신기하게도 평소 잠잠하던 이런 열등감은 분노로 바뀔 때가 많다. 특히 상황이 더 이상 나아지지 않을 것이라는 생각이 들 때, 감정은 격해진다. 나를 이런 상황에 몰아 넣은 사회에 대한 분노, 불공평함에 대한 억울함이 쏟아져 나오는 것이다. 그리고 나도 모르게 '헬조선'이니 'N포'니 하는 분노에 찬 단어들에 공감을 하고 만다.

인간이라면 누구나 느낄 만한 이런 감정들을 가장 잘 어루만진 사람이 로버트 케네디다. 그는 '비전' 하나로 사람들의 마음을 움직였다. 마틴 루터 킹 목사가 백인에 의해 암살당한 날이었다. 당시 미국 흑인들은 분노로 가득 찼다. 백인에 대한 열등감, 인종차별에 대한 억울함이 폭력 시위로 이어지기 일보 직전이었다. 당시 민주당 경선 후보였던 로버트 케네디는 인디애나폴리스의 흑인 빈민가에서 연설을 준비하고 있었다. 흑인들에게 그들의 정신적 지주의 암살 소식을 전해야 했던 백인 정치인은 보좌진의 만류에도 흑인 군중들 앞에서 연설을 했다. "이 힘든 시기를 맞아 우리가 가고자 하는 방향에 대해 생각해 봐야 합니다. 서로 증오심만 채우는 것이 아닌, 마틴 루터 킹 목사가 그래 왔듯 …"

백인 엘리트 출신의 그는 화가 난 흑인 군중들에게 암살 소식과 함께 더불어 사는 미국 사회의 비전을 전했다. "우리에게 필요한 것은 증오가 아닙니다. 우리에게 필요한 것은 사랑과 지혜, 이해, 그리고 흑과 백을 막론하고 고통 받고 있는 이들을 위한 정의입니다."라는 그의 한 마디가 나왔을 때, 군중들은 어느새 그의 말을 들으며 박수를 치기 시작했다. 함께 살아가는 미국의 미래에 믿음을 갖게 된 것이다. 그리고 그의 연설이 있었던 인디애나주는 당시 미국에서 유일하게 흑인 폭동이 일어나지 않은 지역이 됐고 지금도 당시 연설장소에는 루터 킹과 로버트 케네디의 동상이 마주보며 서 있다.

우리 사회도 분열과 갈등의 위험이 상존한다. 저성장 시대를 맞아 더 나은 미래에 대한 확신이 없으니 서로 강자가 되기 위해 싸우고, 약자는 영원히 열등감을 느낀다. 갑을사회다. 열등감과 억울함을 폭발하는 장소로서 일베, 메갈리아 등의 각종 극단주의 성향의 인터넷 커뮤니티가 등장했다. 그들은 빈부, 지역, 남녀 등 각종 분야에서 갈등을 조장하고 분노를 표출한다. 사회의 리더들이 비전을 제시하지 못하자 그들의 분노는 언론에서 만들어 낸 '헬조선론'과 맞물려 멈출 줄을 모른다. 세대별 좌절감도 심하다. 분노는 대중을 열광시키는 가장 강력한 힘이라 했다. 로버트 케네디는 그보다 강한 것이 '비전'이라는 것을 보여 줬다. 한국 사회에도 갈등을 딛고 일어설 비전이 필요한 시점이다.

나의 인생에서 로버트 케네디는 두 가지 교훈을 주었다. 하나는 긴급한 상황에서도 피하지 않는 참된 리더의 모습이다. 그는 백인 정치가로서 백인에 대한 분노로 가득 찬 흑인들 앞에 섰다. 목숨을 걸고 자신이 해야 할 역할을 해낸 것이다. 두 번째는 힘든 상황일수록 새로운 비전을 떠올려 보는 습관이다. 불리한 상황에서 느끼는 '분노'에 충실해 행동하기에 앞서 해결책을 찾으려는 노력을 하게 됐다. 내가 겪는 부당한 상황의 해결책이 반드시 폭력적이어야만 하는지 고민한다. 만약 이 고민의 과정이 없었다면 나 역시도, 각종 커뮤니티에서 잘못된 방법으로 분노를 표출하고 있을지도 모른다. 언제나 폭동을 일으키고 있는 흑인이 아닌지 생각하게 됐다. 이런 습관은 언젠가 지금 나와 같이 분노를 느끼고 있는 사람들에게 새로운 비전을 제시할 줄 아는 리더가 되기 위한 초석이 되기도 할 것이다.

나는 내 인생의 '리더'다

너 자신을 경영하라
Manage yourself

"하루하루를 어떻게 보내는가에 따라 우리의 인생이 결정된다."

– 애니 딜러드

　자기 경영에 대한 관심이 점점 높아지고, 많은 자기계발서들이 전 세계에서 해마다 쏟아져 나오고 있다. 자기 경영은 무엇일까? 경영한다는 것은 관리하고 운영하는 일이고, 계획을 세워 추진하고 성과를 내는 일이다. 자기 경영 역시 자신이 필요하다고 여기는 항목을 관리하고 계획을 세워 목표를 도달하기 위해 자신을 운영하는 일이다. 사람들마다 자기 경영의 항목이 다르겠지만 나는 대표적으로 건강관리, 시간관리 그리고 인맥관리에 대해 알아보고자 한다.

건강관리

　모든 시대의 철학자와 성인들은 삶에 네 가지 중요한 차원이 있다고 했다.『서경(書經)』에 따르면 장수(壽), 부(富), 건강(健康), 도덕(好修德), 천수(考終命)를 인간이 가지는 최고의 행복이라 하였다. 그것들은 신체적·정신적·사회적·영적 차원을 말한다. 제임스 알렌(James Allen)의『생각의 힘(As A Man Thinketh)』에서 정신은 마치 정원과 같아서 정원을 아름답게 가꾸려면 양분을 주고 정성 들여 잡초도 뽑아야 한다고 말했다.

나는 앞에서 언급한 네 가지 차원의 균형을 유지하기 위해서 많은 시간과 에너지를 투자하는 편이다. 이들의 균형 유지는 삶의 만족과 도전, 향상과 풍요로 이어진다. 정신적·사회적·영적 차원의 성취를 위한 신체적 차원의 투자, 즉 영양과 수분, 숙면, 휴식과 규칙적인 운동은 삶의 나머지 차원을 위한 필요조건인 셈이다. 나에게 건강관리는 원하는 삶과 비전, 그리고 열정을 지속하게 해 주는 원동력이라고 해도 과언이 아니다.

올림픽의 기본 정신이 된 쿠베르탱 남작의 "건강한 육체에 건전한 정신이 깃든다."는 말처럼 육체란 우리의 정신을 담고 있는 그릇인 셈이다. 올바른 음식 섭취와 자신에게 필요한 수면의 양, 자신에 맞는 운동을 하는 사람은 자신의 삶을 성공적으로 이끌 준비가 되어 있는 자라 하겠다. 그러나 근래의 현대인들은 불규칙적인 수면과 식사, 그리고 술, 담배, 인스턴트식품, 패스트푸드와 기호식품, 즉석식품의 섭취 증가로 체격은 좋으나 체력이 떨어진다는 말들을 한다.

미국에서 가장 문제시 되는 질병은 심장병, 당뇨병과 고혈압일 것이다. 그리고 많은 사람들은 그 원인을 잘못된 식습관과 고열량 음식 섭취, 운동 부족으로 설명하고 있다. 소아비만은 주로 부모의 식생활에 영향을 받게 되어 있다. 미국에서는 최근 10년 동안 어린이 비만율이 급격히 증가하고 있다. CDCP(The Centers for Disease Control and Prevention)에서는 비만, 뚱뚱함, 뚱뚱할 위험이 있는 아이로 구분하였는데, 자신의 키와 몸무게를 통해 BMI(Body Mass Index)를 계산한다. 최근 연구에 의하면, 2~19세의 11%가 비만이고, 16%가 뚱뚱하고, 38%가 뚱뚱할 위험이 있다고 발표하였다. 그리고 소아비만은 성인비만으로 이어지고, 많은 성인병의 원인이 된다고 하였다. 소아비만의 원인을 분석하면서 부모의 맞벌이로 인한 외식 증가, 그에 따른 패스트푸드의 섭취를 그 예로 들었다.

어릴 때 비만에 걸리면, 나중에 살을 빼도 그 비만세포의 수가 작아지는 것이 아니라서 방심하면 다시 비만이 된다고 한다. 즉, 우리 몸에 저장된 지방은 아디포스(adipose) 세포라는 곳에 저장되는데, 몸무게가 늘면 그 세포의 숫자가 늘어나며, 그 숫자는 줄어들지 않는다고 한다. 보통의 성인은 300~400억 개의 비만세포를 가지는데, 비만인 사람은 800~1,200억 개의 비만세포를 가지고 있다고 한다. 과학자들에 의하면 다이어트로 그 세포들의 크기가 줄어드는 것이지 세포 자체가 없어지는 것은 아니라고 했다.

소아비만은 소아당뇨병, 고혈압과 같은 질병뿐만 아니라 심리학적인 문제를 동반한다고 한다. 젤러(Zeller)와 동료들의 연구에 의하면 비만 아동들은 외모에서 덜 매력적이라고 느끼며, 쉽게 피곤하고, 대인관계에 문제가 생기기 쉽다고 말했다. 이들이 청소년기에 들어서면 자신의 보디이미지에 민감한 시기이기 때문에 비만이 교우관계나 학습 성취에도 영향을 미치고, 우울증과 같은 심리적 후유증에 시달릴 수 있다는 것이다.

미국의 20~39세 성인비만의 경우도 1997년 19%에서 2005년 25%로 증가했다. 아이러니하게도 비만의 수가 점점 늘어나는 반면에 다이어트에 강박적인 사람들도 늘어나고 있는 추세이다. 내가 아는 미국 중년 남자는 하루에 한 끼밖에 식사를 하지 않는데 여전히 살도 빠지지 않고, 뱃살도 빠지지 않았다. 그것은 잘못된 식이요법으로, 인간의 몸은 어느 기계보다도 완벽해서 주인이 음식을 하루에 한 끼만 주면, 그 한 끼로 하루 생활을 해야 한다는 것을 이미 인지하고 그 섭취를 지방으로 저장한다고 한다.

우리나라에서도 비만의 숫자가 점점 늘어나고 있다. 서울시와 서울시 교육청은 학생비만을 줄이자는 취지로 학교 내 기호식품 매점 중 시설, 판매 품목 등에서 일정 기준을 충족한 업체를 '우수업소'로 지정할 계획이라고 한다. 비만이 될 수 있는 원인을 학교에서부터라도 일찍부터 방지한다는 점에서 바람직한 일이다.

초등학교 학생 과체중·비만 비율은 남녀 각각 11.4%, 7.3%였고, 중학생은 11.6%와 6.8%, 고교생은 12.0%와 2.9%로 남학생은 초·중·고등학교 학생 간 거의 차이가 없는 데 비해 여학생은 상급학교로 진학하면서 과체중·비만 비율이 줄었다. 여학생이 고등학생이 되면서 외모와 몸매에 신경을 쓰고 있는 것으로 해석된다. 건강을 위한 자기관리는 이를수록 좋으며, 규칙적인 운동과 계획된 식이요법, 패스트푸드를 멀리하는 습관을 가져야 할 것이다.

『논어』에 보면 공자는 음식과 옷차림에 까다로웠다고 한다. 고기를 많이 먹지 않았으며, 제철이 아닌 음식은 가까이 하지 않고 술을 취하도록 마시지 않았다고 한다. 위생적인 식품, 식물성 위주의 식단과 과음을 하

나는 내 인생의 '리더'다

지 않는 식생활 습관을 가지고 있었으며, 감사하는 마음으로 음식을 느끼며 상념 없이 음식을 먹는 데만 열중했다고 하니 공자는 이미 웰빙식사를 실천한 분이었다. 함부로 먹지 않고 함부로 입지 않으며, 처한 상황에 따라 적절하게 행동하기를 선택했던 그는 73세까지 장수했다고 한다. 미국에서 처음 등장한 웰빙이란 단어는 20세기 말 건강과 친환경을 중요시하고 정신과 육체의 건강을 추구하면서 시작된 새로운 운동이 되었다. 서구 사회에서 시작한 자연보호 운동과 생태계 지키기 운동 그리고 더불어 개인의 건강한 삶 추구가 그 운동의 시발점인 것이다.

건강관리에서 자신에게 유익한 음식과 양 조절, 자신에게 이로운 운동과 운동 방식 및 시간대를 찾는 것은 중요하다. 우리 사회는 운동에도 유행이 있다. 조깅이나 에어로빅이 유행인 시기가 있었고, 현재는 요가나 필라테스와 같은 치유 운동이 각광을 받고 있다.

황농문(黃農文)의 『몰입』에 보면, 규칙적인 운동은 최상의 컨디션과 의욕, 자신감을 공급하기 때문에 행복한 삶, 성공한 삶으로 이끌 확률을 높여 준다고 했다. 황농문 교수는 테니스를 칠 때 가장 재밌고, 즐거우며, 쾌감을 느낀다고 했다. 나이가 들면, 여기저기에서 등산이나 골프 모임이 생겨나게 된다. 하지만 자신에게 맞는 운동과 방식, 운동량을 아는 사람은 의외로 많지 않다. 나의 경우는 근육 운동과 유산소 운동, 요가를 병행하고 있는데, 나이에 비해 남보다 양호한 건강 상태는 운동과 저열량 식사 때문이라고 생각한다.

자신이 가장 즐겁게 몰입을 하게 되는 운동이 무엇인지, 운동 후 자신의 무드와 의욕 그리고 에너지를 향상시키는지 자기만의 관찰이 필요하다. 하버드 대학교 존 레이티(John J. Ratey)와 에릭 헤이거먼(Eric Hagerman)

의『운동화 신은 뇌(Spark)』에 의하면 운동이 긍정적인 신경전달물질을 분비시키며, 의욕과 관련된 도파민 수치를 올린다고 한다. 또한 기억력과 뇌 기능을 증진시켜 학습 효과를 배가시킨다. 자신에게 맞는 운동은 뇌의 신경망을 통해 우리의 몸과 마음을 다스리고, 부정적인 마음을 긍정적인 감정과 에너지로 전환시킨다고 한다. 규칙적인 운동을 습관화해야 하는 이유이다.

의학의 발달과 건강관리에 대한 필요성이 강조됨에 따라서 평균 수명이 점차 늘어나고 있다. 프리츠 펄스(Fritz Perls)는 선진국에서 100세 노인의 숫자가 매년 7%씩 상승한다고 하였다. 1980년에 15,000명, 2000년에는 77,000명, 2050년에는 800,000명이 100세 이상 노인이 되리라고 전망하고 있다. 짧다고도, 길다고도 할 수 없는 인생이란 배의 선장으로서 자신의 웰빙을 추구하는 건강관리 노력은 우선시되어야 할 항목이다.

스트레스 관리

스트레스란 말은 캐나다의 내분비학자인 한스 셀리에(Hans Selye)가 처음으로 명명하였으며, 유해한 자극에 반응하는 신체적·심리적 긴장 상태를 말한다. 스트레스를 받으면 자극 호르몬인 아드레날린이 분비되어 우리 몸을 보호하기 위한 반응을 일으키고 위험에 대처하기 위해 신체의 변화를 불러일으킨다. 스트레스의 원인으로 신체적·정서적·행동적 증상을 일으키지만, 스트레스는 '필요악'처럼 적당하다면 오히려 생활에 활력을 준다고 알려져 있다.

스트레스는 육체적·화학적·정서적 스트레스로 구분된다. 현대인에게 고통이 되는 것은 만성적인 정서적·심리적 스트레스인데, 흥미로운 것은 이 세 가지가 서로 연결고리처럼 순환된다는 사실이다. 예를 들어 회사에서 계속 상사에게 혼이 나면 머리가 아프고, 고통을 느낀 신체는 화학 반응을 일으킨다. 화학적 스트레스는 몸이 더 이상 항상성을 유지할 수 없다고 판단, 정서적·심리적 스트레스로 이어지고, 불면증으로 이어지는 육체적 스트레스로 발현된다. 현대인으로 살아가면서 스트레스가 없는 사람은 없다. 하물며 갓 태어난 신생아도 스트레스가 있다고 한다. 그러나 스트레스를 그냥 두면 몸속에 쌓이는 독이 되고 만다. 스트레스를 발생하게 한 스트레스원보다는 스트레스로 인한 호르몬과 면역계의 손상이 병으로 이어지는 것이다.

스트레스의 과정에서 시상하부에서 만들어 내는 펩티드, 부신피질자극 호르몬-분비호르몬(CRH)의 과잉 분비는 소화, 성장, 당뇨뿐만 아니라 정신질환에도 영향을 끼친다고 한다. 앞서 말한 것처럼 적당한 스트레스는 정상이며, 적절한 긴장감으로 자기 발전에도 도움이 된다. 따라서 자신의 스트레스를 적정하게 유지·관리하여 심신의 질환을 예방하는 노력이 선행되어야 할 것이다. 또한 자신만의 스트레스 대응법은 현대인에게 필수조건이 되어 버렸다.

미국의 많은 학자들이 규칙적인 운동과 정서·심리적 건강의 상관관계를 연구했다. 규칙적인 운동은 뇌를 바람직한 방향으로 변화시켜 우울증이나 분노, 불안장애, 중독 증상 및 스트레스를 감소시킨다는 것이다. 김주환 교수는 『회복탄력성』에서 운동은 뇌 안의 혈액순환을 향상시키기 때문에 스트레스를 줄여 주며, 사고 능력을 증진시킨다고 말했다. 미국 듀크대학교 메디컬센터는 규칙적인 운동이 기억력, 조직 능력, 문제 해결 능력에 효과가 있으며, 미국 국립 정신보건협회의 연구에 따르면, 스트레스 감소는 동기부여, 자존감과 대인관계 향상에 엄청난 효과가 있다고 보고했다.

어떤 사람들은 단시간에 집중을 요하는 힘든 운동을 즐기는 반면, 어떤 이들은 평이한 수준의 운동을 즐긴다. 실내 운동을 좋아하는 사람들이 있는가 하면, 등산, 골프, 조깅과 같은 야외 운동을 선호하기도 한다. 무엇보다도 중요한 것은 주변 사람과 어울리기 위한 운동이 아닌 본인의 최상의 컨디션을 갖기 위한 자신만의 운동 방법을 찾아야 한다는 것이다. 그리고 그것을 실천하는 것이 시작이다. 운동의 필요성을 알면서도 차일피일 미루는 사람들에게 규칙적인 운동을 생활화하기 위한 몇 가지의 전략을 소개하고자 한다.

- TV 시청 시간 줄이기
- 운동의 진전 사항을 차트로 만들기
- 핑계 대지 않기(비가 온다거나 시간이 없다거나 하는 핑계)
- 건강을 잃은 후의 모습 상상하기
- 운동 자체에 대한 지식 얻기

– 존 샌트록의 〈Life-span development〉

운동 활동 이외에도 자신의 취미를 살려 다양한 동호회 활동을 하는 사람들을 많이 보게 된다. 등산이나 트래킹, 댄스와 같은 활동으로 건강을 돌보는 취미가 있는 사람이 있으며, 꽃꽂이나 서예, 바둑이나 낚시처럼 정적인 활동을 즐기는 사람, 또한 음악과 미술, 사진, 영화 감상과 같

나는 내 인생의 '리더'다

이 예술적인 부분에 취미를 가지고 있는 사람도 있다. 그 취미가 무엇이든 간에 자신이 몰입하여 즐길 수 있는 취미를 가지고 있는 사람들은 확실히 스트레스가 덜하다. 그 이유는 취미 활동이 일에 긍정적인 활력소를 제공하기 때문이다.

점점 복잡하고 다원화된 현대 사회에서 스트레스 없이 생활하기는 힘들다. 스트레스원 자체를 없앨 수는 없을지 몰라도, 스트레스 반응을 일으키는 생각들을 극복할 수는 있다. 누군가는 우스워서 웃는 것이 아니라 일부러 웃으라고 말한다. 빅토르 위고(Victor Hugo)는 웃음은 인류로부터 겨울을 몰아내 주는 태양이라고 칭송했다.

미국 마이애미의 헌터 아담스(Hunter Doherty Adams)라는 의사는 환자에게 웃음치료를 시행하였으며, 일본에선 웃음이 혈액 속의 자연살해세포(NK세포)를 활성화한다는 연구결과를 발표했다. 즉, NK세포는 면역력을 높여 주며 암을 예방한다고 한다. 또한 웃음은 운동이다. 한 번에 5초씩 100번 웃는다 해도 8분 30초밖에 걸리지 않는다. 이 정도면 노젓기를 10분 하는 것과 버금가는 운동이며, 크게 웃으면 650개의 근육 중 231개가 움직이는 근육 운동이 되며, 내장 운동도 된다고 한다.

화를 내고 좌절하는 감정적 태도는 외부 자극이 아닌 자신의 고정된 신경구조에 따라 현실을 자기 해석대로 인지·판단하기 때문이라고 한다. 즐거움, 환희, 감사하는 마음은 새로운 화학물질의 조합으로 새로운 감정을 생산하게 된다. 즉, 스트레스는 긍정적인 생각과 느낌을 자체 생산해 냄에 따라 얼마든지 극복할 수 있다는 것이다.

한국인의 81%가 일상적으로 스트레스를 받고 있으며, 2007년 LG경제연구원의 조사에 의하면 직장인의 스트레스 비율도 95%에 달해 40%

인 미국, 61%인 일본에 비해 월등히 높다고 한다. 우리들은 자신만의 스트레스 대처법을 개발하는 것이 중요하다. 규칙적인 생활리듬을 유지한다거나 취미와 오락을 즐기는 습관, 자신에게 기쁨을 주는 음식, 규칙적인 운동, 유쾌한 웃음, 여행, 봉사 활동 혹은 즐거운 대화를 통해 스트레스를 해결하는 방법을 고안할 필요가 있다.

학업이나 업무로 인해 스트레스를 받았을 경우 앞서 작성한 자신의 비전과 미션, 그리고 목표들을 읽어 보기를 바란다. 자신의 인생에서 자신이 얼마나 중요한 일을 할 소중한 사람인지, 앞으로의 자신의 비전과 미션이 얼마나 보람 있고 숭고한 일인지에 대해 생각해 보기 바란다. 그래서 그러한 자신의 목표와 꿈을 위해 지금의 스트레스를 어떻게 해석하고 다루어야 하는지에 대한 보다 깊은 맥락적 사고를 해 보라. 자신의 삶이 타인에 의해 끌려가는 것이 아니라 주도하는 삶으로서 주인의식이 형성될 때 스트레스 해소와 대처 방법에 보다 적극적인 선택과 결정을 할 수 있으리라 믿는다.

스트레스를 받은 뇌는 성장 발달을 저해한다고 한다. 또한 미국 버클리대학의 연구에 따르면 적당한 스트레스가 있는 환경에서 뇌기능이 향상된다고도 한다. 하지만 어느 정도의 스트레스가 적당한 수준인지에 대한 연구 결과는 아직 읽지 못했다. 만병의 근원이라는 스트레스를 이겨 내기 위해 때로는 잠시 멈춰 서서 자신의 심신을 만족시켜 줄 필요가 있다. 긴 인생을 살아 내기 위해 필요한 관리 능력이다.

나는 내 인생의 '리더'다

시간관리

현대인들은 모두가 바쁘다는 말을 입에 달고 산다. 직장이 있건 없건, 늘 모두 바빠 보인다. 우리나라에서 태어난 대다수 사람들의 삶은 유아부터 대학생까지 다람쥐 쳇바퀴처럼 빠르게 돌아간다. 여기에 나는 몇 가지 질문을 던진다. 바쁜 일과가 나의 의지와 선택인지, 효율적인 규칙이 있었는지, 그리고 결과물에 만족하는지 묻는다.

시간관리를 잘하는 사람은, 첫째, 우선순위에 대한 계획성을 가지고 있으며, 둘째, 목표설정 능력이 있고, 마지막으로 자신을 동기부여하며 계획을 지속시키는 실행력과 의지력을 갖춘 자다. 계획성이 있는 태도 갖추기는 소중한 것을 먼저 행하는 것에 대한 인식이 필요하며, 활동의 우선순위를 둘 줄 아는 지혜다.

첫째, 자신에게 긴급성을 요하는 일과 중요한 일에 대한 구분, 자신을 기분 좋게 만드는 일에 대해 생각해 보아야 한다. 자신이 수일 내에 해야 할 일, 많은 시간을 요하는 일이지만 나의 성장과 발전에 도움이 될 일, 나를 기쁘게 해 주는 일들에 대한 우선순위 리스트를 커다란 분류 집단으로 나누어 작성해 보기를 바란다(예 : 학교 수업, 운동, 독서, 종교 활동, 동아리 활동, 레저와 엔터테인먼트 등).

우선순위에 대한 분류 집단을 만들었다면, 두 번째 해야 할 일은 자신의 규칙을 만드는 일이다. 규칙을 세우기 위해서는 자신의 바이오리듬(아침형 인간, 혹은 저녁형 인간)을 알아야 될 것이며, 집안 행사 일정 등 자신의 규칙에 충실할 수 있는지에 대한 사전 점검이 필요하다. 그러한 사전 점검 후 계획을 수립한다.

마지막으로는 우선순위에 따라 정한 계획을 실천하는 일이다. 우선순위에 대한 계획은 하루 단위, 주 단위, 월 단위, 그리고 1년을 기준으로 세우면 좋을 듯하다. 만약에 제대로 지켜지지 못했을 경우 계획을 수정·보완하여 자신이 원하는 목표를 향해 계속 정진할 수 있도록 균형감을 유지하는 일이 무엇보다도 중요하다. 자신이 원하는 계획에 따른 규칙을 실천하려면 건강관리, 스트레스 관리뿐만 아니라 주변 사람들의 지원이 필요하다.

내가 초등학교 방학 때 가장 하기 싫었던 일은 방학 계획서를 만드는 과제였다. 그 이유는 성공적으로 실천한 적이 단 한 번도 없기 때문이다. 동그란 파이형에 공부하기, 놀기, 잠자기와 같이 분류를 한 후 색연필로 빗금을 쳐서 일과표를 작성했던 기억이 난다. 일과표를 작성했지만 성공적으로 실행하지 못했다. 그 이유는, 첫째, 지키기 힘든 계획이었던 것, 둘째, 수정해도 된다는 말을 누구에게도 들은 적이 없어서 며칠 열심히 실천하다가 어긋나면, 바로 좌절하고 포기해 버리는 것이었다. 셋째, 계획이 일과표이다 보니 11~8시까지 잠자기, 8~9시 아침밥 먹기와 같이 시간대별 계획은 경직되고 융통성이 없어서 일정에 얽매여 자발성이 떨어진다.

취업 포털 사이트 '커리어'에 따르면, 대학생들의 방학 계획의 가장 큰 비중을 차지하는 것은 '취업 준비', '어학 공부', 다음으로 '자격증 공부', '인턴십 등 직무 경험'이 그 뒤를 잇고 있다. 하지만 전체의 51.6% 과반수 이상의 학생들은 게으르고 나태한 태도가 계획을 달성하는 데 가장 큰 방해 세력이며, 그 다음이 금전 문제 29.4%, 무리한 계획으로 인한 어려움 9.5%, 친구 및 주변의 유혹이 7.9%를 나타냈다.

피터 드러커(Peter Ferdinand Drucker) 는 성과를 올리기 위한 시간관리법을 ① 시간을 기록하고 분석, ② 관리, ③ 통합의 3단계로 분류했다. 먼저 자신이 시간을 낭비하는 일, 다른 사람이 할 수 있는 일, 시간을 낭비하게 하는 일을 분석한 뒤 낭비의 원인을 찾아낸다. 이런 과정을 거친 후 생기는 시간을 통합하는데, 다른 비생산적인 일에 방해받지 않도록 유의해야 한다. 그리고는 우선순위에 맞추어 일에 몰입한다.

성공한 사람들의 성공담을 읽어 보면, 시간관리에 철저한 사람들이었다. 그리고 자신의 삶에서 우선순위가 아닌 일은 하지 않는 사람들이었다. 남의 권유에도 불구하고 자신에게 필요하지 않는 일은 과감히 "No"라고 말할 수 있는 용기, 타인에 의해 이끌리는 삶이 아닌 자기결정론적인 생활 태도는 시간관리 원칙의 근간이 된다.

시간관리표의 작성은 보다 균형된 삶을 구축하게 만든다. 자신의 목표에 가까이 접근할 수 있도록 목적의식과 가치관을 정립시키며, 규칙적인 습관 속에서 자기주도적 삶을 선택한다는 커다란 장점이 있다. 시간관리에 충실한 사람들은 효율성을 꾀하기 때문에 더 많은 성취감, 생산성, 그리고 자신감을 고취시킨다.

우리는 누구에게나 주어진 하루 24시간, 한달 30일, 1년 365일의 소중한 시간을 물이나 공기처럼 그 가치의 중요성을 잊고 산다. 성공적인 시간관리에서 가장 중요한 것은 우선순위에 따른 적절한 시간 안배다. 업무와 성과 중심의 생산적인 일부터 가족과 친구와의 시간, 대인관계를 요하는 사회적 자본에 대한 투자, 그리고 독서, 통찰적 사고, 오락, 휴식, 운동과 같은 개인의 육체적·정신적·인지적 발전을 위한 시간 투자에 대한 분배가 이루어져야 할 것이다.

현재 비생산적인 일보다 생산적·창조적인 자기 계발적 일에 더 많은 시간을 투자하고 있는지 생각해 보길 바란다. 그리고 나의 의지대로 나의 시간을 쓰고 있는지 자문해 보길 바란다. 그리스의 철학자인 디오게네스가 말한 것처럼 "시간은 인간이 쓸 수 있는 것들 가운데 가장 소중한 것이다."

중요한 인맥관리

요즘은 인맥관리 능력도 실력이라는 말을 한다. 실제로 인맥 만드는 법에 대한 강의와 저서도 무척이나 많아졌다. 한 통계에 의하면 한 사람이 일생 동안 관계를 맺는 사람의 수는 평균 잡아 약 500명 정도라고 한다. 시간과 공간의 제약으로 그 이상의 인간관계가 쉽지 않다는 뜻이다. 하지만 현대는 다양한 SNS의 등장으로 안면이 없는 사람도 온라인상의 친구로 활동하면서 서로 정보와 지식을 교류하는 세상이다. 또한 인맥 활용의 측면에서 SNS 활동에 적극적인 사람들도 점차 늘어나고 있다.

미국에서도 사회적 자본(social capital)에 대한 중요성을 강조하고 있다. 사회적 자본이란 말은 피에르 보르디외(Pierre Bourdieu)와 제임스 콜먼(James Coleman)의 연구에서 유래되었다. 그들은 미국 중류층의 대인관계를 통한 사회적 지지도 형성 기반과 그 질에 대해 연구하였는데, 미국 내 사회적 자본에 대한 연구는 특별히 소수민족과 학업 성취, 그리고 사회적 안정과의 관계에 많이 치중하고 있다.

버지니아 테크(Virginia Tech)대학교의 디카(Dika)와 씽크(Singh) 교수는 사회적 자본과 교육적·심리학적 성취 결과와의 긍정적 관계를 연구했다. 그들은 부모의 기대와 부모와 자녀와의 연대감, 종교 활동, 다른 외부 활동으로 인한 인적 교류가 교육 성취에 긍정적 관계가 있다고 보았다.

UC 샌디에이고의 스탠턴-살라자(Stanton-Salazar) 교수는 사회적 자본에서의 '중요한 타인(significant others)'과 청소년의 관계에 대해 발표했다. 개인이 가지고 있는 자질, 능력 이외에도 부모, 형제, 친척, 선생님과 같은 '중요한 사람'이 제공하는 정신적 지지와 격려가 개인의 동기, 교육적·직업적 열망, 인생 목표 도달에 중요한 역할을 한다는 것이다. 이러한 후원이 성인이 되어서의 궁극적 성공으로 이어지는 동력이 된다는 결론이었다.

기존에 있는 인맥관리에 대한 책의 내용들을 읽어 보면, 남의 인맥을 나의 인맥으로 만들기, 인맥을 만드는 기술, 학연, 지연, 혈연, 각종 단체를 통한 인맥 쌓기, 직업에 따른 인맥 활용법과 같은 내용으로 가득하다. 한국의 사회생활 속에서 많은 모임과 조직, 동창회 및 단체 활동이 자기관리에 얼마나 크게 도움이 될까 생각해 본다.

많은 사람과의 유대와 교류가 개인의 다양한 발전에 도움이 된다면 좋겠지만, 그렇지 않다면 진정으로 자신에게 지적·영적·정서적으로 도움이 되는 사람들은 몇 명인지, 내가 모델로 삼고 싶은 사람은 누구인지, 그리고 나를 자극하고 동기부여하며 보다 나은 '나'가 되는데 용기를 주는 사람은 몇 명인지 한번 세어 보길 바란다. 나의 많은 인맥을 자랑하기보다 자신에게 정말로 '중요한 사람'에 대한 소중한 관리가 우선시되어야 하는 게 아닌가 싶다.

가족

우리나라 사람들이 미국인들에 대해 갖는 고정관념 중의 하나가 '개인주의'다. 서양인들은 '나' 문화(I'culture), 동양권은 '우리' 문화(We'culture')'의 사회, 즉 서양의 개인주의와 동양의 집단주의에 대한 비교를 표현하는 글들을 흔히 접한다. 미국과 한국의 생활을 비교해 보면, 우리나라 사람들이 미국인들 보다 훨씬 많은 모임과 회식, 단체 활동을 하고 있는 것은 사실이다.

미국인들은 우리가 생각하는 것보다 훨씬 더 가족 중심적인 사람들이다. 주말은 물론 대개의 저녁 시간을 부부, 자녀들과 지내는 것을 볼 수 있다. 우리의 문화는 가족에 대한 집착은 강하지만, 실제로 가족과 많은 시간을 보내지 못한다. 조직 생활에 대한 충성도와 동성끼리의 단합이 우선적인 문화의 특성 때문일 것이다. 내 생각에 미국인들은 개인주의라기보다 독립적인 사람들이라는 표현이 더 맞을 것 같다.

프랑스 출신 미국인 컨설턴트인 클로테르 라파이유(Clotaire Rapaille)는 『컬처코드(The Culture code)』에서 미국인들의 가족과 일에 대한 문화를 유럽, 동양과 비교했다. 그들에게 직업은 자신이 누구(What do you do?)라는 정체성이면서 사람들과의 조화, 자부심, 자기 발전이라는 문화 코드를 가진다. 그들에게 가족이란 야구에서 3루를 돌아 홈에 도달해야 점수가 되는 것처럼 집에 온다는 것은 '반가운 귀환'이다. 라파이유는 이민의 역사를 가진 미국은 지구 어느 곳보다 가정에 강한 의미를 부여하는 나라라고 말했다. 그들에게 주말 가족식사, 혹은 추수감사절과 같은 명절의 저녁식사는 온 가족이 한자리에 함께 자리를 하고 담소를 나누는 귀환(return), 재결속(reunite), 재접속(reconnect)과 같은 소중한 연결을 의미하기 때문이다.

많은 리더십 책들이 대인관계 기술과 인맥관리 능력에 대한 내용을 다루고 있다. 물론 중요한 사항들이다. 하지만 그보다도 우리들 모두는 집안이 화목해야지 모든 것이 잘 이루어진다는 '가화만사성(家和萬事成)'의 의미를 다시 한번 새겨 보아야 할 것이다. 공자는 가정으로부터 나오는 사랑의 관계가 사회와 국가, 그리고 인류로 나아간다고 여겼다. 현대에 들어서도 리더가 되고자 한다면 『대학(大學)』에 나온 '수신제가치국평천하(修身齊家治國平天下)'의 뜻을 다시 한번 새겨 볼 필요가 있다. 자기 자신을 바르게 하고 가정을 다스릴 수 있는 자만이 남을 배려하고 봉사하는 소위 서번트 리더십을 발휘할 수 있다고 생각한다.

베니스(Warren Bennis)와 나누스(Burt Nanus)는 자신들이 인터뷰한 60명의 CEO들의 회사 규모, 평균 근속 기간, CEO 재직기간, 인종, 학력, 전공에 대한 프로필을 알아보았다. 인구통계학적인 분포에서는 특기할 만한 점이 없었으나, 한가지 놀라운 점은 모두가 첫 번째 배우자와 결혼 생활을 유지하고 있었다는 것이었다(워렌 베니스, 버트 나누스, 『리더와 리더십』).

2011년 LG경제연구원은 전국의 16~59세 남녀 1,800명을 대상으로 생활방식과 가치관을 설문조사 했다. 그 결과에 따르면, 우리나라에서 가장 행복한 집단은 30대로 70.3%가 행복하다고 응답했다. 그리고 그 행복을 가져다 주는 것은 자녀였다. 30대의 절반이 넘는 52.2%가 '직장에서 성공하는 것보다 가정 생활이 더 중요하다'고 말했다. 우리나라의 조직에서 우리 젊은이들의 사고가 과거 기성세대와 다르다는 것을 알아주었으면 좋겠다.

요즘 젊은이들은 휴일과 휴가를 모두 반납하고 대기업의 CEO가 되었다는 성공 사례에는 관심이 없다. 그들의 사고는 서구식으로 변해 가고 있으며, '개인주의'이면서 '가족중시주의'로 바뀌고 있다. 그들은 성공과 더불어 행복을 우선시한다. 우리나라의 조직에서 보다 효율적인 업무 처리와 야근 시간 단축, 회식의 간소화와 음주 문화의 지양이 이루어져야 할 것이다.

많은 사람들이 리더의 자질로 '신뢰'를 꼽는다. 조지 리더는 싱호 신뢰와 관심을 공유하는 공동체를 구축하고 유지·발전시키는 사람이다. 그들은 구성원들의 신뢰 구축을 위한 윤리와 규범을 지켜야 할 책임이 있다. 조직에서 우선시하는 신뢰와 책임의식을 먼저 가정에서 배우고 실천해야 한다고 생각한다. 왜냐하면 가정에서 실천하는 신뢰와 책임감 있는 언행은 원초적 애정과 진심이 바탕이 되며, 이것이 근간이 되어 사회로, 또한 인류로 이어질 때 진정한 공감과 감성 리더십을 발휘할 수 있다고 생각하기 때문이다.

공자 역시 인간다움(仁)이란 일차적으로 가족 안의 내적 관계 속에서 얼마나 능숙하고 익숙하게 실천하느냐로 보았다. 공자에게 가족은 사회의 출발점이었다. 그는 가족애를 바탕으로 한 세계적인 평화를 꿈꾸었다. 이것이 '소중한 사람' 관리의 첫 번째가 가족이어야 하는 이유다.

멘토

멘토(mentor)란 말의 유래는 그리스 트로이 전쟁 신화에서 나온 말인데, 기원전 1200년경 고대 그리스 이타카왕 오디세우스가 전쟁터에 나갈 때 자신의 어린 아들 텔레마코스를 '멘토'라는 친구에게 맡겼다. 멘토는 텔레마코스의 스승이자 아버지 친구, 상담자로서 그를 훌륭한 청년으로 성장시켰고, 오디세우 스왕이 10년 만에 귀국하여 잘 성장한 자신의 아들을 보고 친구인 멘토에게 크게 감사했다고 한다. 그리하여 훌륭한 인생의 조언자이자, 스승이자, 후견인을 멘토라 부르게 되었다.

유래는 그리스 신화에서 시작되었지만, 이를 보다 이론적으로 확립한 학자가 있는데, 그가 바로 러시아의 심리학자로 1934년 37세로 요절한 비고츠키(Lev Semenovich Vygotsky)이다. 그는 근접 발달 영역(ZPD : Zone of Proximal Development) 이론으로 유명한데, 인간의 잠재된 능력의 발현은 보다 원숙하고 경험 있는 선배의 도움과 지도하에 실현 가능해진다는 이론이다. 비고츠키에 의하면, 개인의 잠재된 능력은 멘토의 지도와 코칭하에 보다 발전하고, 도전적인 일에 대한 용기를 가지면서 점차 독립적인 일을 수행할 수 있는 능력을 부여받게 된다는 것이다. 멘토링이란 기술 전수에 주로 쓰였던 도제제도(apprenticeship)와 유사하며, 현대에 들어서 멘토링의 중요성이 인식되고 있는 이유는 멘토가 롤모델과 코치 역할, 그리고 후견인 기능을 담당하고 있기 때문이다.

켄 로빈슨은『엘리먼트』에서 멘토의 역할을 네 가지로 구분하였다. 첫 번째는 '인지(recognition)'로 남들이 알아채지 못한 재능을 발견해 주는 역할이며, 그 다음은 '격려(encouragement)'로 자신의 목표를 향해 매진할 수 있도록 용기를 주며 노력하고 성취할 수 있도록 지원해 주는 것이 두 번째 역할이다. 멘토의 세 번째 역할은 '촉진(facilitating)'이다. 멘토는 조언을 해 주고, 인맥을 나누어 주며, 앞으로 나아가는 길을 같이 개척해 준다. 마지막 역할은 '확장(stretching)'이다. '확장'의 역할이란 러시아의 심리학자 비고츠키가 말한 것처럼 사람의 능력의 한계를 넘어서게 만든다는 것이다.

자기 분야에서 위와 같은 역할을 맡아 도움을 주는 멘토가 있다면 참으로 운이 좋은 자임에 틀림없다. 멘토링은 작은 꽃봉오리를 활짝 피게 만드는 역할을 담당하며, 확고한 목적의식을 갖게 해줌으로써 보다 강한 자기 효능감을 발휘하게 만들어 주기 때문이다.

우리나라에서도 점점 멘토제도가 활발해지고 있다. 중앙일보사는 학생들이 스스로 공부할 수 있는 능력을 계발시킬 목적으로 각종 교육 전문가, 학생, 학부모의 고민 해결사 역할을 자청하였다. 진학에 성공한 대학생들이 고등학생을 위해, 이미 성공한 전문가들이 꿈을 찾아가는 젊은이들에게 멘토링을 해 주는 일은 사회 발전을 위해 참으로 값진 일이다. 이외에도 중소기업청에서는 매년 벤처기업가들을 초빙하여 대학생들을 위한 특강을 하고 있다.

미국에서도 멘토제도는 활발하게 활용되고 있다. 주로 기업체에서 더욱 활발하지만, 미국 대학에서는 학부 학생과 졸업생을 짝지어 주는 커리어 어드밴티지 멘토링(career advantage memtoring) 프로그램이 있다. 기간은 1년 동안이고 멘토와 멘티가 각종 미팅과 이벤트에 같이 참가하게 되어 있다. 멘토는 멘티에게 좋은 롤모델 역할을 해야 하며, 학문과 직업에 대한 목표 설정과 직업 선택, 직업 전선에 나가기 위한 학생들을 위한 가이드와 연결 역할을 해 주고 있다.

나는 젊은이들에게 '중요한 타인'의 역할을 담당해 줄 멘토를 구하기 위해 노력하고, 찾았으면 도움을 요청하라고 충고하곤 한다. 대학생들에게 존경하는 교수님이나 모범이 되는 훌륭한 주변 어른이 있다면 지속적인 안부 인사와 접촉으로 관계를 오래도록 유지하고 또한 지혜로운 조언을 받으라고 권장한다. 학생들이 멘토를 얻기 위해 보다 적극적이기를 바란다.

자신이 닮고 싶은 사람을 옆에서 지켜보는 일은 지식이 아니라 실전이다. 단지 능력과 전문성과 같은 공적인 성과와 함께 사적인 삶과 인생 경험을 보고 익히는 일이기 때문이다. 사람은 누군가를 흉내내기 마련

나는 내 인생의 '리더'다

이고 좋은 멘토를 만나는 것 자체가 최고의 학습이다.

슬럼프를 겪던 홍순상 프로골퍼는 면식없는 최경주에게 도움을 받고 싶어 연락처를 알아낸 후 무작정 전화를 걸었다. "함께 연습하면서 배우고 싶어요. 허락해 주세요." 최경주는 후배의 청을 받아들여 자신의 미국 댈러스 자택에 초대하여 같이 훈련하며 멘토링을 해 주었다.

같은 분야에 종사하는 훌륭한 분이 멘토가 되어 주는 일은 한 사람의 일생을 바꿀 수 있는 엄청난 동력이 된다. 사람은 일대일의 관계에서 많은 것을 습득할 수 있기 때문이며, 멘토가 훌륭한 롤모델이 되어 준다는 점이다. 어느 리더십 책에 보니 여성 직장인들이 사회에서 성공하기 힘든 이유 중의 하나가 '여성 멘토의 부재'라고 꼬집어 지적한 글이 생각난다. 신문사를 통한 프로젝트, 훌륭한 특강, 그리고 많은 언론기관들을 통한 멘토링 학습도 물론 중요하지만, 우리가 속한 학교, 기관, 기업체에서 젊은이들이 멘토를 부탁하면 졸업생과 교사와 교수 선배 직원들이 기꺼이 비계(飛階, scaffolding)* 역할을 해 주었으면 좋겠다. 그래서 도움을 받은 멘티가 나중에 멘토로 봉사하는 순환적인 멘토링제도가 활성화되었으면 한다.

서포트 그룹

인간관계의 백미라 불리는 우정, 그것도 참다운 우정에 대한 많은 고사성어들이 전해 내려오고 있다. 춘추시대의 관중과 포숙의 우정을 뜻

---

* 교육 분야에서 쓰이는 말로, 아동이나 초보자가 주어진 과제를 잘 수행할 수 있도록 유능한 성인이나 또래가 도움을 제공하는 지원책. 원래는 건축공사 시 높은 곳에서 일할 수 있도록 설치하는 임시 가설물로, 재료 운반이나 작업을 위한 통로 및 발판을 의미한다.

하는 관포지교(管鮑之交), 『장자(莊子)』에 나오는 막역지교(莫逆之交)는 서로 뜻이 통해 거슬림이 없는 사이를 말하며, 『후한서(後漢書)』에 나오는 죽마지교(竹馬之交)란 어릴적 친구를 뜻한다. 이 밖에도 『삼국지(三國志)』에 나오는 수어지교(水魚之交)는 물과 물고기처럼 떼려야 뗄 수 없는 친구 사이를 말하며, 문경지교(刎頸之交)란 목숨까지 걸 수 있을 정도로 어려움을 나누는 가깝고도 좋은 친구를 뜻한다(김영수, 『사기』).

친구(親舊)란 단어의 뜻은 말 그대로 '오랫동안 친하게 알고 온 사이'를 가리킨다. 인디언들의 말로는 '내 슬픔을 자기 등에 지고 가는 자'를 뜻한다고 한다. 중국 당나라 시인 이태백은 고난과 불행이 찾아올 때에 비로소 친구가 친구임을 안다고 말했으며, 이스라엘 '지혜의 왕'이라 불리는 솔로몬 왕은 '궁핍과 곤란에 처한 때야말로 친구를 시험하기 가장 좋은 기회이다. 이러한 때에도 곁에 있어 주는 것이 참된 친구'라고 했다. 로마 시대의 문인, 철학자, 정치가였던 키케로는 '나의 기쁨을 배로 하고 슬픔을 반으로 하는 자'를 진정한 친구라 여겼다. 많은 자들이 참다운 우정이란 슬픔에 같이 공감하고 동참해 주는 자로 여기고 있음을 알 수 있다.

중국 춘추전국시대의 유학자인 증자(曾子)는 조금은 다른 시각으로 친구 사귀는 방법을 설명하고 있다. 그는 "군자는 글로써 벗을 만들고, 벗을 통해 인(仁)을 보충한다."라고 말했다. 그 당시는 '글'이라고 표현하고 있지만, 현대에는 학문, 지식, 기술, 지혜를 뜻하며, 모르는 것을 깨닫게 해주는 자와 친분을 쌓으라는 뜻이라고 해석하고 싶다. 그래서 자신의 삶에 보다 인간다움의 지혜를 북돋아 주는 자와의 교류를 권면하고 있다. 공자가 말하는 '도움이 되는 벗'이란 정직하고 약속을 지키며, 견문이 넓어서 배울 게 있는 사람이었다. 증자와 공자는 자기 발전에 유익한 벗

나는 내 인생의 '리더'다

과의 교류를 권장했다.

　많은 자기계발서에서 다루고 있는 바와 같이 좋은 인간관계 형성은 중요하다. 하버드 대학의 한 연구는 긍정적 태도와 친구들의 지원이 행복하게 사는 가장 중요한 요소라고 했다. 물론 건강과 적절한 운동이 기본이 되지만, 주변과의 좋은 인간관계 형성이 재정적인 요소보다 행복한 삶에 더욱 도움을 준다는 것이다.

　우리 사회는 친구와 친지, 종교 집단과 동창, 직장 동료, 군대와 사업상의 친구들이 서로 힘이 되는 네트워크가 긴밀한 사회다. 이렇듯 활발한 사회 교류를 가진 우리나라의 자살률이 OECD 국가 중 1위라는 것은 참으로 모순이다. 노인의 자살률도 급속하게 증가하고 있는 실정이다. 그렇다면 우리의 그 많은 친구와 모임, 동창회가 무슨 의미가 있는 것일까?

　우리 주변에는 진정한 삶의 목표, 자기 경영의 규칙에 어긋나는 방향의 길로 유혹하는 친구들이 의외로 많다. 본인이 정한 단기 목표를 수행하는 중 자신의 의지보다 주변의 상황에 맞추다 보니 실패하는 경험들이 간혹 있을 것이다. 성공적인 조직 생활을 위해서 많은 사람과의 비즈니스 교류는 물론 필요한 일이다. 동료, 지연, 학연으로 맺어지는 다양한 인적 네트워크도 조직 생활에 중요하겠지만, 그래도 우리는 심리적·정서적 지원, 가치관의 공통분모를 진정으로 나눌 수 있는 친구 집단 하나는 만들면 좋겠다.

　존슨앤존스의 전 CEO 제임스 버크(James Burke)는 업계에서 만난 친구 6명이 있는데 모두 하버드 비즈니스 스쿨에서 만난 사이였다. 그들은 가치관이 비슷한 사람들끼리의 모임이었고, 항상 최선을 다하는 사람들이며, 세상을 바라보는 시각과 공통된 가치 체계가 있다고 말했다. 원만한 인간관계도 중요하지만, 실제로 나에게 영감을 주고, 용기를 주며, 가치 철학과 비전을 나눌 수 있는 친구는 정말이지 흔치 않다.

우리의 주변에는 도전보다는 안정을, 변화와 혁신보다는 안주를 권하는 사람들이 더 많은 법이며, 현재 상영 중인 영화나 유명 인사의 사생활, 그리고 미용과 유행, 이성, 스포츠에 대한 화제와 대화가 더 흔한 편이다. 하지만 보다 나은 자신으로 살기 위해, 그리고 자신의 비전을 실천하고 목표에 도달하기 위해서 심리적으로 북돋아 줄 '서포트 그룹'은 필요하다.

서포트 그룹의 존재는 단지 슬픔과 기쁨을 나누는 수준을 넘어서서 용기와 응원을 아끼지 않으며, 솔직한 피드백을 줄 수 있는 사람들이어야 하며, 서로가 성장·발전하도록 영감과 동기를 부여하는 사람들이다. 인생의 가치철학을 나누고 비전을 공유할 수 있는 자, 진심으로 원하는 일이 달성되도록 지지해 줄 사람들이라면, 그들이 바로 여러분의 서포트 그룹이다.

인간은 확실히 사회적인 동물이다. 일, 휴식, 엔터테인먼트에서 나만의 혹은 가족과의 시간이 필요한 것처럼 타인과의 교류와 연대 역시 마찬가지다. 단지 시간을 보내는 사이가 아닌 진정으로 자신의 철학과 인생, 세계관을 나눌 수 있는 관계 집단이 있다면 당신은 행운아다. 나 역시 뒤늦은 나이에 미국 유학을 준비할 때, 희망과 용기를 주는 사람보다는 부정적 피드백을 해 주는 사람이 주변에 너무나도 많음에 놀랐다. 우리는 다른 삶을 사는 사람들, 도전적인 인생을 준비하는 사람들에게 격려보다는 우려와 걱정의 충고를 해 주곤 한다. 하지만 가족의 지지와 소수 몇 명이 주는 격려의 말 한마디, 교수님의 높은 기대가 얼마나 커다란 힘이 되어 주는지 절실히 느끼곤 했다.

　가옥을 축조하는 데 있어서 가장 중요한 것은 기초이며, 뼈대를 구축하는 데 있어서 기둥은 우리의 척추와 같다. 나이가 들어서 지팡이로 신체의 둔함을 지탱하듯이 척추를 보정해 주는 척추 보정기가 있다. 이러한 신체적 부족함을 도구로서 보정하듯이 우리가 인생에서 좌절될 때, 누군가의 진심 어린 조언이 필요할 때 부모, 형제의 혈연 집단이 아닌 멘토나 친구로 구성된 서포트 그룹이 있는 사람은 성공적인 인간관계를 형성하고 있다고 생각한다.

　내 경우에도 나를 도와주신 멘토가 계셨고 귀국 후에도 도움을 주신 고마운 분들이 계신다. 나는 현재에도 그분들께 내 안부를 전하고 감사를 표시하고 있다. 인생을 제대로 살려면 서로가 서로를 필요로 하고 기대고 서포트해 주어야 한다. 혼자의 힘으로 높은 사다리에 오른 사람을 본 적이 없다. 누군가의 인정과 격려, 추천과 위임을 통해 성장의 계단을 한 층 한 층 올라간다. 자신만의 생각을 고집하는 자는 발전하기 어렵다. 인생은 독주와 독창이 아닌 오케스트라고 합창이기 때문이다.

　나는 만학도로 미국에 유학 가다 보니 주변 친구들이 한가할 시간에 오히려 가장 바쁜 시절을 보내고 있다. 여러 일을 동시에 하다 보니 자연히 교우관계에 적극적이지 못한 점이 아쉽다 내가 나의 주변 친구에게 용기와 희망을 준 적이 언제인지, 불행과 고난 못지않게 그들의 행복에 진심으로 함께 기뻐해 준 적이 얼마나 있었는지 반성해 볼 필요가 있다. 우리에게 다양하고 원만한 다수와의 인간관계 형성도 중요하지만, 그보다 서로에게 마음의 지팡이가 되어 줄 진정한 인생의 버팀목인 친구들을 얻고자 노력해야 하지 않을까?

소중한 가족과 고마운 멘토 그리고 반가운 친구들을 유지하는 일은 마치 화초를 기르는 일과도 같다. 시간과 관심이란 정성을 통해 진정한 관계가 유지된다. 누군가의 도움없이 혼자 피어나는 꽃은 없다. 관계의 중요성을 아는 사람은 우연으로 만난 사람을 필연으로 엮는다.

하버드 대학교의 데이비드 맥클레랜드(David McClelland) 교수에 따르면 우리가 습관적으로 어울리는 사람들이 우리 인생 성패의 95%를 결정한 다고 한다. 모두가 바쁘게 사는 세상이지만 내 자신에게 본보기가 될 사람들과 가까이 하는 환경을 만들고자 노력해야 한다. 인간은 지식만으로 성공하지 못하며 주변을 돌보는 인간적인 지혜 속에 성장하고 발전한다.

Question

• 자기관리에 충실하기 위해 현재 규칙적으로 실행하고 있는 일은 무엇인가?

Activity

• 우선순위에 따른 시간관리 일과표 작성해 보기.

Reflection

• 자기관리에 뛰어난 사람들의 사례를 리서치해 보고, 그들만의 관리 방법으로 어떠한 것이 있는지, 내가 본받아야 할 것은 무엇인지 생각해 보기.

나는 내 인생의 '리더'다

김연아에게 배운다! - 배려심, 자제력, 그리고 끊임없는 노력

김은진(2014년 수강생)

김연아를 가장 좋아하고 존경하는 이유가 있다. 그것은 자기관리가 누구보다 뛰어나다는 점이다. 실천을 통해 철저한 자기관리의 모습을 보여 주는 대표적인 사람이다.

김연아는 피겨스케이팅을 위해 정해진 것 외에는 절대 먹지 않았고, 체중 조절을 위해서 저녁식사로는 한 조각의 빵 또는 간단히 야채식만을 했다.

어릴 때부터 자기 할 일을 끝내지 않으면 놀지도 않았던 김연아는 영어를 습득하는 것도 매우 빠른 편이었다. 훈련 중 쉬는 시간에 숙제를 했고 아무리 피곤해도 2시간의 수업시간을 지켰다.

그리고 실수를 하면 같은 동작을 반드시 10번씩 연습을 했고 보통선수들의 몇 배에 해당하는 연습량을 통해 실력을 갈고 닦았다고 한다. 다른 사람들이 쉴 때 같이 쉬면 어떻게 세계 최고가 될 수 있겠냐며 새해 첫날에도 훈련을 감행했고 전지훈련의 시차적응 시간조차 아까워했다. 초등학교 때부터 스스로 메이크업을 하면서 화장을 통해 섬세한 감정하나까지 표현해 내는 아름다움을 위한 노력도 꾸준히 해 왔다. 잡음 없는 사생활과 호감을 주는 이미지 또한 김연아의 자기관리의 일부분이다.

김연아는 광고계약의 첫 번째 조건을 사회 환원과 유망주 후원으로 내세울 정도로 다른 사람을 위한 배려심이 깊고 마음이 따뜻한 선수였다. 김연아는 알려진 기부내역만 해도 25억이 넘는 나눔을 실천하는 사람이다.

김연아는 그저 꿈꾸는 것만으로는 행복할 수가 없었고 그 꿈을 이루고 싶었다. 승부욕 또한 강해 1등을 하고 싶었고 그것을 이루어야겠다고 생각했다.

어느 순간 나의 경쟁상대는 '자신'이라는 생각을 하기 시작했다. 먹고 싶고, 조금 더 자고 싶고, 친구들과 시간을 보내고 싶고, 하루라도 연습을 쉬고 싶었지만 내가 극복하고 이겨 내야 할 대상은 내 안에 존재하는 나였기 때문에 이를 극복하기 위해서 피할 수 없는 것들을 오히려 즐겼다고 한다.

김연아는 시간관리, 건강관리, 이미지 관리 모두 완벽했다. 무엇보다 스스로에 대한 제어능력과 스스로에 대한 동기부여 능력이 뛰어났다. 나태해지지 않기 위해서 하고 싶은 것들은 절제하였고, 같은 또래 나이의 친구들이 하는 많은 것들을 포기해야 했다.

하고 싶은 것들을 다하면서 최고를 바랄수는 없다. 철저한 자기관리만으로도 성공하기는 힘들다. 노력으로 부족한 재능을 넘어설 수 있게 하기 위해서는 자기경영이 중요하다. 시간·건강·스트레스·인맥관리, 중요하지 않은 것은 없다. 하지만 현재 나에게 가장 필요하고 해야 할 것은 무엇인지 생각해서 바로 실천으로 옮겨야 한다.

김연아가 성공할 수 있었던 이유중의 하나는 뛰어난 실천력이 있었기 때문이다. 온 몸이 상처투성이였지만 아프다는 소리 한번 없이 쉬지 않고 연습에 매진한 피와 땀의 노력이 세계 최고의 피겨여왕을 낳았다. 김연아에게 배운 것으로는, 결심한 것은 반드시 실천하도록 스스로에게 좀 더 혹독해 질 필요가 있다는 것이다.

Class 10

동기부여하라

Engage your motivation

"추구할 수 있는 용기가 있다면 우리의 모든 꿈은 이뤄질 수 있다."

-월트 디즈니

2011년 1학기 서강대학교에서 시작한 '자기 브랜드 리더십'의 첫 수업 시간이 생각난다. 지금 생각하면 낯뜨거울 정도로 부족한 수업이었고, 그래서인지 그 당시 수강생들이 꽤 기억난다. 마지막 기말 갭분석 보고서 제출 마감일을 10일 남겨 놓고 한 학생이 자신의 초고를 검토해서 피드백해 달라는 이메일을 보냈다. 갭분석 보고서는 자신을 파악하여 목표설정을 한 후 앞으로 쌓아야 할 지식과 기술, 동기부여와 환경적인 문제를 해결하는 보고서다. 하지만 그의 초고 보고서에는 동기 분석에 따른 해결 방안이 빈 백지였다. 나는 그래도 보고서의 포맷을 따를 것을 요구하면서 그 이유를 물어 보았다.

그는 수줍어하는 듯하더니 놀라운 답변을 했다.

"저는 동기부여가 되지 않을 때가 없어서요."

미시간 대학의 노엘 티치(Noel Tichy) 교수가 "어떤 사람들은 남보다 훨씬 더 하고자 하는 동기가 강하다. 그러나 이 점은 내가 여전히 대답할 수 없는 '왜?'라는 질문이다."라고 했다. 나 역시 티치 교수처럼 왜 소수의 사람들만이 자신만의 동기부여 방법이 있을까? 왜 그 학생(p337의 갭분석 보고서 주인공)은 남보다 동기가 강할까를 고민하면서 앞으로 동기부여에 대해 다루려 한다.

동기

동기란 행동하게 하는 요인으로서, 라틴어의 어원은 '움직이다(movere)'로, AHD(American Heritage Dictionary)에 의하면, 행동으로 움직이는 것, 앞으로 나아가는 추진력이다. 동기유발이란 동기를 주는 요인이며, 동기부여란 자발적인 행동을 끌어내 계속 움직이게 하는 것이다.

동기 이론으로 유명한 폴 핀트릭(Paul R. Pintrich)과 데일 슝크(Dale M. Schunk)는 동기란 목표 지향적인 활동이 부추겨지고 지속되는 과정이라고 정의 내렸다. 나는 '동기'란 목표를 향해 자기주도적 노력을 지속시키는 행위라고 정의 내리고 싶다.

과거 심리학적으로 볼 때, 동기의 두 가지 개념은 크게 의지(will, 욕구, 원트, 목적)/의욕(volition, 행동화된 의지)과 본능(instincts, 호기심)으로 나누어지며, 프로이트(Sigmund Freud)는 동기를 심리학적 에너지로 여기고, 원천이 되는 힘은 인간의 욕구에서 나온다고 보았다.

나는 내 인생의 '리더'다

행동 이론으로는 자극에 따른 반응에 초점이 맞추어져서 강화와 처벌에 대한 행동에 관심을 가졌다. 인지이론에서는 동기는 자극에 대한 반응이 아니라 생각, 신념, 감정의 결과로 여겼으며 개인적인 귀인과 성향, 능력에 대한 확신, 감정, 목표, 그리고 사회적 비교에 대한 것을 동기의 원동력으로 보았다.

잭 스탠리(Jack Stanley)는 『동기부여 시크릿(Motivational & Sponsoring Skills for the Network Marketer)』에서 자기 동기부여에 성공한 사람들의 10가지 특성을 다음과 같이 제시했다.

- 정확한 목표 설정
- 긍정적 역할 모델(멘토) 활용
- 풍부한 상상력
- 긍정적 사고
- 자기 확신
- 계획하고 조직하는 능력
- 핵심 기술과 지식을 습득하는 능력의 탁월성
- 인내심
- 끈기
- 일은 즐거움의 원천

이상의 10가지 이외에 내가 첨가하고 싶은 동기부여에 성공한 사람의 특징은 실패에 대한 두려움이 없으며, 미래지향적이며, 몰입과 열정이 강한 자들이다. 이 내용들은 다음 장에서 더 다루기로 하겠다.

행동 이론은 동기를 자극에 따른 반응으로서 강화에는 증가, 처벌에는 약화되는 현상으로 보았다. 파블로프(Ivan Petrovich Pavlov)는 개, 손다이크(Edward Lee Thorndike)는 고양이, 스키너(Burrhus F Skinner)는 쥐를 이용한 동물 실험으로 행동 이론을 설명했다. 그러나 인지 학자들은 동기란 생각, 신념, 감정의 결과로 개인적 인지, 능력에 대한 확신, 가치, 목표를 통해 다르게 발현된다고 믿었다. 즉, 행동 이론 학자들은 외재적 동기부여(extrinsic motivation), 인지 이론 학자들은 내재적 동기부여(intrinsic motivation)에 무게를 두었다.

내재적 동기부여는 자기 자신의 흥미, 즐거움, 성취욕, 도전, 능력 발휘를 말하며, 외재적 동기부여는 외부의 자극, 즉 보상이나 칭찬 혹은 처벌을 피할 목적으로 생겨난다. 레퍼와 호델(Mark Lepper & Melinda Hodell)은 내재적 동기의 주요한 요인은 도전, 호기심, 조절 그리고 공상이라고 말했다.

우리나라의 학생들은 실제로 외부 자극과 보상에 따른 동기부여에 강한 편이다. 동기부여가 강한 대학생들을 만나게 되면 내 리더십 과목을 수강하는 이유를 물어보곤 한다. 그들의 공통점은 셀프 리더십 과목 자체에 대한 흥미, 호기심, 필요성, 중요성이었다. 내 교육적 목표는 학생들의 내재적 동기부여 함양에 최우선을 두고 있다. 외재적인 동기부여는 목표를 이루는 일이고, 자신이 품은 목적의식에 부합한 지속적인 열정은 내재적인 동기부여에서 나오기 때문이다.

동기 이론

기대-가치 이론

기대-가치 이론(expectancy-value theory)은 에클레스(Jacquelynne S. Eccles)와 위그필드(Allan Wigfield)의 연구에서 시작되었으며, 학생들의 학문적 성취에 대한 기대감, 학문적 과제에 대한 가치를 이론으로 발전시켰다.

기대(expectancy : Can I do this task?)란 일을 성공적으로 수행할 수 있다는 능력에 대한 믿음(현재)을 말한다. 일을 잘 해낼 것이라는 강한 신념(미래)이 내재적 동기를 유발시킨다. 강한 기대에 대한 열망이 있는 학생의 경우 부모나 주변의 어른들로부터 긍정적 지원을 받는 경우가 많았다.

캐롤 드웩(Carol Dweck) 교수가 학생들의 능력보다는 노력에 긍정적인 피드 백을 주라고 말한 것처럼 나의 돌아가신 아버지는 "너는 늘 노력하는 아이이기 때문에 어느 분야건 최고가 되진 못하더라도 네가 원하는 목표를 반드시 달성할 수 있다."고 말씀해 주셨다. 이러한 피드백은 현재의 능력에 대한 믿음과 함께 노력하면 미래 나의 목표에 도달할 수 있으리라는 강한 신념을 가지게 만들었다.

가치(value: Do I want to do this task and why?)는 왜 그 일을 해야 하는지에 대한 믿음이다. 에클레스와 위그필드는 네 가지로 그 이유를 설명했는데, 중요성(importance), 쓸모(utility), 시간과 노력의 대가(cost), 그리고 내재적 흥미(intrinsic interest)다.

우리나라의 대학생들이 대학에서 과목 수강 신청할 때 꿀강(다른 강의보다 비교적 쉽게 고학점을 얻을 수 있는 강의)보다 위의 네 가지를 염두에 두고 수강 신청했으면 좋겠다. 먼저 자신에게 흥미와 재미를 주는 과목에서 시작해서 과목이 주는 중요성, 그리고 당장 원하는 점수와 단기 효과를 기대하지 못하더라도 미래에 쓸모 있으리라 생각하는 과목을 선택하기를 바란다. 수업시작 전부터 내재적인 동기유발을 가지고 시작하는 학생들은 실제로 수업 태도와 열의가 남다르며, 실제로도 좋은 성적을 나타냈다.

대학생들이 '스펙 쌓기'의 일환으로 이것저것 많은 인턴 경험을 하는 것을 보았다. 인턴과 자격증을 따는 일이 남들이 하니까 따라하는 것이 아닌 자신들의 비전과 미래의 직업, 자신의 중장기 목표 달성에 꼭 필요한지 네 가지 가치(중요성, 쓸모, 대가, 흥미)를 대비해 보고 선택·결정하라고 권하고 싶다.

귀인 이론

버나드 와이너(Bernard Weiner)에 의하면 이론적으로 성립된 귀인 이론(attribution theory)은 인간은 의식적이고 합리적인 결정을 한다는 것을 바탕으로 한 인지이론이다. 행동과 사건의 원인을 분석하여 인간은 자신의 목표와 환경을 이해해서 예상하기도 하고 자신들의 상황에 맞게 조절하기도 한다는 것이다. 누구나 어떠한 상황에 처했을 때 개인적인 혹은 환경적인 요인에 따라 그 탓을 돌린 경험이 있을 것이다. 예를 들어 시험을 잘 보지 못했다면 운, 과제의 난이도, 집안 행사, 자신의 능력 부족, 슬럼프 등 여러 가지 원인을 탓했을 것이다.

귀인의 원인으로 소재, 안정성, 통제 가능성으로 분류된다. 소재(locus)란 실패의 원인이 자기 자신의 내부 성향(internal disposition)에 있는지 아니면 외부 상황(external situation)에 원인을 두고 있는지에 대한 구분이다. 시험의 실패를 자신의 게으름, 능력 부족으로 돌린다면, 원인의 소재를 내부 성향에 두는 것이고, 시험의 난이도, 더운 교실 환경 탓으로 돌린다면 원인의 소재를 외부 상황으로 돌리는 것이다.

안정성(stability)은 실패한 상황이 고정되어 변하지 않거나 시간과 상황에 따라 변하는지에 대한 인식이다. 와이너는 사람이 성공과 실패를 할 때 인식하게 되는 네 가지 원인(능력, 노력, 과제의 난이도, 운)이 있다고 말했다. 와이너는 그중에서 가장 두드러지게 나타나는 원인을 능력과 노력으로 보았다. 예를 들어서 학업이나 사업 실패의 경우 자신의 능력이 부족하다고 여긴다면 좌절과 실망을 하겠지만, 실패의 원인을 자신의 노력 부족으로 여긴다면 분발하게 된다는 것이다.

스탠포드 대학교의 캐롤 드웩(Carol S. Dweck) 교수는 수백 명의 청소년을 대상으로 실험을 했는데, IQ 테스트에 출제되는 어려운 문제를 풀 것을 요청했다. 그리고 나서 문제를 맞힌 학생들에게 한 그룹은 똑똑한 그들의 지적 능력에 칭찬을 했고, 다른 그룹에는 그들의 노력에 긍정적 피드백을 보냈다. 능력에 칭찬을 받은 학생들은 새로운 과제에 도전하기를 거절하는 경향이 더 많았고, 노력으로 칭찬을 받은 90%의 학생들은 새로운 도전을 요청했다는 실험 결과다.

많은 사람들은 실패하는 것을 좋아하지 않는다. 그 원인은 결과에 대한 두려움과 자신감의 결여로 인한 좌절이다. 이럴 경우에 귀인 이론에 나오는 것처럼 자신이 노력을 더하면 결과가 달라질 수 있다는 개인적 인식과, 과제가 어려웠고, 운이 따르지 않았다는 환경적 상황으로 그 원인을 돌린다면, 시련을 행운으로, 실패를 성공으로 돌리는 회복탄력성을 발휘할 수 있으리라 생각한다.

통제 가능성(controllability)은 결과의 원인에 대해 자신이 얼마나 통제 가능한지 인식하는 정도를 말한다. 실패가 자신의 능력에서 왔다고 인식한다면 통제 불가능한 일이라서 좌절과 의기소침, 수치감을 느끼게 될 것이다. 반대로 실패의 원인을 자신의 노력 부족 탓으로 돌린다면, 자신을 동기부여하여 보다 나은 결과를 창출하기 위한 노력을 기울일 것이다.

귀인 이론에서 우리가 명심해야 할 교훈은 결과의 귀인에 대해 인식할 수 있어야 하며, 모든 결과의 원인이 자신의 내적인 성향 뿐만 아니라 외부의 상황 요인에도 존재할 수 있다고 믿는 것이다. 우리가 사는 생활 속에서 다양한 실수와 실패를 맛보게 된다. 그런 상황에서 자신의 지능과 능력 탓으로만 돌리기보다는 노력하는 자세, 학습 방법 혹은 자기 조절 능력 부족을 원인으로 돌리는 것이 보다 현명한 동기부여 전략이다. 부모님이나 교사들이 열심히 노력한 자녀나 학생들에게 칭찬과 용기를 주었을 때 그들이 더욱 노력을 하며, 어려운 과제에 도전한다는 사실을 명심해야 할 것이다.

많은 사람들은 자신의 노력의 좋은 결과에 담담하고 도리어 실패에는 좌절로 폭음, 스트레스로 폭식한다. 앞으로는 실패보다 노력의 승리에 술잔을 기울이고 자축하며, 자신의 노력의 좋은 결과에 자신의 어깨를 두드리며 수고했다는 말을 하길 바란다. 자신이 평소 가지고 싶었던 것을 자신에게 선물하라. 자기 보상(self-reward)은 좋은 동기부여 방법이다.

사회 인지 이론

사회 인지 이론(social cognitive theory)은 밴듀라(Albert Bandula)의 삼자간 상호

　　　　　　　　　　　나는 내 인생의 '리더'다

그림 4. 삼자간 상호결정성

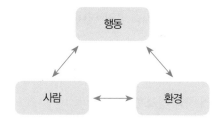

결정성(triadic reciprocality)에서 기초가 되었는데, 개인과 행동, 환경이 서로 밀접하게 연결되어 있는 모델이다.

예를 들면 좋은 교사가 이끄는 교실(환경)에서 학생들은 흥미(사람)를 가지고 활발하게 수업에 참여(행동)한다는 모델로, 인지적·행동학적·환경적 요소 모두가 학생들의 성취와 동기부여에 영향을 미친다는 이론이다. 개인적으로는 일의 수행 능력에 대한 본인의 자신감인 자기 효능감을 얻게 되며, 행동학적으로는 자기 관리 능력으로 발현된다.

배리 짐머만(Barry J. Zimmerman)은 목표를 설정하여, 계획, 동기부여, 주의력 조절, 유연한 학습 전략 사용, 자기 모니터링, 자기 평가, 적절한 도움 요청을 하는 것을 자기 조절 전략으로 소개했다. 환경학적으로는 자신의 이상적인 롤 모델을 선정하는 일이다.

즉, 현존하는 사람이나 위인, 혹은 가상의 인물을 자신의 롤모델로 삼아 교훈과 영감을 받는 것이다. 유능하고 공정하며 신뢰적·긍정적·열정적인 사람이 좋은 롤모델의 성격이라 할 수 있고, 현존하는 인물이라면 자신의 상황과 환경이 유사한 자라면 더욱 동기부여에 도움이 될 것이다. 롤모델 이외에 환경학적인 측면의 적절한 보상, 팀워크, 피드백은 동기부여에 커다란 영향력을 미친다.

짐머만은 자기 효능감이 높은 사람은 성취욕이 강한 도전적인 일을 선택하며, 정신적인 노력과 지속적인 인내를 이겨 내는 자들이라고 말했다. 자기 효능감에 대한 믿음은 스트레스, 두려움, 좌절을 이겨 내게 만든다고 했다. 그는 밴듀라와 함께 동기부여에서 목표 설정과 자기 효능감의 중요성을 여러 차례 강조했다.

동기의 단계

앞서 언급한 것처럼 동기부여가 되는 사람은 자기 효능감이 높으며, 주도적 학습 전략과 조절 능력, 목표 설정과 계획성이 있다. 또한 많은 리더십 책에서 자신뿐만 아니라 다른 조직원에게 동기를 부여해 주는 사람을 리더의 조건으로 삼고 있다. 타인을 동기부여하기 전에 자기 자신의 동기부여 능력은 어느 정도일까? 다음 지표를 통해 살펴보기로 하겠다.

① 적극적 선택 : 적극적이고 빠른 결정

나는 내가 마음먹은 일을 적극적으로 선택하여 저지르는 편인가?

② 정신적 노력 : 적극적 선택 후 일을 수행하기 위해 하는 노력. 나는 일단 시도한 일에 최선을 다하는 편인가?

③ 지속성 : 끈기와 인내

나는 여러 가지 방해 요인에도 불구하고 내가 하고자 하는 일은 끝까지 계속해서 하는 편인가?

— 슝크, 핀트릭, 미쓰, 〈Motivation in Education〉

나는 내 인생의 '리더'다

많은 사람들이 다이어트를 작정하고 먼저 가까운 헬스센터에 등록하지만, 몇 주 열심히 한 후 몇 달 안 돼서 그만두는 경우나, 영어 학원을 등록하고는 과제를 제대로 해 가지 못한 경험들이 있을 것이다. 일주일에 한 권씩 독서하기를 목표로 삼았다가 그 계획이 흐지부지된다거나 방학 동안에 하고 싶은 일들에 대해 계획을 세워 놓았다가 시도도 해 보지 않은 일들은 없는지 살펴보기 바란다.

자신의 동기부여 능력이 적극적 선택에 문제가 있다면, 의욕만 앞서고 행동이 부족한 성격 유형으로 결심과 행동이 일치되도록 일단 저질러 보는 시도가 필요하다. 무계획으로 덤벼 보라는 뜻이 아니라, 마음먹은 일을 시도해 보는 용기와 결단력을 키워야 할 것이다. 저지르기를 하는데 정신적 노력에 문제가 있다면, 계획 없이 시도한 경우나 지나친 자신감으로 노력이 부족해서이다.

마지막 단계인 지속성에 문제가 있다면 흥미를 잃지 않기 위한 방법을 구상해 보거나, 목표의 수정이 필요하다거나, 주변에 도움을 요청하는 것도 좋은 방법이다. 계획을 성공적으로 지속시키기 위한 새로운 지식이나 기술을 습득하는 것도 또 다른 방법이 될 것이다. 또한 낭비하는 시간은 없는지, 주변 환경의 영향으로 지속성에 방해되는 것을 제거하는 노력도 필요하겠다.

동기부여 방법

자신이 동기부여의 척도에서 어느 정도에 있는지 알아보았다면, 자신에게 동기를 유발할 수 있는 방법을 고려해 보아야 할 것이다.

| 적극적 선택의 문제 |

① 자신의 욕구(need)와 원하는 바(want)에 대해 알기

② 자신이 왜 이 일을 해야 하는지에 대한 가치(중요성, 쓸모, 대가, 관심/흥미) 생각해 보기

③ 자신의 새로운 흥미와 관심에 격려 보내기

④ 몇 가지의 옵션(선택사항)을 만들어 그중 하나를 선택하는 자율권 행사하기

⑤ 본인이 하고자 하는 일을 이미 시작한 단계에 있는 동료 모델링하기

⑥ 가능하다면 그룹에 속하기

⑦ 준비되었다면 바로 시도하는 습관 기르기

| 정신적 노력의 문제 |

① 자기 효능감에 대한 확신 갖기 : 과거의 성공했던 과업에 대한 이미지 떠올리기

② 지금 하는 일이 자신의 목표와 일치되도록 전략 세우기 : 시간 관리, 학습 전략, 스트레스 관리, 자기 평가 방법

③ 자기 조절 능력 강화하기 : 불안, 공포, 의기소침, 자존감, 우울 등

| 지속성의 문제 |

① 자신이 하는 일에 대한 의미와 가치 생각하기

② 성취 후의 모습, 발전된 자아의 이미지 메이킹하기

③ 이미 자신의 목표를 이룬 대상을 찾아 자신의 미래 보상과 이점 생각해 보기

④ 작업 계획, 습관, 시간대 체크하기

⑤ 필요하다면 새로운 지식과 기술 익히기

⑥ 가족, 멘토, 격려 팀으로부터 피드백 받기

⑦ 주변 환경으로부터 방해받을 때의 해결책 구하기

⑧ 자기 자신에게 선물하기

나는 내 인생의 '리더'다

자신의 동기부여 단계와 방법을 아는 일은 참으로 중요하다. 동기부여를 할 줄 아는 사람은 타인에게 동기부여를 할 수 있을 뿐만 아니라, 성공적인 목표달성의 난관을 극복할 수 있기 때문이다. 내재적 동기를 가진 사람들은 현재의 자기 효능감에 대한 확신과 더불어 미래에 대한 기대와 가치에 대한 신념을 가진 자들이다. 현재 많은 사람들은 과제나 업무 수행을 막판까지 미루는 경향이 있다. 그들은 자신의 동기부여가 어느 단계에 있는지와 그에 따른 동기부여 방법을 고려해 보아야 한다.

1960년대 스탠포드 대학교의 심리학자인 월터 미셸(Walter Mischel)은 동 대학의 교수, 교직원, 대학원생의 자녀 중 4세의 유아들을 대상으로 '마시멜로 테스트'라는 재미있는 실험을 하였다. 자신이 잠깐 심부름을 다녀올 때까지 기다리면 마시멜로 2개를 주고, 기다리지 않으면 그냥 1개를 가지고 가면 되는 테스트였다. 기다리기로 한 소수의 유아들은 마시멜로가 보이지 않게 눈이 가려졌고, 그들은 친구들과 얘기도 하고, 장난도 치며, 혹은 잠을 청하면서 15~20분을 기다린 후 마시멜로 2개를 받아 갔다. 그 후 15년 경과 후, 이 테스트에 참가한 아이들을 추적해 보니 기다려서 2개의 마시멜로를 받은 아이들이 1개를 받고 간 아이들보다 학업 성적이 훨씬 우수할 뿐만 아니라 독립적이고, 자기 조절 능력이 강하며, 자신감 있는 태도를 나타냈다.

이를 심리학에서 '보상 지연(delayed gratification)'이라고 일컫는다. 동기부여가 강한 사람들의 대표적인 특징은 현재 지향적이면서 동시에 미래 지향적이라는 점이다. 현재 적극적 선택과 노력, 지속적 인내를 통해 자신의 목표를 수행하고 있는 중이면서, 순간의 욕구보다는 미래의 기대와 가치에 부합되는 삶을 연출하고 있는 자들이다. 자신이 이루고자 하는 꿈과 비전의 실현을 위해 현재의 순간적 즐거움을 잠시 뒤로 미룬 채 미래의 지연된 만족을 위해 노력할 수 있는지 한번 생각해 볼 일이다.

다니엘 핑크(Daniel Pink)는 동기부여 원칙을 3가지로 요약했다. '주도성(Automomy)', '전문성(Mastery)', 그리고 '목적의식(Purpose)'이다. 그는 당근과 채찍이라는 외재적 동기부여는 위의 세 가지 내재적 동기부여를 이기지 못한다고 강조한다. 보상과 처벌보다는 우리 안에 있는 내적 욕구가 동기부여의 진짜 핵심요소다.

내가 앞서 언급한 동기부여가 강한 수강생은 실제로 자기주도성이 강해서 고등학교 학생 당시 사교육의 도움을 받으면 학업성적이 향상될 거라는 주변의 권고를 접고 자기 스스로 학습하여 서강대학교에 입학했다. 대학 입학 초기부터 자신의 전문성을 고민하면서 그에 관련된 지식과 경험을 쌓는 데 게으르지 않았다. 그는 투자사나 헤지펀드 분야에 관심 있는 내 제자를 연결해 주면 도움을 주겠다는 문자 메시지를 보낼 정도로 자신의 재능과 전문성을 남과 나누고자 하는 목적의식이 강하다.

내가 현재 일하는 동기부여의 원동력은 무엇일까? 나는 왜 또 다른 일을 선택하고 노력하는 것일까? 나는 내 일을 얼마큼 더 지속적으로 할 수 있을까? 나 역시 내 자신에게 묻는 질문이다. 나는 학창 시절 우등생이었지만 공부가 재미있던 적이 단 한 번도 없었다. 부모와 학교의 기대에 대

나는 내 인생의 '리더'다

한 부응과 동료보다 더 나은 등수를 받겠다는 경쟁심이 내가 공부한 이유다. 솔직히 외재적인 동기부여만으로 살아온 학창시절이다.

나는 나이가 들어 뒤늦게 유학을 다녀 온 후 변화했고 도달하고 싶은 인생의 비전이 생겼다. 내가 하는 일이 중요하며 가치가 있다는 확신이 나를 도전하게 하고, 내 교육이나 컨설팅을 통해 변화하는 사람들 자체가 나의 성취욕을 자극한다. 하나님이 나에게 주신 달란트대로 살아갈 소명의식에 대한 감사와 영적 은사에 대한 기대감이 나를 설레게 한다.

존 맥스웰(John Maxwell)의 저서 중 『사람은 무엇으로 성장하는가?』란 책이 있다. 사람은 돈과 명예만으로 성장하지 않는다. 나는 이것을 40대에 깨달은 것이 참 다행이라고 생각한다. 자신의 가능성이 성장하고 있다는 확신으로 인간은 성장한다. 이러한 성장 욕구가 내재적 동기부여의 힘이 아닐까?

Question

• 나는 내재적 동기부여 능력이 있는가?
• 나만의 동기부여 방법은 무엇인가?

Activity

• 동기부여 단계 예문 연습해 보기.

Reflection

• 지속적으로 동기부여 하기 힘든 개인적, 환경적 원인 찾아보기.

한국인들이 오랫동안 꿈꿀 수 없는 이유

박보성(2017년 수강생)

어릴 적부터 헬스장을 다니면서 발견한 매년 반복되는 패턴이 있었다. 1월 초만 되면 텅 비었던 헬스장에 사람이 넘쳐 러닝머신에는 뛸 자리도 없어지는 것이다. 하지만 3월쯤 되면 다시 예전의 헬스장 모습으로 돌아갔다. 새해가 시작되면 철저하게 건강관리를 하겠다고 다짐한 사람들이 3개월을 버티지 못하고 헬스장에 나오지 않는 것이다. 이렇게 주위에서 적극적 선택과 노력하는 자세가 지속적이지 못하는 경우를 많이 볼 수 있다.

사람들이 내적 동기부여를 하기 힘든 이유를 세 가지로, 개인적 차원의 원인, 네 가지 사회적 차원의 원인으로 설명하겠다.

지속적인 동기부여가 힘든 개인적 이유는 단기간의 목표설정, 군중심리, 그리고 결과주의적 평가로 설명할 수 있다. 첫 번째로 한국 사람들은 큰 목표를 그리지 못하고 당장의 편의를 추구하는 경향이 있다. 힘든 과정을 버티면 더 큰 기회가 찾아와 성공을 가져다 줄 수 있지만 힘든 길보다는 안정적이고 편한 길을 찾고자 하기 때문에 당장의 금전적 보상과 같은 외부 자극이 존재하지 않는다면 그 일이 하고 싶은 일이라도 회피하려고 한다. 두 번째로 한국인들은 군중심리, 모방심리가 있기 때문에 일을 선택할 때 자신이 하고 싶어서 결정하는 것이 아니라 타인을 따라하는 경우가 많다. 예를 들어 수강신청을 할 때 많은 대학생들이 자신이 듣고 싶은 수업보다는 친한 동기가 듣는 수업을 같이 신청하는 경우가 많다. 그렇기에 수업을 듣는 과정에서 그것의 중요성, 필요성을 느끼지 못하고 내재적 흥미 또한 잃게 될 가능성이 크다. 마

나는 내 인생의 '리더'다

지막으로 한국은 결과 위주로 판단하는 상황이 많다. 많은 사람들이 과정보다는 결과에 집중하며 결과가 좋으면 많은 일들이 수월하게 풀린다. '수능'이 가장 큰 예시다. 아무리 모의고사를 잘 보고 학교 생활을 성실하게 했던 사람들도 한 순간의 실수로 원하지 않던 대학에 들어갈 수밖에 없다. 반면 외국대학의 경우에는 중간 과정을 중시하며 SAT 또한 한 번이 아니라 여러 번 치를 수 있는 구조이다. 결과로만 평가하는 구조는 사람을 빨리 지치고 포기하게 만들어 버린다.

지속적인 동기부여가 힘든 환경적인 문제는 사회 구조적 문제, 다양하지 못한 교육, 경제적 문제 그리고 비인기 직종에 대한 차별이 있다. 일단 사회의 구조적인 문제는 다양한 장벽들을 만든다. 가장 심각한 것이 유리장벽이라고 표현되는 직장에서의 '남녀차별'이라고 생각한다. 예전보다 훨씬 평등한 근무환경으로 바뀌었다고 해도 출산과 결혼을 계획하고 있는 여자 직장인들은 여전히 힘겨운 상황이 많기 때문에 스스로에게 큰 동기부여를 하지 않는 경우가 종종 있다. 두 번째로, 한국 사람들은 획일화된 교육을 받은 경우가 많아서 새로운 길은 최대한 피하려고 한다. 자신이 정말 하고 싶은 일이 있더라도 배워 본 적, 해 본 적이 없기 때문에 자신감을 잃고 적극적 선택도 하기 전에 동기부여를 멈추고 만다. 세 번째로 한국은 비인기 직종에 대해 불충분한 지원을 하고 있다. 소방관, 경찰 등에 대한 지원은 많지 않으며 미래가 어둡다고 생각하는 자연과학대학, 인문대학 같은 경우에는 그 입지 또한 점점 좁이지고 있는 상태나. 이 쪽에 꿈을 갖고 있는 사람들도 현실적인 문제와 맞물려서 꿈을 실현하는 과정을 지속하기 힘들다. 실제로 대부분의 농업대학, 자연대학 학생들은 본인의 꿈을 끝까지 이루지 않고 약학전문대학원(PEET) 시험을 준비하는 길을 택하고 만다. 마지막으로 경제적인 문제로 인해 스스로 동기부여 되기 힘든 상황도 많다. 이런 경우는 예체능 계열에서 많이 볼 수 있는데 특히 무용, 음악계열 학생들이 경제적 상황으로 인해 자신의 꿈을 끝까지 펼치지 못하는 경우가 많다. 나도 고액의 악기 가격이나 발레 레슨비 때문에 중간에 그만 둔 친구들을 몇 명 본 적이 있다. 어쩔 수 없는 환경적 상황으로 인해 꿈 앞에서 좌절하는 경우는 굉장히 안타깝고 구조적으로 개선되어야 할 필요가 있다고 생각한다.

누군가의 의지로 극복하기 힘든 환경적 장애물들이 존재한다는 사실 자체가 굉장히 안타깝다. 물론 사회도 이런 장벽을 낮추기 위해 노력해야 하겠지만 그보다도 개인의 내면에서 우러나오는 동기부여가 단단하게 그 사람을 잡아 줄 수 있기 때문에 더 중요한 역할을 한다고 생각한다. 따라서 사람들은 현실적인 문제보다 스스로가 진짜 무엇을 하고 싶은지를 먼저 고민해야 할 것이다.

나는 내 인생의 '리더'다

리더가 되도록 자신을 훈련하라
Train yourself to be a leader

"시간이 해결해 준다는 말이 있지만, 실제로 일을 변화시켜야 하는 것은 바로 당신이다."

-앤디 워홀

그림 5. 자아 훈련 맵

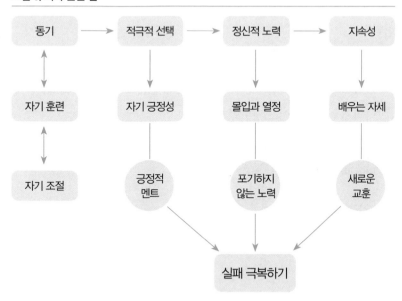

우리는 풍요로운 시대이면서 동시에 미래가 불안한 시대에 살고 있다. 현재의 지식과 기술의 속도는 점점 더 빨라지고 있다. 어떠한 직업과 직종도 안정성을 보장하지 않는다.

앞으로 다가오는 4차 산업혁명 시대의 가 보지 않은 길에 대한 두려움까지 우리의 불안을 가중시키고 있다. 어느 때보다 두려움을 저항할 수 있는 자신만의 마음가짐이 중요해졌다. 석기시대 돌이 모자라서 종말을 맞은 것이 아니듯이, 새로운 기술의 변화가 모든 것을 해체시킬 수는 없다. 어떠한 시대가 와도 눈앞의 현실을 직시하고 부딪쳐 이겨 내겠다는 각오가 필요하다. 사람을 성장시키는 것은 세월이 아니라 깨달음이고 실천이다.

자기 자신에 대한 파악과 비전과 가치관의 확립, 자기관리 방안과 동기부여 전략까지 세워졌다면 이제는 자신이 원하는 '자기 브랜드'를 만들기 위해 의식적으로 자기 자신을 변화시키기 위해 통제하고 훈련해야 한다.

"나는 긍정적인 사람인가?"

"나의 몰입강도는 어느 정도인가?"

"나는 언제 열정적인가?"

"나는 매순간 배울 자세를 갖추었는가?"

"나는 실패 후 무엇을 배웠는가?

나는 내 인생의 '리더'다

자기 긍정성

"우리의 인생은 우리가 생각한 대로 이루어진다."

-마르쿠스 아우렐리우스

세계적인 베스트셀러 『시크릿(The Secret)』의 저자 론다 번(Rhonda Byrne)은 비밀의 열쇠를 찰스 해낼(Charles F. Haanel)의 '끌어당김의 법칙(law of attraction)'에서 구했다. 끌어당김의 법칙은 '비슷한 것끼리 끌어당긴다.'란 뜻으로 원하는 대상에 집중해서 생각하고, 마음에 새기면서 상상한다면 그것이 현실화 된다는 뜻이다.

끌어당김의 법칙의 핵심은 '좋은 것을 끌어당겨라.'다. 실제로 부정적이고 나쁜 생각보다는 희망과 사랑, 감사에 대한 생각을 끌어당기는 것이 우리의 삶을 풍요롭게 만든다. 인간은 자신의 잠재력을 불과 5% 정도밖에 활용하지 못한다고 한다. 로버트 콜리어(Robet Collier)가 "모든 힘은 우리의 내면에서 나오고, 따라서 뜻대로 통제할 수 있다."라고 말한 것처럼 우리 자신은 우리의 잠재력을 끌어올려 보다 나은 존재로 거듭날 수 있다.

우리의 뇌조직은 오묘해서 신경망을 통해 우리의 마음과 정신을 다스리고, 생각과 태도에 변화를 준다. 우리가 우리 자신을 보다 긍정적인 사람으로 변화시키고자 한다면 자신의 생각을 진화시켜야 한다. 즉, 생각하고 행동하는 단계를 거쳐야 한다. 자신의 생각을 변화시키는 일은 물론 쉽지 않다. 하지만 인간이 다른 동물과 다른 점은 자유 의지가 있어서 우리의 욕구와 행동을 조절한다는 점이다.

신경가소성(neuroplasticity)이란 말은 기억이나 학습을 기록하고 있는 신경회로의 연결을 바꾸는 뇌의 능력을 말한다. 카이로프랙틱 박사인 조 디스펜자(Joe Dispenza)는 인간은 훈련을 통해 새로운 회로를 만들거나 이미 만들어져 있는 것을 수정할 수 있다고 말했다. 고통과 좌절의 시기에 자신의 원대한 비전과 미션을 되뇌어 보면서 '나는 잘해 나갈 수 있을 거야.', '이번 실패로 많은 교훈을 받았어.'처럼 지속적으로 긍정적인 생각을 한다면, 그리고 과거 기분 좋았던, 성공했던, 행복했던 기억을 의식적으로 연상시킨다면, 긍정적인 뇌회로로 수정될 수 있다. 이러한 행동을 계속 반복해서 습관화한다면 새로운 뇌회로를 활성화시키는 일이다. 변화를 꿈꾸고 또 그 변화에 맞추어 습관화하는 일이 힘든 이유가 바로 새로운 뇌회로를 만드는 일, 그리고 만들어져 있는 뇌회로를 수정하는 일이기 때문이다.

이러한 반복된 습관은 우리를 긍정적 성격의 소유자로 변화시키며 우리의 삶에 평생 영향을 미치게 된다. 긍정적인 사람으로 자신을 훈련하기 위해서는 인식과 몰입, 의지와 실천력이 필요하다. 이러한 긍정적 자세와 적극적 태도는 우리의 성격을 보다 자신이 원하는 개체로 변화시킨다. 중요한 것은 우리의 자유 의지로 습관화시키는 일이다. 셀프 리더십을 갖추는 일은 깨달은 후 계속 갈고 닦아 자신을 훈련시키는 돈오점수(頓悟漸修)인 셈이다.

데일 카네기(Dale Carnegie)는 어느 한 라디오 방송국 프로그램에서 인생에서 얻은 가장 소중한 레슨을 세 개의 문장으로 요약해 달라는 질문을 받았다. "인생에서 가장 중요한 레슨은 우리가 생각하는 것에 대한 엄청

나는 내 인생의 '리더'다

난 중요성이다. 내가 당신이 생각하는 것을 안다면 나는 당신이 어떤 사람인지 알아낼 것이다. 왜냐하면 당신의 생각이 현재의 당신을 만들기 때문이다. 우리의 생각을 바꿈으로 인해 우리는 우리의 인생을 변화시킬 수 있다." 그는 리더의 요건으로 부정성에 사로잡히지 말고 긍정적인 힘을 키울 것을 강조했다. 그는 긍정적인 태도를 성공으로 이끄는 가장 강력한 동기유발제로 보았다(Dale Carnegie, The Leader in You).

웅진그룹의 윤석금 회장은 브리태니커 백과사전 영업사원으로 시작해서 16개 계열사를 거느린 창업주다. 그는 저서『긍정이 걸작을 만든다』에서 "긍정은 어려움에 처하더라도 그것을 헤쳐 나가겠다는 의지를 갖는 것, 할 수 있다는 자신감을 갖는 것"이라고 말한다. 창의와 열정도 긍정적 생각에서 시작된다고 보았다. 자신의 모토가 된 긍정적 생각과 적극적 태도를 성공의 가장 큰 동력으로 보았다. 다음에 제시하는, 윤석금 회장이 매일 아침 외우는 '나의 신조'에는 자기 긍정성이 녹아 있으며, 이것을 반복적으로 습관화한 노력이 엿보인다.

샐러리맨 신화의 기적을 이루었던 윤석금 회장은 건설 경기의 악화, 섬유시황의 부진, 태양광 산업 침체의 삼중고를 겪으면서, 웅진씽크빅만 남겨 놓은 채 창업 초기로 돌아가게 되었다. "작으면 작은 대로 다시 시작하면 된다."라고 주문을 외우는 윤석금 회장의 자기 긍정성의 결과 또 다른 걸작을 만드는지 지켜볼 일이다.

- 나는 나의 능력을 믿으며 어떠한 어려움이나 고난도 이겨 낼 수 있고, 항상 자랑스러운 나를 만들 것이며 항상 배우는 사람으로서 더 큰 사람이 될 것이다.

- 나는 늘 시작하는 사람으로서 새롭게 일할 것이며, 어떤 일도 포기 하지 않고 끝까지 성공시킬 것이다.
- 나는 항상 의욕이 넘치는 사람으로서 행동, 언어와 표정을 항상 밝게 할 것이다.
- 나는 긍정적인 사람으로서 마음이 병들지 않도록 할 것이며, 남을 미워 하거나 시기, 질투하지 않을 것이다.
- 나는 내 나이가 몇 살이든 스무 살의 젊음을 유지할 것이며, 세상에 태어 나 한 가지 분야에서 전문가가 돼 나라에 보탬이 될 것이다.
- 나는 항상 정신과 육체를 깨끗이 할 것이며, 나의 잘못을 고치는 사람이 될 것이다.
- 나는 나의 신조를 매일 반복해서 실천할 것이다.

프란체스코 알베로니(Francesco Alberoni)는 『실패한 사람들은 말의 8할이 부정이다(Publico e Privato)』에서 부정적 사고와 말이 자기 자신만이 아니라 타인에게도 얼마나 부정적인 영향을 미치는가를 설명하고 있다. 그는 비난보다는 칭찬을 부정보다는 긍정을 강조하면서, 긍정적인 사고의 전환이야말로 자신의 삶을 풍요롭게 할 뿐만 아니라 성공으로 이끄는 길이라고 보았다. "나는 무조건 안 된다."고 먼저 말하는 사람인지 그러한 부정적인 마인드가 습관화되어 마음의 문제가 되고 있는지 깊이 사고할 필요가 있다. 부정적 사고는 우리가 무언가를 시도하기도 전에 우리를 인생의 패배자로 만든다. 그의 책에서는 긍정적인 사고를 위한 다음과 같은 네 가지 질문을 던진다.

"어떻게 편견 없이 사람을 바라볼까?"

"어떻게 미움 없이 세상을 이겨 낼까?"

"어떻게 시기 없이 인생을 가꿀까?"

"어떻게 상처 없이 사랑을 이룰까?"

위의 네 가지 질문에 선뜻 긍정적 답변이 나오는 사람들은 몇 명이나 될 것인가? 다른 성, 인종, 나이, 지역, 학벌에 대한 편견은 없는가? 내가 대기업을 소유하고 있는 경영자 집안에 태어나지 않았음을 원망하고 있진 않은가? 그러한 환경을 가지고 처음부터 편하게 시작하는 젊은 2세 혹은 3세 경영인을 미워하고 있지는 않은가? 혹은 신체적 부분에 불만이 있진 않은가? 세상은 불공평하다고 얼마나 낙담해 보았나?

세상은 태어나는 순간부터 생물학적, 환경적, 그리고 시대적 차원에서 볼 때 원래 공평하고 평등하지 않다. 그렇치 않아도 살기 힘든 세상에 내가 바꿀 수 없는 가정 환경과 사회적 여건에 불평하고 낙담하는 일은 내 인생의 시간 낭비다. 내 부모를 바꿀 수도 타임머신을 타고 내가 원하는 시대와 장소에 도달할 수도 없다. 외부적 환경으로만으로도 인간관계만으로도 인생은 수월하지 않다. 군이 남과 비교해서 내 인생을 더 힘들게 만들 필요는 없다.

내 주변에 나보다 학교 시절 성적이 안 좋았던 친구가 더 성공한 경우는 없는지, 그들과 진심으로 시기 없이 편안한 관계를 유지하고 있는지, 물질적으로 더 풍족해 보이는 주변 사람들을 질시하고 있진 않은지, 겉으로는 웃으며 축하하면서 속으로는 잘못되기를 은근히 바란다면, 나는 사촌이 땅 사면 배 아파 하는 유형의 사람이자 부정적인 사람이다. 나의 인생길에서 진정으로 사랑을 주고받는 사람이 있는지, 아무런 보상 없이도 진심을 다하는지 그리고 아직도 끊임없이 나에게 긍정적 에너지를 줄 사람들을 찾아나서고 있는지 물어보길 바란다.

우리나라 사람들은 정이 많은 민족이다. 다른 사람의 어려움과 고난에 진심으로 마음 아파하고, 공감하고, 배려한다. 하지만 그들의 성공에는 그리 호의적이지 않다. "부모 잘 만나서 그렇지.", "결혼 잘한 거밖에 더 있어?", "어릴 때 공부도 못하더니.", "내가 그러한 환경을 만났다면 더 성공했을 걸." 하는 부정적인 감정에 사로잡혀 진심으로 누군가의 성공을 축복해 주지 못하는 사람들을 보았다.

슬픔을 같이 나누는 일보다 다른 사람의 성공을 축하해 주는 마음은 위의 네 가지 질문에 모두 긍정적이어야만 가능하기 때문에 보다 고차원적인 공감 능력과 자기 감정 조절 능력을 요구한다. 그래서 남의 성공을 진심을 다해 기뻐하고 축하해 주는 일은 어쩌면 슬픔의 공감보다 더 어렵다. 하지만 '긍정적인 사고' 훈련은 가능하며, 자신보다 나은 상대방의 장점을 칭찬하다 보면 자기 자신이 긍정적으로 변하는 것을 느끼게 된다.

자기 자신과 타인에게 긍정적 사고와 태도를 취하는 것은 자기 자신을 위하는 일이자, 성공으로 가는 길이다. 비관적이고 자조적인 부적 정서는 사람을 기운 빠지게 하고 의지를 위축시킨다. 부정적인 마음이 내 마음 속에 들어오면 소리쳐야 한다. 자신의 능력에 대해 회의가 올 때 "나는 ~한 장점을 갖추었으니 잘될 거야.", 성공에 대한 두려움이 지배할 때는 "나는 ~의 가치철학과 리더십을 모토로 하고 있으니 언젠가는 인정을 받을 거야.", "내가 현재 가지고 있는 것에 감사하자." 하는 식으로 자신에게 계속 용기와 동기를 줄 때 긍정의 뇌회로는 더욱 굵게 활성화된다. 격려와 감사는 부정적인 사고에서 벗어나는 최고의 방법이다.

케이블 TV Mnet의 인기 리얼리티 쇼인 2011년 〈슈퍼스타 K3〉에서 우승한 울랄라 세션의 임윤택은 '긍정의 리더십' 소유자로 각광받았다. 위암 진단을 받고 수술을 통해 위와 십이지장을 절제했지만 무대 위에서 투혼을 발휘하며 힘들어 하는 멤버들을 다독이며 긍정성을 잃지 않았다. "하루를 살아도 마지막처럼 긍정적으로 살자."는 그의 삶에 대한 긍정적 태도가 많은 사람들에게 감동을 주었다.

폴리애나 현상(Pollyanna Effect)은 미국의 여류작가 엘리노 포터(Eleanor H. Porter)의 1913년 소설 『폴리애나(Pollyanna)』에서 유래된 용어이다. 실제 소설은 긍정적인 폴리애나의 해피엔딩 스토리지만, 심리학자들이 사용하는 폴리애나 현상이란 고난과 역경 속에서 적극적으로 대처하기보다는 '어떻게 되겠지.' 하고 바라는 무사안일주의를 말한다. 단순히 '어떻게 되겠지.' 하고 바라는 안일한 심리상태는 무계획적인 생활 패턴을 초래하며 근본적인 문제해결 능력을 저해한다.

중학교 때 세 번씩 읽고 본 소설과 영화는 마가렛 미첼(Margaret Mitchell)의 〈바람과 함께 사라지다〉이다. 남아선호적 집안 환경에 불만이 강했던 나에게 똑똑하고 강인한 성격의 여주인공 스칼렛 오하라(Scarlet O'Hara)는 내 어린 시절의 영웅이었다. 내 방 책상 위 영화 속 마지막 장면의 비비안 리(Vivien Leigh) 사진을 걸어 둘 정도로 그녀는 나에겐 한 가닥 빛줄기 같은 이상적 여성상이었다.

사랑하는 딸은 말에서 떨어져 죽고 사랑하는 남편 레드 버틀러(Rhett

Butler)는 떠나간다. 이 영화의 엔딩 장면에서 오하라는 붉은 노을의 석양이 짙은 커다란 나무 아래 대지에 우뚝 서서 독백을 한다.

"타라, 오 내 고향, 타라에 가자. 거기에 가면 그이를 되찾을 방법이 생각날 거야. 결국 내일은 내일의 태양이 떠오를 테니깐(After All, tomorrow Is anther day)." 내일은 내일의 태양이 뜬다는 말의 번역은 좌절하지 말고 희망을 가지라는 의미로 해석되고 있다. 하지만 원어로 보았을 때 "결국 오늘만 날이 아니니까."가 더 가까운 해석일 것이다. 단순히 무사안일주의의 낙천적 대사가 아니라 재기에 대한 의지와 결연함이 묻어 있는 긍정적인 엔딩 대사이다. 그래서 나는 이 대사를 좋아한다.

이 장에서 말하는 '자기 긍정성'은 긍정적인 생각에만 그치는 단순한 낙천성과 실천적 행동이 수반되지 않은 막연한 기대와는 다르다. 내가 강조하는 '자기 긍정성'은 자신이 되어 사는 삶 속에서 만나게 되는 어려움을 이겨 내는 의지와 태도를 말한다. 노력이 부족한 사람들이 "내일이면 더 나아질 거야.", "나는 계속 운이 좋을 거야."와 같은 말을 하곤 한다. 노력 없는 자기 긍정은 현실도피다. '긍정적으로 생각하기'란 쉽다. 하지만 '긍정적으로 행동하기'는 의지와 노력 그리고 실천의 연장선 속에 존재하기 때문에 어려운 것이다.

"시련은 있어도 실패는 없다."라는 말을 남긴 현대의 고 정주영 회장, 그리고 "지금 자면 꿈을 꿀 수 있지만, 노력하면 꿈을 이룰 수 있다."라고 말한 가수 비가 한 말처럼, 자신만의 한 줄 긍정 멘트를 작성해 보길 바란다. 나의 경우 나만의 긍정 멘트로 "나는 늘 진심으로 노력하니 잘 될 거야." 하는 말을 힘들 때마다 되뇌곤 한다. 그러면 기분이 훨씬 나아짐을 느낀다. 매일 아침 자신의 긍정멘트를 소리 내어 읽어 보라. 그리고 상승된 자신의 에너지를 느끼고 즐겨 보라. 긍정적인 사람들은 태어날 때부터 그렇게 태어난 것이 아니라 긍정적이 될 때까지 자신을 훈련하고 노력한 결과이다.

몰입

"이기고 싶다면 우선 그 속에 뛰어들어라."

-영국 속담

그녀와 아버지는 바닷가에 함께 있었다.

아버지는 그녀에게 바닷물의 온도가 괜찮은지 알아보라고 했다.

다섯 살인 그녀는 아버지를 도울 수 있다는 게 신이 나,

바닷물에 두 발을 담가 보았다.

"발을 집어넣어 봤는데 차가워요." 아버지에게 돌아온 브리다가 말했다.

아버지는 그녀를 번쩍 안아 올려 바닷물까지 데리고 가더니,

아무 말 없이 물속에 풍덩 집어넣었다.

그녀는 깜짝 놀랐지만,

곧 이것이 아버지의 장난이라는 걸 알고 재미있어 했다.

"물이 어떠니?" 아버지가 물었다. "좋아요." 그녀가 대답했다.

"그래, 이제 앞으로 뭔가를 알고 싶으면 그 안에 푹 빠져 보도록 해."

-파울로 코엘료, 『브리다(Brida)』

많은 젊은이들이 자신이 하고자 하는 일이 앞으로의 시대에 전망이 있을까 고민한다. 과거처럼 자수성가형 제조업으로 성공하기 힘들겠지만 각 시대마다 나름의 성공 방법이 있을 것이다. 그 성공 방법을 아는 가장 빠른 지름길은 자신이 직접 부딪쳐 보는 일이다. 작가가 넘쳐 흘러도 베스트셀러 작가는 있는 법이며, 베스트셀러 작가가 되지 못할까봐 글 쓰는 일을 포기할 필요는 없다.

내가 유학 갈 당시 넘쳐 나는 것이 박사인데 뒤늦은 나이에 무슨 공부냐고 걱정해 주는 사람도 있었고 그 나이에 연구소까지 차렸냐고 고개를 갸웃거린다. 모든 일은 다른 사람이 이미 하고 있다. 하지만 내가 직접해 보지 않으면 내가 그 분야에서 무슨 일을 할 수 있을지 알 수 없다. 내가 진정으로 원하는 일이라면 무조건 시도해 보라. 일단 저지르고 몰입해 보라. 자신이 갈 길인지 가지 말아야 할 길인지 알아내기까지.

『나는 세계일주로 경제를 배웠다(Around the world in 80 trades)』의 저자 코너 우드먼(Conor Woodman)은 다음과 같은 말을 남겼다. "시도하고, 시도하고, 또 시도하라. 해보지도 않고 성공하길 바랄 순 없지 않은가. 설령 실패했더라도 다음 번에 성공하는 데 도움이 될 교훈은 얻을 수 있을 것이다." 실패에도 아랑곳없이 자신의 목표를 향해 가는 사람들이 긍정적인 태도로 자신을 심리적·정서적으로 동기화시킨다면, 그것을 행동으로 나타나게 만드는 동력은 바로 몰입이다.

이제 우리의 경제는 '돈의 경제'에서 '만족도 경제'로 급변하고 있다. 우리들은 직업 만족도에 있어서 자신의 강점과 가치관을 활용하는 데 둔감시해 왔다. 기본적인 생활을 보장하는 생업으로서의 직업이 아닌 자신의 전문성으로 만족과 의미를 가질 때, 자신의 일에 자부심을 느낄 때 몰입한다. 자신의 강점이 자신 뿐만 아니라 더 많은 사람의 행복에 기여한다고 느낄 때 그 일에 심취한다(마틴 셀리그만, 긍정심리학).

몰입(沒入)이란 말은 완전히 빠져 들어가 있는 상태를 말한다. 프랭클린 루스벨트(Franklin Roosevelt) 대통령은 '진정한 헌신'이란 말을 썼고, 몰입이란 말이 학계와 대중의 관심을 끌게 된 것은 미하이 칙센트미하이 교수의 『몰입, 미치도록 행복한 나를 만난다(flow)』에서 시작되었다. 그가 말하는 몰입이란 주위의 잡념과 방해물로부터 자유로운 심적 상태로 온 정신을 집중하는 일이다. 마치 '물 흐르는 것처럼 편안한 느낌'이라서 'flow'라는 단어를 사용했고 학술적으로는 최적 경험(optimal experience)이라고 한다.

성공한 사람들은 시간을 쪼개고 잠을 줄이고 몰입했다. 이명박 전 대통령은 입사 이후 단 하루도 4시간 이상 잠잔 일이 없이 일에 몰두하는 저돌적 몰입형이다. 10년에 걸쳐 무명의 작가로 출판 거절을 받고도 끊임없이 글을 쓰고 또 쓴 헤밍웨이는 인내형 몰입을 실천한 자가였으며, 『태백산맥』의 작가 조정래는 외출도 삼가고 작품에 몰두하는 은둔형 몰입가이다.

유명한 예술인, 체육인, 음악가와 체스나 바둑의 대가, 그리고 각종 전문인들은 외부적·환경적 조건의 방해 세력과 유혹에 굴복하지 않고 어릴 때부터 자신의 재능에 몰입했다. 마이크로소프트를 창설한 빌 게이츠는 13세에 컴퓨터 안전 시스템을 해킹했으며, 세계적인 첼리스트인 요요마(Yo-Yo Ma)는 15세에 고등학교를 졸업하고 줄리아드학교에 입학했다. 장영주는 6세에 오디션을 통과하고 줄리아드학교에 입학했으며, 8세 때 주빈 메타(Zubin Mehta)가 지휘하는 뉴욕 필하모닉 오케스트라, 리카르도 무티(Riccardo Muti)가 지휘하는 필라델피아 오케스트라와 협연했다.

앞의 예처럼 일부 소수의 천부적인 재능을 가진 자들만이 이러한 최적 경험의 단계에 다다를 수 있는 것일까? 아니면 우리 모두 이러한 몰입의 경험을 체험할 최소한의 잠재력을 가지고 태어나는 것일까? 우리는 어떻게 우리의 의지를 질서화시켜 자신의 삶을 통제할 수 있는 것일까? 우리의 의식을 방해하는 심리적 엔트로피(entrophy)*라 불리는 내적 무질서 상태에서 의식의 질서 상태인 최적 경험, 즉 몰입의 단계로 전환될 수 있는 것인가?

인간의 가장 큰 축복은 말과 글로 표현하는 의사소통 능력에 있다고 말한다. 인간이 받은 최고의 선물이자 축복은 가장 발달된 뇌인 전두엽이라고 했다. 인간의 대뇌반구는 각각 담당하는 기능에 따라 크게 전두엽·측두엽·두정엽·후두엽 네 개로 구분되는데, 앞이마 뒤쪽에 자리하고 있는 전두엽은 인간의 신경계에서 가장 진화된 부위다. 전두엽은 우리의 의식, 의지, 목적을 선택하고 주관하는 행동의 중추로서 감정과 사고를 제어하고 새로운 것을 창조하는 기능을 하는 '뇌 안의 뇌'인 것이다 (조 디스펜자, 『꿈을 이룬 사람들의 뇌』).

인간이 만물의 영장이라고 불리는 것은 다른 동물에 비해 전두엽이 발달되었기 때문이다. 공룡은 거대한 몸집에 비해 뇌의 무게가 몸무게에 대비할 때 2만분의 1밖에 되지 않는다. 이 정도의 뇌의 무게로는 지구의 험난한 변화에 적응하지 못했기 때문에 도태되었다고 한다. 인간의

---

* 충족되지 못한 욕구, 무너진 기대, 외로움, 좌절, 불안, 죄책감과 같이 정서적으로 안정되지 못하며 외부적 요인들에 대해 영향받게 되는 무질서 상태, 자기계발 노력이 없으면, 마치 중력이 사물을 아래로 끌어내리는 것과 같이 충동적인 힘, 엔트로피에 의해 인간은 무질서 상태로 가는데, 이것을 극복하는 힘이 몰입이라고 칙센트미하이는 말하고 있다.

나는 내 인생의 '리더'다

인간다움을 결정하는 전두엽은 다른 동물과 비교해서 상대적으로 크다. 고양이의 뇌에서 전두엽이 차지하는 비율이 3.5%, 개의 경우 7%, 침팬지나 원숭이의 경우 약 17%라면, 인간의 경우 전체 대뇌 신피질에서 전두엽이 차지하는 비율은 30~40%이다.

전두엽은 새로운 것을 배우고 익히며 그것에 집중하는 것을 좋아한다. 우리는 재미 없는 수업, 회의나 세미나에서 벌떡 일어나고 싶은 충동을 억제하기도 하고, 시험이나 수능 혹은 국가고시에서 좋은 성적을 받기 위해 오랜 기간 의식적으로 집중한다. 그것이 설령 재미가 없더라도 좋은 결과를 위해 우리의 사고, 의욕, 감정을 다스린 경험이 있을 것이다. 전두엽은 환경의 방해를 받지 않도록 다른 신경망을 진정시키는 리더의 역할을 한다.

몰입의 중추인 전두엽은 행동을 결정하고 통제하며, 미래를 계획하는 굳은 의지의 중추이며, 우리가 진정으로 한 가지 일에 몰두할 수 있도록 잡념이나 다른 자극의 쏠림을 막아 준다. 불교에서는 108가지의 번뇌를 극복하기 위해 108배를 한다. 스님들의 참선이나 염불 역시 전두엽을 자극하여 한 가지의 생각으로 집중을 꾀하도록 하는 활동이라 여겨진다. 우리의 자유 의지를 계발시키고, 원칙을 정하고 충동을 억제시켜 주는 기능을 하는 것이 바로 전두엽인 것이다.

무아지경(無我之境)이란 나 자신이 없다고 느낄 정도로 정신이 한곳에 쏠린 상태로, 스스로를 잊고 있을 정도의 경지를 말한다. 영어로는 'trance' 라고 표현하고 최면의 상태로 보일 정도의 강한 몰입의 단계를 말한다. 중국계 피아니스트 랑랑(郎朗)이 피아노 연주를 할 때 뉴욕의 비평가들은 지나치게 과장된 연주를 보여 준다고 비판한 적이 있었다. 하지만 그는 연주를 할 때 마치 자신이 그 곡을 작곡한 사람인 듯한 감정으로 빠져들어 연주를 한다고 말했다. 랑랑이나 우리나라의 세계적인 바이올리니스트 장영주의 연주를 볼 때마다 그들이 무아지경의 경지를 맛보고 있다고 느끼곤 한다.

운동선수들도 강한 무아지경에 빠지곤 한다. 마이클 조던은 강한 몰입으로 농구 골대가 쓰레기통처럼 커 보인다고 했고, 연습벌레로 유명한 프로 골프인 최경주 선수도 퍼팅을 하면 홀에 그냥 빨려 들어간다고 여길 정도로 강한 집중을 한다. 한국의 마린보이라는 애칭을 가진 박태환 선수는 2011년 세계수영 선수권 대회 400m 결승에서 1레인에 출전한 것이 다른 선수의 상황을 견제할 수 없어 불리했지만, 오히려 자신의 수영에만 몰입했기 때문에 우승할 수 있었다고 말했다.

무아지경은 바로 몰입의 깊은 단계로, 달리기에서 말하는 러너스 하이(runner's High)처럼 황홀감에 가까운 기분의 고양감과 비슷하다. 몰입의 경지로 가기까지는 고통의 연속이지만, 전문가들은 우리가 집중하는 법을 배우고 현재에 몰입하는 법을 배움으로써 그 횟수와 시간을 늘릴 수 있다고 말한다.

내가 서강대학교에서 가르친 한 학생은 소위 게이머다. 고등학교때 프로 게이머 대회에 나갈 정도로 게임에 미친 학생이었다. 대신 부모님의 걱정은 대단했고 게임을 하지 말라고 아무리 설득해도 말을 듣지 않았다. 그 학생은 부모님께 게임을 계속하는 대신 1년 열심히 공부해서 대학 입학하겠다는 조건의 협상 카드를 제시했다. 결국 대학도 합격하고 4학년 때 게임회사에 취직도 했다.

말을 물가로 데려가도 물까지 먹일 순 없다. 아이들을 학원에 데려가도 공부를 잘하게 만들 순 없다. 학년이 높아질수록, 전문성이 고도화될수록 몰입해야 실력이 쌓인다. 몰입은 억지로 되지 않는다. 행복해서 몰입하고 몰입하는 순간이 행복하기 위해 자신의 강점을 계발하는 것만큼 중요한 것은 없다.

몰입의 단계

몰입을 경험하는 사람들이 모두 좋은 환경에만 있는 것은 아니다. 황홀감과 행복감의 상태에 빠지기보다는 급하고, 위기 상황이며, 생존의 위험 속에 있기도 한다. 시험 보기 막바지가 되어서 암기가 더 잘 되었던 경험들이 있을 것이다. 시험이 내일인데, 외워지지 않는 암기 과목이 예전보다 쉽게 암기된다거나, 시험 종을 치기 직전 교과서의 활자체가 갑자기 크게 보이는 경험들이 있었을 것이다.

얀 마텔(Yann Martel)의 『파이 이야기(Life of Pi)』는 '파이'가 난파된 배에서 '리처드 파커'라는 맹수 호랑이와 단둘이 남아 7개월이 넘는 기간을 견뎌 내고 구조되는 소설이다. 파이라는 어린아이는 생존을 위해 호랑이를 상대로 7개월을 생존하기 위해 몰입했다.

실제로 호랑이굴에 빠진 아이를 구조해 낸 부모의 이야기도 뉴스에서 들은 적이 있다. 이는 인간의 살고자 하는 의지, 그리고 자식을 살리고자 하는 의지에 강한 목적 의식이 결합되어 강인한 긍정적 신념 체계를 구축했기 때문이라고 생각한다. 빅터 프랭클(Viktor Frankl)의 『죽음의 수용소(Man's Search for Meaning)』에서 아우슈비츠에서 살아남은 자들은 왜 살아야 하는지를 아는 자들로 그들은 어떠한 시련도 이겨 낼 수 있었다고 한다. 삶의 의미를 긍정적으로 확신할 때 두려움과 고통까지도 받아들인다는 것이다.

세라믹 디자이너인 에바 지젤(Eva Zeisel)은 스탈린 정권 당시 모스크바의 감옥에 투옥되어 주변의 재료로 브래지어를 만드는 방법을 생각하고, 머릿속으로 체스를 두고, 불어로 자신과 대화하며, 자신이 지은 시를 기억해 내며 견딜 수 있었다. 인간은 극한 상황에서도 자신의 태도를 선택할 수 있으며, 자아의 질서를 유지하여 의미 있는 목표를 추구할 때 어떠한 상황에서도 몰입을 경험할 수 있다는 것을 알려 주고 있다.(칙센트 미하이, 『몰입, 미치도록 행복한 나를 만난다』)

앞서 말한 극한 상황을 제외하고 사람들은 성공하려면 그 일에 미쳐 버리라고 말한다. 즉, 미쳐서 하는 일이 바로 몰입의 단계라고 생각한다. 고도의 강력한 몰입의 경지에 오르려면 자신이 선택한 능동적인 몰입이어야 한다. 즉, 자신이 정말로 좋아하는 일에 집중하는 것을 말한다. 말콤 글래드웰(Malcolm Gladwell)의 『아웃라이어(Outliers)』에 의하면, 비틀즈(Beatles)는 오디션에 연거푸 실패해도 밤새도록 연주에 미쳐 자신감을 회복했다고 하며, 빌 게이츠는 그의 고교 시절 컴퓨터에 심하게 몰입해서 체육은 아예 제쳐 놓았다고 말했다.

첫 번째, 긍정적이고 자발적인 몰입은 자신의 재능을 찾아가는 길 속에 있다. 나는 미국 USC에서 박사과정일 때 몰입을 경험했다. 마지막 논문을 남겨 놓았을 때 1년 반 동안 오로지 논문의 내용에 대해서만 반복적으로 생각했다. 1년 반 동안 몰두하면서 필요한 자료는 박스를 만들어 보관하고, 컴퓨터 파일에 저장하고, 미리 논문 잘 쓰는 법, 통계에 대한 책도 마스터해 두었다. 남들은 시간 낭비하며 그런 책들까지 다 읽어 두

나는 내 인생의 '리더'다

느냐고 했지만, 실제로 논문을 쓰기 시작하자 무서운 속도로 몰입되었고, 통계는 이틀만에 끝내 버리자 통계 교수님이 '숫자 벌레(data bug)'라고 불렀다. 건강을 생각해서 오늘만은 일찍 자야겠다고 다짐해도 시계를 보면 새벽 3시가 훌쩍 지나 있었고, 나도 모르게 에너지가 넘쳐흘러 준비 기간을 빼고 두 달만에 논문을 완성하고 통과하여 예정보다 빨리 귀국할 수 있었다.

몰입의 단계에서는 시간의 흐름, 배고픔, 고단함을 잊을 수 있었다. 이렇게 강한 몰입을 할 수 있었던 이유는 내가 관심 있고 다루고 싶었던 주제의 논문을 쓴 것이 첫 번째라면, 다음은 언제까지 마치고 귀국하겠다는 목표가 확고했다는 점이다.

몰입의 두 번째는 목표가 확실하게 설정되어 있어야 한다는 목표 지향성이다. 현대는 테크놀로지 시대로 눈으로는 컴퓨터의 모니터를 보고 귀로는 음악을 듣고, 친구와 만나 대화를 하다가도 휴대폰으로 문자를 보낸다. 태블릿 PC를 통해 신문을 보고 책을 읽는다. 운전 중에 이어폰을 끼고 전화를 받고, 실내의 헬스센터에서 뛰면서 TV를 본다. 대학 내에서도 온라인 수업 프로그램이 있다. 우리는 소위 멀티태스킹의 시대에 살고 있다. 하지만 실제로 강한 몰입을 원하는 일일 경우, 여러 가지 일을 동시에 하기보다는 한 가지 일에 몰두해야 한다. 왜냐하면 여러 가지 일을 동시에 할 경우 통찰력을 얻기가 쉽지 않기 때문이다.

우리 주변에는 이유 없이 바쁜 사람들이 많다. '친구 따라 강남 간다.'는 말이 있듯이 자신의 의지와 달리 비생산적 소비성 생활에 젖어 사는 사람들을 본다. 우리의 삶이 편리해지고 있지만, 문명화된 테크놀로지와 우리나라의 조직 중심의 문화가 몰입의 에너지인 집중된 주의력을 약화시키고 있다.

몰입의 세 번째는 "자신의 주의력을 훼방하는 인적·환경 요소들을 과감히 차단하라."이다. 종교적 명상이나 요가가 몰입의 상태와 유사하다는 생각을 한다. 몰입의 세계는 자신과의 싸움이자 투쟁이며, 자신의 주의를 조절·유지해야 하는 완성된 심리적·의식적 질서 상태이다. 천재는 재능으로 성공한 것이 아니라 우리 의식의 무의식을 부추기는 엔트로피와의 싸움에서 승리하여 네겐트로피(negentropy), 즉 몰입의 경험으로 자신의 목표를 성공적으로 완성한 사람들이라고 여겨진다. 그래서 몰입의 경지가 어려운 이유이기도 하다.

몰입의 네 번째 단계는 혼자만의 시간이 있어야 한다는 것이다. 위대한 발견과 창조는 혼자일 때, 명상 중에 끄적거리면서 성취되고, 또 그 과정 속에서 새로운 것을 익히고 습득하게 된다. 우리 사회에서 '혼자 있는 것'이란 왕따의 개념이고, 비사교적이며 외톨이라 여겨질 소지가 있다. 여기서 이야기하는 것은 주변 사람과 원만하게 지내되, 타인의 일로 자신의 시간이 많이 뺏기지 않아야 하며, 혼자인 시간을 즐기는 법을 배워야 한다는 것이다.

매일 자신만의 명상과 성찰의 시간이 있는지, 그리고 그러한 시간을 자신의 몰입을 위한 에너지로 전환시켜 사용하는지 묻고 싶다. 『용기』, 『상상하여 창조하라』 등 수많은 책을 집필한 한양대 유영만 교수는 "매일매일 글을 쓴다. 글은 자신과의 진솔한 만남이며 타자와 대상과의 관계 속에서 주고받는 대화의 기록이다."라고 말했다. 성공한 사람들은 바쁜 생활 속에서도 자신만의 몰입의 시간은 아껴 두고 있다.

많은 성공한 사람들 중에 강한 몰입의 단계에 도달했지만, 혼자만의 고독과 외로움을 극복하는 데 실패하는 경우들이 있다. 특히, 어린 나이에 일찍 성공하여 유명세에 시달리다 보면 오락과 마약과 같이 단편적인 즐거움을 얻기 위해 부정적인 몰입에 빠지게 되는 경우가 있다. 왜냐하면 몰입을 경험하는 사람들은 자신이 속한 전문 분야 속에서만 그것을 성취하기 때문이다. 따라서 그 이외의 일상 속에서 도리어 허무함과 쓸쓸함을 느끼기 쉽다. 강한 몰입을 요구하는 직업을 가진 사람들에게서 고독함과 우울증은 더 심할 수 있다.

마지막으로, 자신이 하는 몰입의 일이 자신과 타인에게 의미 있는 일인가를 정하는 일이다. 자신의 삶에 의미를 줄 만한 목표를 가지는 일이다. 미국의 경제학자인 조지프 슘페터(Joseph Alois Schumpeter)는 젊은 나이에 명성을 얻자 30대 때 "유럽 제일의 미인을 애인으로 삼고, 최고의 승마인이자 세계 제일의 경제학자로 이름을 남기고 싶다."고 말했다. 그러나 죽음을 앞둔 병상에서 "우수한 학생 몇 명을 세계 최고의 경제학자로 키운 스승으로 기억되고 싶다."고 했다. 인생의 최고의 가치는 남의 인생에 얼마나 도움이 되었는가가 아닐까 싶다. 자신의 몰입이 단순한 쾌락과 자아실현을 넘어서 타인과 공동체 사회를 위한 비전을 가질 때 몰입은 괴로움이 아니라 즐거움으로 진화될 것이다(나카노 아키라, 『피터드러커의 자기계발』).

몰입 훈련

미하이 칙센트미하이는 모든 사람이 몰입을 성취할 수 있다고 했다. 몰입을 위해 해야 할 일은 먼저 자신의 호기심과 재미를 발견하는 일이다. 그는 일반인이 호기심을 찾는 노하우를 다음과 같이 제시했다.

- 매일 자신이 관심 있는 분야의 책과 강연에 빠져라. 세상이 말해 주고 있는 목소리에 귀를 기울이고 거기에 풍덩 빠지는 일이다.
- 매일 변화를 위해 다른 어떤 것을 하라. 평상시 생각지도 못해 왔던 질문을 자신에게 던진다거나 누군가를 초대하여 전시회나 박물관에 동행한다.
- 자신을 놀라게 했던 일이나 사람들을 놀라게 한 일들을 적어라. 몇 주 후 계속 반복되는 내용에 주목한다.
- 무언가가 너의 관심을 강하게 끌 때, 그저 따라간다.
- 매일 아침 기대되는 어떠한 목표를 가지고 눈을 떠라. 무언가 매일 의미 있게 이루고 싶은 게 있는지, 그래서 하루가 시작되기를 기다려지는 게 무엇인지 생각해 본다. 매일 헌신하고 싶은 일을 찾는 것이다.
- 당신의 창의성을 자극하는 환경에서 시간을 보내라. 사람마다 다르겠지만, 운동을 하면서 책을 읽으면서 혹은 대화 중, 산책 중, 운전 중 언제 아이디어가 생기는지 주목하고 그러한 환경에 자신을 더 많이 노출시킨다.

-존 샌트록, ⟨Life-span development⟩

몰입의 중추 역할을 하는 전두엽은 새롭고 도전적인 일을 좋아한다. 하지만 정보가 익숙해지면 집중을 덜 필요로 하기 때문에 전두엽은 이 일을 대뇌 신피질의 다른 부위에 넘겨 버린다. 또한 우전두엽이 좌전두엽보다 크기가 크고, 새로운 과제에 더 활성화되어 있다. 우전두엽이 새로운 경험을 뇌조직에 새기기 시작하면 그제야 좌전두엽이 활성화된다. 다시 말해서, 몰입의 중추 우전두엽을 활발하게 하기 위해서는 새롭고 도전적인 과제, 새로운 개념을 바탕으로 영감을 받으며 '아하!의 순간(Aha moment)'을 느낄 때 더욱 개발될 수 있다.

나는 내 인생의 '리더'다

우리나라의 단순 암기 교육은 변연계를 발달시키는 일이고 전두엽의 활성화에는 크게 도움이 되지 않는다. 어릴 때부터라도 암기보다는 개념과 원리를 깨우치는 학습, 연상작용, 스스로 찾아서 공부하는 자기주도적 학습이 필요하다. 신문을 읽고 토론한다거나, 책을 읽고 독후감을 쓰는 훈련도 좋은 방법이며, 다양한 단어구사 능력과 표현력을 길러 주는 일기 쓰기도 효과적인 방법이다. 내가 생각하는 몰입을 위한 중요한 세 가지 교육 훈련은 깊은 사고 능력, 발표와 토론 능력, 그리고 글쓰기다. 기본에 충실하는 것이 가장 중요한 몰두 훈련이다.

몰입을 경험하는 대부분의 사람들은 책을 많이 읽는 사람이다. 그리고 그들만의 책 읽는 방법들이 있다. 책을 읽으면서 단순히 하이라이트 줄만을 치는 학생들이 있다. 그러나 줄 친 내용은 그리 오래 기억 속에 남지 않는다. 나의 경우는 인덱스 카드로 표시를 한다거나 책의 빈 공간에 나만의 생각을 써 놓기도 하고 종합적으로 마인드맵(mind map)을 만들기도 한다.

읽고 있는 책의 내용을 암기하기보다는 그 책의 개념과 원리, 핵심을 파악하고 자신의 의견과 아이디어를 응용할 수 있도록 하는 독서 방법을 권장하고 싶다. 책의 내용을 열심히 생각하기, 천천히 생각하기, 반복적으로 생각하기의 방법이 순발력, 응용 능력과 문제 해결 방법을 요구하는 깊은 사고로 이어지면서 자신의 직관·판단력뿐만 아니라 비전과 가치관에 영향을 줄 정도의 통합 능력을 계발시킨다.

자신의 감정을 표현하고 발표하는 능력은 전체 및 부분과의 관계를 파악하며, 보다 종합적인 능력을 발전시킬 수 있다. 토론 역시 합리성, 이성적 사고와 판단 능력을 키울 수 있으며, 호기심과 아이디어 산출, 의사

결정 능력에 도움이 된다. 고대 그리스의 플라톤과 소크라테스 대화법이나 불교에서 화두(話頭)는 문답으로 이루어진 것으로서 본질에 대한 의구심을 이끌어 내기 위한 질문과 답변으로, 몰입의 좋은 교육 방법이었다. 따라서 심층적인 주제에 대한 토론은 몰입에 도움이 많이 된다.

글쓰기 훈련은 표현력을 키워 주며 공상, 상상을 통해 창의력을 계발시킨다. 자신의 감정과 의견을 정리하는 힘은 자신만의 명상을 요구하기 때문에 기억과 사색에 적합하다. 자신의 꿈과 비전에 대한 선언문 작성은 미래에 대한 설계와 그것을 이미지화하는 능력을 키워 주기 때문에 몰입에 좋은 훈련 방법이라 할 수 있다.

이외에도 자신만의 반복적인 몰입을 위한 시간과 공간이 필요하다. 내 경우는 자동차를 운전할 때 음악을 듣지 않는다. 현재 목표로 하고 있는 과제에 대해 시간과 장소를 불문하고 끊임없이 반복적으로 사고하는데, 의외로 나만의 작은 공간인 자동차 속에서 아이디어와 영감을 얻을 때가 있다. 목적지에 도착해서 바로 떠오른 아이디어를 메모하기도 한다. 내 경우 밤에 몰입이 더 잘되지만, 4~5시간 자고도 몰두할 수 있는 사람들과 달리 충분한 수면이 집중에 더 도움이 된다. 생체리듬에 맞게 자신의 명상과 성찰, 몰입의 시간 및 장소와 같은 몰입 환경을 정해 놓는 것이 필요하다. 또한 자신의 일에 대해 전문가의 피드백을 받을 수 있다면, 보다 강한 몰입의 단계에 도달할 수 있을 것이다.

운동이나 예술 활동을 하는 사람들은 보다 강한 몰입의 단계를 요구한다. 반복된 연습이 필요하지만, 자신의 모습을 이미지화·영상화하여 상상한다거나, 전문가의 피드백을 바탕으로 수정·보완하는 작업이 필요하다. 그리고 규칙적인 운동과 식생활, 여가 활용, 스트레스 관리와 같은 건강 관리로 부담과 도전의 벽을 극복해야 할 것이다.

열정적인 삶

"진정한 리더는 땀과 피로 범벅이 된 얼굴로 현장에 살아남은 사람이다. 끊임없이 노력하고 실수하고 수없이 아쉽게 실패하고, 위대한 열정과 진정한 헌신 그리고 가치 있는 일에 자기를 바치는 그러한 사람들을 나는 진정한 리더라고 일컫고 싶다."

-프랭클린 루스벨트

열정(熱情)이란 어떠한 일에 열렬한 애정을 가지고 열중하는 마음을 말한다. 몰입이 집중하는 정신력이라면 열정이란 행동으로 뿜어 나오는 에너지라 할 수 있다. 영어 단어 'passion'은 고통을 의미하는 'passio'를 어원으로 하고 있다. 왜 열정은 아픈 것일까?

『아프니까 청춘이다』의 김난도 교수는 "열망에는 아픔이 따른다. 그 아픔이란 눈앞에 당장 보이는 달콤함을 미래의 꿈을 위해 포기해야 하는 데서 온다."고 말했다.

나에게는 실제로 눈앞의 달콤함보다 미래의 꿈을 향해 열정적 에너지를 보여 주고 있는 사람, '열정'하면 첫 번째로 생각나는 분이 있다. 일산에 있는 중남미문화원 홍갑표 이사장이다. 30년간 외교관 생활을 하는 남편을 내조하면서 벼룩시장에서 하나하나 소품을 모으고, 주변으로부터 받은 작품들을 모아 경기도 고양시에 중남미문화원을 만들었다.
"밤에 잠이 오지 않는다. 내일 일어나서 문화원을 위해 또 무슨 일을 할
것인가의 행복한 고민으로 잠을 설친다."고 하는 홍 이사장은 실제로 현
실에 안주하지 않는 분이다. 조각공원을 만들고 직접 손님들을 위한 스
테이크를 구우며, 예술과 문화에 대한 사랑으로 눈망울이 늘 반짝거리
는 분이다.

수년 전, 우리 가족에게 새로 건축할 종교관 설계도를 보여 주시던 모
습이 생생한데 2011년 5월 새로 종교전시관과 길이 23m, 높이 5m의 세
라믹 작품으로 이루어진 마야 상형문자 벽화, 중남미 전반의 역사와 문
화예술 관련 국내외 참고서적, 주요 기록과 서류, 수장고 등을 갖춘 연구
소를 추가 설치, 세계 유일의 중남미 테마 문화 공간으로 새롭게 확장했
다는 기사를 읽었다.

"우리 문화원 식구들에게 말하곤 해요. 5,500원 내고 들어오는 방문객들이
최소 5만 5,500원의 행복을 갖고 돌아가시게 하라고요."

중남미문화원은 집요한 열망과 문화 공간에 대한 지독한 열정의 산
물이라 생각한다. 자신에게 소중한 목표, 미래의 비전을 위해 오랜 기간
꾸준히 노력해 성취한 사람들 중의 한 분이다.

미래의 사학 발전이라는 비전을 향해 뛰고 있는 또 다른 열정의 소유
자는 가천의과대와 경원대의 통합을 이끈 이길여 가천길재단 회장이다.
농촌 출신의 여자 의사가 혼자 힘으로 병원을 6개 세우고 신문사와 대학
까지 인수해서 교육, 의료, 문화재단을 이끄는 그룹의 총수가 되어 총장

나는 내 인생의 '리더'다

에 이사장에 회장까지 열정적인 삶을 보여 주는 분이다. 이길여 이사장은 자신의 삶은 평평한 길을 걷는 게 아니라 산을 오르는 삶이라고 말하면서 자신의 비전을 다음과 같이 말했다. "글로벌 코리아를 대표하는 명문대학 하나를 만드는 것이 평생의 꿈이다. 젊은이들이 꿈을 갖고 세계로 나가야 한다."고 강조했다.

한 인터뷰 기자가 "죽어서 어떤 사람으로 기억되기를 바라시나요?"라고 물었다. 최선을 다하고 간 사람이죠. 역사는 줄로 이어지는데 거기서 뭔가 반짝거리는 점을 찍고 가야 한다. 젊었을 때는 그렇게 생각했어요. 지금은 다 산 인생, 그런 거 없어요. 그저 가천길재단의 설립이념인 '박애, 봉사, 애국'을 철저히 지키고 간 사람, 묘비명에 그렇게만 적으면 만족입니다. 그래도 젊은이들에게는 점을 찍고 가라, 아무렇게나 살지 마라, 성공하려면 4시간 이상 잠자지 마라, 그렇게 말하고 싶어요. 시대가 아무리 달라졌다고 해도 그건 여전히 유효하거든요. 열정을 갖고 도전하는 인생은 언제나 멋지다는 것 말이에요."

위의 두 분의 예를 보면, 열정과 비전이 서로 연관되어 상승작용을 하고 있음을 알 수 있다. 열정과 비전을 동시에 갖추고 있는 사람들은 남보다 일을 더 많이 하고 부지런하며, 목표지향적이다. 따라서 변화를 두려워하기보다는 도전하고, 남과 환경 탓을 하기보다는 계획적인 삶을 추구한다.

비전을 가슴에 품고 열정이 가득한 사람들은 목소리에 힘이 있고 눈빛과 자신감 있는 태도에서 에너지가 넘쳐 난다. 에머슨은 "열정 없이는 아무리 위대한 일이라도 결코 성취할 수 없다."고 했다. 비전과 열정의 조합은 불가능을 가능으로 만드는 힘이라 하겠다.

또 다른 부류의 열정의 소유자들은 미래의 비전이라기보다는 자신의 삶과 직업을 사랑할 줄 아는 자들이다. 현재 자신의 일을 사랑하고, 더 하고 싶고, 그렇게 자신을 믿고, 또 실제로 잘하는 사람들이다. 게다가 무언가가 미래에 기다리고 있다는 확신으로 그것을 향해 행동으로 에너지를 분출하는 사람들이다. 현재를 즐기면서 미래의 삶을 사랑하는 열정의 소유자, '지금 살고 있는 현재 이 순간에 충실하라.'는 카르페 디엠(carpe diem)을 실천하고 있는 사람들이다.

〈슈렉〉,〈쿵푸 팬더〉를 만든 드림웍스(Dreamworks)의 CEO 제프리 카젠버그(Jeffrey Katzenberg)가 바로 그와 같은 열정의 소유자이다. 그는 뉴욕대를 중퇴하고 우편보조사원으로 영화계 일을 시작했으며, 나중에 스티븐 스필버그, 데이비드 게펜과 같이 드림 웍스를 만들어 독립했다.

그는 〈피플 인사이드〉란 인터뷰 프로그램에 출연하여 '일이 곧 놀이'라고 했으며 일하는 것이 즐겁다고 했다. 자신의 스튜디오는 아티스트를 위한 낙원으로, 여기에 있는 자체를 사랑하고, 이곳에서 하는 일을 사랑한다고 말했다. 하지만 그가 한국의 젊은이들에게 남긴 말은 "하고 싶은 일을 정해 110%의 노력을 쏟아부어라."이다. 그의 인생 모토가 '상대방의 기대치를 뛰어넘는 것'이란 말과도 일맥상통한다고 하겠다. 자신의 삶의 95%를 만족하며 불만을 위해 인생의 10% 이상을 낭비하지 않는다는 그의 긍정적이며 무한한 일에 대한 애정이 그를 열정의 CEO로 만들고 있다.

일본의 스시 문화를 세계에 알리는 데 기여한 일본의 유명한 셰프 마쓰 히사 노부유키(松久信幸)는 자신의 이름을 딴 '노부 레스토랑'을 미국

296

에 오픈했는데, 현재에는 25개국에서 스시 레스토랑을 운영하고 있다. 1989년 「푸드 & 와인 매거진」 선정 '미국 10대 요리사'에 오른 그는 늘 가장 귀한 재료, 제일 비싼 메뉴만 고집한다. 그는 "나는 손으로 요리하지 않는다. 보이지 않는 마음과 열정으로 스시를 빚는다."며 젊은 시절부터 맨손으로 세계를 돌아다니며 성공 발판을 만들어 나갔으며, 일식의 고급화와 세계화에 기여한 사람이다.

그가 셰프를 고용할 때, 첫 질문은 언제나 "요리를 좋아하느냐?"이다. 단지 돈을 목적으로, 셰프를 직업으로 여기는 사람보다는 음식에 대한 애정과 열정이 있는 사람만 고용한다는 것이다. 그는 "요리란 무엇인가?"라는 질문에 한결같이 "열정"이라고 답했다. 그는 자신의 직업에 대한 무한한 열정과 음식에 순수한 애정을 가진 사람이다.

자신들의 비전을 이루는 목적의식과 현재의 일을 사랑하는 순수함에서 열정이 싹튼 경우도 있지만 때론 상실감에 대한 보상으로 열정이 생겨나기도 한다. 자신의 불우했던 어린 시절에 대한 보상으로 아동 교육에 헌신하는 사람도 있고, 불의의 사고로 잃은 20대의 막내딸을 추모하기 위해 도서관을 지은 부모의 사연도 있다.

미국에서 초상화 작업으로 유명했던 화가가 있었다. 그는 한 소녀를 열정적으로 사랑했다. 자신의 짝사랑이 결실을 맺어 결혼을 하고 첫 딸도 낳았다. 그는 결혼 후에도 이 도시 저 도시를 전전하며 작품 활동을 이어 나갔다. 뉴욕에서 그림을 그리고 있을 때 아내가 병에 걸렸다는 편지를 아버지로부터 받았다. 그는 서둘러 귀가했지만 집에 도착했을 때는 이미 아내는 세상을 떠난 후였고 장례도 끝난 상태였다. 그는 아내를 잃은 상실감에 한동안 절망과 고통의 시간을 보냈다. 그는 통신 수단의 느린 속도에 불만을 가지게 되었고 새롭게 전기와 전자기기에 대해 배우기 시작했다. 그는 전신으로 먼 곳에 메시지를 보낼 수 있는 장치를 고안했고 빠른 의사소통을 위해 부호를 만들었다. 그가 바로 통신 장비와 모스 부호를 발명한 새뮤얼 모스(Samuel Morse)다.

『논어』의 옹야(雍也) 편에 의하면 "아는 것은 좋아하는 것만 못하고, 좋아하는 것은 즐기는 것만 못하다(知之者不如好之者, 好之者不如樂之者)."라고 했다. 아는 것보다도 좋아하는 것보다도 결국은 즐기는 것을 하라는 말씀이다. 이 문장은 학생들이 수긍하기는 하지만, 가장 고민하는 문장이기도 하다.

한 수강생이 나에게 질문하기를, 밴드 음악을 즐기는데, 미래에 대한 보장과 가족 부양의 책임에 대한 문제로 계속하는 것이 옳은지 모르겠다는 것이다. 나는 그 음악이 자신에게 주는 긍정성은 무엇인지 물어보았다. 그리고 음악이 에너지와 열정을 준다면 포기하지 말고, 투잡의 하나로 활용하든, 아니면 직업이 아닌 취미로 그 열정을 아낌없이 사용하라고 말해 주었다. 취미로서의 재능은 자신의 직업에 몰두하여 열정을 쏟는 데 도움이 되는 하나의 중요한 도구이기 때문이다.

한 분야의 열정은 다른 분야의 열정으로 전이된다. 재능이 있다면 한 분야에서 성공한 사람이 다른 직업으로 옮겨서도 성공한다는 이치이다. 아마추어와 달리 프로로 일한다는 것은 전문성을 요구하기 때문에 미치도록 몰입해야 하며, 자신의 일에 대한 열정 없이는 불가능하다. 그래서 직업을 갖는 데는 그 직업이 가지는 의미는 무엇이며 가치는 무엇인가를 고려해야 한다.

나는 내 인생의 '리더'다

열정의 소유자들은 자신들의 발전과 행복, 부의 축적보다는 자신의 직업이 타인들에게 미치는 영향을 고려한 사람들인 경우가 많다. 에디슨(Thomas Edison)이나 라이트 형제(Wright brothers)가 왜 전구와 비행기를 만들기 위해 그토록 집요하게 힘든 연구에 몰입했을까? 고 정주영 회장이 남들의 비웃음 속에서 '포니'라는 자동차를 개발한 이유는 무엇일까? 이건희 회장은 왜 신경영에 모든 열정을 아끼지 않았을까? 그 이유는 그러한 일이 가치 있는 일이라는 목적 의식이 있었기 때문이다.

어느 더운 날 세 명의 벽돌공이 구슬땀을 흘리며, 열심히 벽돌을 쌓고 있었다. 지나가는 행인이 보니 그들의 표정은 저마다 달랐다. 행인이 첫 번째 인상을 찌푸리며 일하고 있는 벽돌공에게 다가가 물었다. "지금 무슨 일을 하고 있나요?" "보면 모르오? 나는 지금 벽돌을 쌓고 있소." 그 다음으로 행인은 무표정한 다음 벽돌공에게 다가가 똑같은 질문을 던졌다. 그는 "몰라서 묻는 거요? 나는 돈을 벌고 있다네."라고 답했다. 그런데 이상하리만큼 밝은 표정으로 일하고 있는 벽돌공이 있는 것이 아닌가? 앞의 두 사람과 같은 질문을 받은 세 번째 벽돌공은 "나는 지금 가장 아름다운 성당을 짓고 있는 중입니다."라고 답했다. 이 일화는 목적 의식이 자신의 일에 얼마나 열정적일 수 있는가를, 그리고 얼마나 행복한 직업관을 가질 수 있는지를 단적으로 보여 주고 있다.

직업은 물론 즐기는 일에서 시작해야 하지만, 공자 시대와 달리 격변하는 21세기 경쟁 시대에서 자신의 직업을 100% 순수하게 즐길 수 있는 사람은 과연 몇 명이나 될까? 때로는 스트레스 받고, 몸이 피곤하며, 실패의 연속에서도 그 일이 가치 있는 일이라고 확신하기 때문에 열중하고 몰입한다. 그래서 그들은 열정적인 삶을 유지하고 있다고 생각한다.

나는 학생들이 미래의 직업을 선택할 때 "그 일이 과연 가치 있는 일인가?", "그 일이 사회를 이롭게 하는가?"에 대한 질문에 답할 것을 요구한다. 내가 기업의 CEO로서 기업문화에 어떻게 공헌할 것인지, 교육자로서 연구와 지도에 어떠한 열정을 보여 줄 것인지, 예술가들은 자신들의 예술행위가 대중에게 긍정적인 영향을 미치는지, 언론인은 대중을 올바른 방향으로 선도하고 있는지에 대한 대답을 직업의 가치 기준으로 삼아야 한다. 직업에 소명의식과 목적의식을 가질 때 열정이 솟구친다.

SBS에 〈생활의 달인〉이라는 프로그램이 있다. 이 프로그램을 좋아하는 이유는 같은 일이더라도 달인들이 보여 주는 남다른 노력과 뜨거운 열정을 볼 수 있기 때문이다. 하루에 굴 통조림 포장 상자 8,000~9,000개를 1상자당 3초 만에 접는 박효선은 이런 말을 했다. "제가 일하는 자체가 보람이지요. 제가 포장한 굴을 많은 사람이 먹는 것, 그것이 바로 보람입니다." 남보다 많은 박스를 접는다고 수익에 차이가 없음에도 달인의 경지에 오른 그녀는 바로 '보람 있는 삶'에 열정을 쏟고 있는 것이다.

제리 포라스(Jerry Porras), 스튜어트 에머리(Stewart Emery), 마크 톰슨(Mark Thompson)은 『성공하는 사람들의 포트폴리오(Success Built to Last)』에서 성공한 사람들의 특징을 열정에서 도출해 냈다. '자신만의 의미 설정', '사고방식 개조', '행동으로 실현'을 열정의 3단계로 설명하고 있다. 열정적인 사람은 자신만의 삶을 설정하고 자신을 변화시켜 실천적 삶을 구현시키는 사람들인 것이다.

나는 앞으로의 미래의 인재와 교육에 관심이 많다. 그런 저서도 내서 그런지 사람들은 나에게 앞으로 4차 산업혁명 시대 어떤 직업을 자식에게 권하면 좋은지, 어떤 창업이 유망한지 질문하곤 한다. 내가 답변가능

나는 내 인생의 '리더'다

한 질문이 아니다. 난 그들이 무엇을 좋아하고 잘하는지 모른다. 어디에 열정이 있는지도 모른다. 그러면 반드시 나오는 답변이 있다.

"그동안 단순히 공부만 했지 무슨 경험이 있나요? 경험이 있어야지 무슨 일을 좋아하는지 알지요."

열정을 갖고 싶다면 다양한 경험을 해 보았으면 좋겠다. 인공지능과 로봇이 발달하여 아무리 유능해져도 호기심은 인간만이 가질 수 있다. 아인슈타인은 "나는 특별한 재능이 있는 것이 아니고, 단지 굉장히 호기심이 많다."고 말했다. 열정 있는 사람이 되고 싶다면 먼저 자신의 호기심에 솔직해야 한다.

나는 개인적으로 열정적인 사람들을 만나기를 좋아한다. 긍정적인 에너지를 가지고 있는 사람, 열정적인 사람을 만나는 것은 마치 바이러스와 같다. 나에게도 그러한 에너지와 힘이 전염되기 때문이다. 수업을 하다 보면 눈에 띄게 열정적인 학생들이 있다. 시간이 흘러 학생들의 성적은 기억나지 않지만 열정적인 학생들은 아직도 기억이 난다. 그 열정의 눈빛은 A⁺보다 강렬한 인상의 성적표다.

나는 우리나라 대학생들에게 젊음의 열정만은 잃지 말 것을 늘 당부한다. 가슴에 있는 열정만으로 배부른 20대가 되기를 진심으로 바라기 때문이다. 정호승 시인의 〈고래를 위하여〉에 나오는 글귀처럼 푸른 바다에는 고래가 있어야 하고 마음속에 고래 한 마리 키우지 않으면 청년이 아니다. 몰입과 달리 열정은 정신적 노력에 멈추는 것이 아니라 실천적 행동으로 말한다.

반기문 전 유엔 총장의 저서『바보처럼 공부하고 천재처럼 꿈꿔라』에서처럼 "인생은 꿈을 따라 흐른다."라는 말에 공감한다. 그의 말처럼 자신의 인생은 최선과 열정으로 변한다는 것, 그리고 그 꿈에 물을 주는 사람은 바로 자기 자신이라는 점이다. 누군가가 지속적인 성공을 거둔다면 그것은 완벽한 사람이거나 운이 좋아서가 아니라 소중한 것을 열정적으로 할 수 있는 지속성을 가졌기 때문이다.

평생 교육

"이제 우리는 살기 위한 이유를 갖게 되었다. 배우고, 발견하고, 자유롭게 되는 것 말이다."

-리처드 바크

나는 한양대 진로 탐색 워크숍에서 앞으로의 시대는 평생 교육을 통해 자신을 계발해야만 하는 시대라고 말했다. 한 학생이 옆 사람에게 소근거리는 소리가 들려 왔다.

"대학 공부가 전부가 아니라 계속 공부를 해야 한다니…."

미안하지만 빠르게 변화하는 시대에 평생학습은 필수다. 새로운 지식을 익히고 응용하여 적용하는 능력이 필요한 시대다. '창의력'은 어느 순간 떠오르는 생각이 아니라 끈기 있게 연구하고 학습하는 지식과 경

나는 내 인생의 '리더'다

험의 축적 속에서 탄생한다. 앞으로의 시대에는 자신의 재능과 잠재력을 바탕으로 자신의 전문성을 지속적으로 성장시켜야 한다. 평가를 위한 공부가 아닌 평생을 통한 자기주도학습 습관을 길러야 한다.

나이에 대한 편견 이겨 내기

나이가 들면 뇌가 담당하고 있는 기억력과 사고력이 떨어지기 마련이다. 우리의 사회는 나이에 민감하며, 동시에 나이가 드는 것은 당연한 자연의 섭리로, 기억력의 감퇴 역시 인간으로서 불가항력적인 일로 믿고 있다. 미국의 예일대 연구팀은 실험용 쥐를 대상으로 뇌 연구를 한 결과, 기억력의 둔화는 뇌의 전전두엽(prefrontal cortex) 부분의 쇠퇴이며, 이 부분의 위축이 기억력의 감퇴로 이어진다는 연구를 최근 『네이처(Nature)』에 게재했다.

하지만 나이는 숫자에 불구하다며, 중년으로 넘어가는 나이에 상관없이 왕성한 활동으로 건재함을 나타냈던 사람들이 있다. 세상 일에 미혹함이 없다는 불혹(不惑)의 나이 40세에 헨리 포드(Henry Ford)는 포드사를 창설하고, 우리나라의 대표적 개그맨인 고 이주일은 41세에 처음으로 TV에 출연하게 되었으며, 42세에 아인슈타인(Albert Einstein)은 노벨물리상을, 43세에 퀴리부인(Marie Curie)은 노벨화학상을 탔다.

하늘의 이치를 알게 된다는 지천명(知天命)의 나이 50세에 히틀러(Adolf Hitler)는 제2차 세계대전을 일으켰으며, 윌리엄 와일러(William Wyler) 감독은 57세에 세계적인 명작인 〈벤허〉를 만든다. 생각하는 모든 것이 원만하여 무슨 일이든 들으면 곧 이해가 된다는 뜻인 이순(耳順)의 나이 60세에 옐친은 러시아의 초대 대통령이 되었다. 테레사 수녀(Mother Teresa)는 69세에 노벨평화상을 수상하고, 74세의 김대중이 한국의 대통령에, 75세의 넬슨 만델라(Nelson Mandela)가 남아공화국 대통령에 당선되었다. 괴테(Johann Wolfgang von Goethe)는 83세에 『파우스트(Faust)』를 완성하였으며, 피카소(Pablo Picasso)는 89세에 자신의 자화상을, 샤갈(Marc Chagall)은 91세에 그의 마지막 작품을 완성했다.

자신의 분야에서 끊임없이 노력하여, 중년을 넘긴 나이에 결실을 거둔 사람들이 있었다면 자신의 일과 전혀 상관없는 일에 새로이 도전하고 모험을 감행하는 중년의 사람들도 있다. 영국의 소설문학상인 부커상(The Booker Prize) 수상자인 소설가 페넬로페 피츠제럴드(Penelope Fitzgerald)는 알코올 중독자였던 남편과 가족의 부양으로 50세가 되어서야 글을 쓰기 시작하고, 20년 동안 12권의 소설을 집필하였다.

뉴욕주 북부지방 한 농장에서 태어난 그랜마 모세스(Grandma Moses)는 78세가 되어 농장 일이 힘들어지자 억눌려 있던 재능을 분출하기 시작한다. 100세에 사망하기까지 어릴 때부터 보아 왔던 풍경을 바탕으로 수천 점의 그림을 화폭에 담아 냈으며, 151회의 전시회로 나이에 구애받지 않은 열정을 작품에 토해 냈다. 그녀는 왕성한 작품 활동을 통해 전 세계적으로 이름을 알리게 되었다(마커스 버킹엄, 『위대한 나의 발견, 강점 혁명』).

40세의 나이에 『풀잎은 노래한다(The grass is singing)』라는 첫 소설을 발표한 영국의 여류 작가 도리스 레싱(Doris May Lessing)은 15세에 학교를 떠나 독학했으며 농장일을 하기도 했다. 40세 이후 그녀는 수많은 소설을 썼으며, 2007년 역대 최고령 나이 89세로 2007년도 노벨문학상을 수상하였고, 영국 정부로부터 훈장을 받았다.

얼마 전 개봉한 영화 〈파리로 가는 길〉은 코폴라 감독 작품이다. 〈대부〉로 유명한 프란시스 코폴라((Francis Ford Coppola) 감독이 아닌 부인 엘레노아 코폴라(Eleanor Coppola)가 연출 감독했다. 다큐멘터리 감독과 설치 미술가, 논픽션 작가로 활동했지만 장편 극 영화는 나이 여든이 넘어서 처음으로 만들었다. 81세에 장편극 영화감독에 데뷔한 엘레노아는 다음과 같이 말했다. "누가 알겠어요? 또 장편 영화를 찍게 될지. 삶이든 영화든 대비할 수 없는 일은 언제나 일어나니까요."

98세의 나이에 시집을 낸 일본의 한 여성이 있다. 그녀의 이름은 시바타 도요(柴田トヨ)로 21년 전 남편이 세상을 떠난 후 독거노인으로 외로이 살다가 아들의 권유로 시를 쓰게 되었고 93세 때 〈산케이신문〉의 독자 투고란 '아침의 시'에 자작시를 투고하기 시작했다. 그 후 투고했던 시를 모은 『약해지지 마』라는 시집으로 베스트셀러 작가로 등극하면서 일본의 중·노년층의 우상이 되었다.

내가 미국에서 유학할 당시 동료 미국인들은 나의 만학에는 별로 관심이 없었고 남편을 두고 유학을 온 용기와 학문에 대한 열정적인 자세에 놀라워 했다. USC 교육학 박사과정 평균 나이가 대략 37세 정도이지만, 내가 최고령은 아니었다. 50대와 60대의 미국인들도 더러 있었는데 이들은 학부를 나온 후 직업을 갖고 일하다가, 본인이 승진이나 이직을 원할 때 돈을 모아서 석사를 하고, 또 일을 한 후 자신의 다른 계획과 목표를 위해 박사과정에 들어온 경우였다. 그렇기 때문에 박사과정에 있는 사람들은 경력과 실전 경험이 이미 풍부한 사람들이었고, 배운 학문을 어떻게 직업 전선에서 응용할까가 큰 관심사인 사람들이었다.

미국 대학원의 석사와 박사과정은 많은 지식의 축적도 있었지만, 그보다는 그것을 어떻게 활용하고, 응용해서 통합된 자신만의 학문으로 발전시키냐에 더 큰 목표가 있다. 이 당시 얻은 대표적인 교훈 중의 하나가 평생 교육의 자세를 갖추어야 한다는 것이다. '배우고 때때로 익히면 기쁘지 아니하랴.' 논어에 나오는 공자 말씀처럼 학습의 기쁨, 개인적 만족감과 성취욕, 자발적이고 능동적인 학습을 추구하는 데 나이는 전혀 장애가 되지 않는다.

많은 사람들이 나이가 들면 기억력이 감퇴되어 책이 도무지 머리에 들어오지 않는다고 하소연한다. 그러나 미국의 심리학자 존 혼(John Horn)은 중년이 되면 약간의 지적 능력이 감퇴하지만, 반면에 다른 분야의 지식은 증가한다고 말했다. 그의 연구에 의하면 추상적인 사고력은 중년에 감퇴하지만, 개인의 경험에 축적된 지식과 언어 능력은 증가한다고 말했다.

시애틀 종단 연구(The Seattle Longitudinal Study)에 의하면, 중년이 되면 숫자와 구별력은 감퇴하지만, 귀납적 사고는 53세가 되어야 쇠퇴하기 시작하며, 어휘력은 67세까지 건재하다. 지각속도 능력은 39세를 정점으로 쇠퇴가 급속히 일어나며, 숫자 능력은 39세를 정점으로 쇠퇴가 빨리 일어나지만, 언어기억 능력은 53세에 최고를 이루고 67세까지 쇠퇴가 완만하다. 나이가 들면 단기기억 능력이 떨어진다고 하지만, 데니즈 박(Denise Park)에 의하면, 그 원인이 많이 축적된 지식의 과부하로 인해 암기력이 감소한다는 것이다.

능률적인 분석력과 전문성보다 창의적·유연적·실질적인 경영과 통합 전략, 문제해결 능력은 중년의 나이에 도리어 발전한다고 많은 학자들은 전하고 있다. 물론 나이가 들면 감퇴하겠지만, 많은 한국 사람들은 중년으로 접어들면 무조건 지적 능력이 감퇴한다고 믿는다. 그것은 자기 암시이자 자기 세뇌다. 인간의 지적 능력은 뇌를 쓰면 쓸수록 발달하며, 나이가 들면서 축적된 지식과 경험, 읽은 책에서 느낀 대리 경험은 보다 통섭적 사고와 완성된 지식으로 발전될 수 있다.

학생들에게 가장 학습능력이 왕성한 시기가 언제인지 물어보면 고3 시절이라고 대답한다. 단기기억 능력이 실력은 아니다. 나이가 들어서 학습능력이 떨어질 것이라는 우려에서 벗어났으면 좋겠다. 뇌는 쓰면 쓸수록 계발된다. 배움에 늦은 나이는 없다. 오늘은 내 생애 가장 젊은 날이다.

능동적 자기 계발 학습

우리나라의 젊은이들이 앞으로 자신이 하고자 하는 일에 대해 적극적으로 현장에서 체험해 보았으면 좋겠다. 이론과 실제는 다르면 동경과 현실은 더 판이한 법이다. 막연한 생각과 주변의 충고에서 벗어나서 자신이 하고 싶은 일을 실전에서 경험해 보길 바란다. 성공의 이면인 화려함만 바라보고 셰프가 되고 싶다거나 베이커리 카페를 차리고 싶다는 고등학생들을 만나보았다. 실제로 음식을 만든 경험도 빵을 구워 본 경험조차 없는 학생이었다.

성공한 사람들의 스토리를 접해 보면, 공통된 재미있는 결과들이 있다. 그들은 자신들이 필요하다고 생각되는 시점에 실질적 공부에 몰입했다는 것이다. 성공한 사람들 중에 많은 사람들이 학교 공부에서 두각을 나타내지 못했거나, 아니면 도중에 다른 학문으로 전환하거나 중퇴를 하기도 했다. 학교 공부가 전부가 아니라 그들은 자신들이 필요한 시기에 용기를 내어 자기계발 학습에 지독할 만큼 몰두한 자들이다. 자신의 인생의 중요한 시점에 얼마나 능동적 학습에 열정적이었느냐가 바로 관건인 셈이다.

법률을 공부했던 21세까지 그림 그리기를 동경조차 하지 않았던 앙리 마티스(Henri Matisse)는 그의 어머니가 병약한 아들을 위해 그림 도구를 선물하자 그 후 그림에 빠져 4년을 독학했다. 그 후 파리의 명문 미술학교에 입학하여 귀스타브 모로(Gustave Moreau)의 사사를 받는다. 조루쥬 루오(Georges Henri Rouault), 알베르 마르케(Albert Marquet)와의 교우, 모로의 자유로운 지도 아래 색채화가로 서의 천부적 재질이 차차 두각을 나타내었다. 그 후 마티스는 자신만의 창작을 불살라 그가 주도한 야수파 운동은 20세기 회화의 일대 혁명을 이루게 된다.

천재라 불리는 아인슈타인은 어린 시절 말문이 늦게 트이고 난독증이 있던 아이로 소개되고 있다. 아인슈타인은 정규 교육에 맞지 않았고 획일적이며 판에 박힌 학습을 경멸했다. 그는 청소년기 학교 공부와 무관하게 칸트와 다윈의 저서를 비롯한 고전과 철학, 과학 서적을 열광적이면서 비판적으로 탐독했다. 취리히 공과대학에 가서도, 그리고 성인이 되어서도 학문적 계발은 좋은 친구들과의 지속적인 논의를 통해서 발전되어 갔다.

특이한 점은 학문적 자극이 된 '올림피아 아카데미'라는 토론 그룹이 존재했다는 사실이다. 정규 교육을 받은 후 올림피아 성원들과 체계적인 독서 계획을 세워 철학, 수학과 과학 저서를 읽어 나갔다. 그는 김나지움을 좋은 성적으로 졸업하지 못했고, 처음에는 취리히 공대 입학에 실패했으며, 멘토나 후원자도 존재하지 않았다. 그는 자신의 관심 영역을 수차례 오가면서 능동적인 자기계발 학습을 통해 상대성 이론을 발표하였고 역사에 남을 위대한 과학자로 자리매김하였다.

나는 내 인생의 '리더'다

많은 사람이 존경하는 인도의 정치 지도자 마하트마 간디는 중간 계층인 바이샤 계급에 속해 있었고, 부유하지는 않았지만 지방에서 유지 역할을 할 정도는 되었다. 소년 시절의 간디는 왜소하고 혼자 있기를 좋아하며 학교에 별다른 흥미가 없었다.

그는 자신을 다음과 같이 회고했다. "나는 보통 이하의 능력의 평범한 사람이다. 예리한 지성의 소유자도 아니다. 지성의 발달에는 한계가 있지만, 마음의 성장에는 한계가 없다." 그는 도덕적 문제에 관심이 많았고, 도덕적 중재자의 역할을 할 기회가 많았다. 그의 인생에 결정적인 전환이 된 결심은 영국행이었다. 그는 해외 거주 기간 동안 엄청난 분량의 독서와 새로운 산 체험으로 다양한 견해를 접한 후 인도로 돌아간다. 간디는 영국과 남아프리카에서의 생활로 26년의 세월을 해외에서 보내면서 산 교육을 한 셈이었고, 해외 생활은 그의 도전적인 사상에 영향을 끼쳤다. 그리고 또 하나 중요한 것은 사람들과의 만남을 통한 학습이었다. 간디는 "라지찬드라만큼 나에게 깊은 인상을 준 사람은 없다."고 술회했으며, 톨스토이(Leo Tolstoy)와도 친분이 각별했다(하워드 가드너, 『열정과 기질』).

성공적인 인물들은 학교의 졸업이 도리어 학습의 시작을 의미했다. 그들은 학교 교육에서 깨우치지 못했던 자신들의 관심 영역에 대한 학습에 돌입했다. 공통점은 첫째, 많은 독서를 했다는 사실과 학문의 영역이 단순히 한 분야 만이 아니었으며, 둘째, 사람을 통한 교류를 통해 영감을 얻었다는 것, 셋째, 간혹 타지나 외국 생활의 경험이 있었다는 것이다.

이지성은 『스물일곱 이건희처럼』에서 미래를 준비하는 사람들은 '진짜' 공부를 해야 한다고 말했다. 지극히 평범한 유년 청년 시기를 거친 이건희 삼성그룹 회장은 공식적인 첫 직장인 중앙일보, 동양방송에 입사한 27세부터 미래를 준비하는 실용적인 '진짜' 학문에 돌입한다. 이건희 회장은 1993년 신경영을 통한 변화를 추진하면서 자신 및 사원들의 자기계발에 혼신의 힘을 다한다.

첫째, 그는 20대 후반에서 40대 중반까지 지독히 실질적인 제품에 대한 공부와 경영 공부를 병행했다. 둘째, 선친인 이병철 회장과 장인인 홍진기 회장으로부터 체계적으로 역사, 외국어, 정치와 법률에 대해 공부했으며, 전문가를 초빙하여 강의를 듣고 공부했다. 게다가 그는 각계 최고의 전문인으로 구성된 삼성의 드림팀을 거느리고 있었다. 셋째, 초등학교 시절 일본 유학, 와세다대 유학, 미국의 조지 워싱턴 경영대학원의 외국 선진국에서의 견문은 삼성의 세계화에 엄청난 영향을 미쳤다.

소프트뱅크의 CEO 손정의 회장은 어려운 가정 형편 속에서도 미국 UC 버클리에서 수학하였으며, 그의 정신적 멘토는 시바 료타로(司馬遼太郎)의 소설 『료마가 간다』 속의 사카모토 료마였다. 료마는 일본 메이지 유신에 결정적인 영향을 끼치고, 근대 일본의 기틀을 마련한 인물로 손정의 회장은 그를 통해 원대한 꿈을 꾸게 된다. 그는 26세에 간염으로 5년이라는 시한부 인생의 절망 속에서도 수렁에 빠졌다고 느끼는 순간마다 손에 든 책이 무려 4,000여 권이었으며, 평생의 경영지표가 된 이념, 비전, 전략, 마음가짐, 전술을 담은 '제곱병법'을 창안했다.

일본의 세계적 건축가 안도 다다오는 가난한 집안의 오사카 출신으로 외할머니 가게에서 자랐다. 그는 고등학교 시절 권투 선수로 성장하여 프로복서 시절을 보냈다. 기계과 고졸 출신인 그는 건축과 관련하여 실제로 학교에서 배운 것은 없었다. 오로지 독학만이 그의 유일한 건축 공부법이었다. 그는 혼자 유럽 여행을 가고 건축 막일을 전전하고 책 속의 그림을 베끼다가 그 그림의 주인공인 스승을 찾아가기도 하면서 19세에 인테리어 일을 시작하고 20세부터 건축일을 익혀 나갔다.

그가 배움의 스승으로 여기는 것에는 두 가지가 있다. 첫 번째는 책을 통한 학습이다. 하루에 두 시간을 정해 놓고 책을 읽었다. 두 번째는 답사다. 설계실이 아닌 답사를 통해 건축을 터득했다. 자신의 오감을 통해 공간을 체험하여 독창적인 건축관을 형성해 나갔다. 그는 독학을 통한 평생 학습의 교훈을 위대한 건축물로 보여 주고 있다.

"나는 대학을 가지도, 전문교육을 받지도 못했다. 무엇을 어떻게 공부하면 되는지도 몰랐다. (대학에서) 4년 걸려 이해하는 것을 1년 만에 독파하자는 마음이었다. 일어나서 잠들때까지 오로지 책과 싸웠다. 그것이 최선이었는지는 지금도 잘 모르겠다.

젊었을 때 전기(傳記)를 많이 읽은 것도 도움이 됐다. 성공한 인물들의 성장 과정을 보면 결국 재미를 느끼는 일에 자신의 모든 걸 쏟은 경우가 많다. 사진도 그림도 건축도 마찬가지 아닐까.

본인 의지가 제일 중요하다. 그것에 재밌어야 하고 꼭 만들고 싶다고 생각하는 그런 의지다. 나는 건축이 너무 재미있었다. 그만큼 만들고 싶은 것의 아이디어가 샘솟았다. 그 아이디어 개수만큼 내게 기회가 찾아왔다."

-안도 다다오 『안도 다다오 일을 만들다』

사람들은 성공한 사람들에게 '운'이 좋았다고 쉽게 이야기하곤 한다.

성공한 사람들도 역시 성공의 원인을 '운'이 좋았다고 말한다. 그렇다면 과연 '운'은 무엇인가? 빈스 롬바르디(Vince Lombardi)는 운은 준비와 기회의 조화라고 말했다. 사람들은 끊임없이 인생에서 사건을 만나고 그것을 대처하면서 지혜롭게, 때로는 대담하게 자신의 삶을 개척한다. 그 과정이나 또한 그 결과에서 기회를 볼 수 있는 직관력을 배우며, 독서나 멘토, 주변 인물, 다양한 경험으로 자신들을 성장시킨다.

성공한 사람들이 '운'이 좋았다고 말하는 것은 겸손이다. 우리는 그 겸손에 속아서 언제 올지 모르는 '운'을 막연히 기다려서는 안 된다. 행운은 무작위로 찾아오지 않는 법이다. 준비되지 않은 자에게 오는 '운'은 없다. 성공한 사람들의 특징은 스스로 끊임없이 학습하는 사람들이다. 자신들의 일과 연관된 학문과 인문학 소양을 통해 자신들을 꾸준히 연마하고 때를 기다리고 준비한다. 그들은 지식의 습득에서 벗어나 사회 경험의 지혜를 쌓는 데 소홀하지 않는다.

그렇다면 꾸준히 자기계발을 하는 사람들은 왜 성공하는 것일까? 자기계발 학습은 동기부여와 자기 경영, 자기 훈련을 반복하게 만드는 샘의 원천이 된다. 즉, 샘이 마르지 않도록 물줄기를 계속 제공하는 것이다. 또 하나는 자기계발을 통해 전문지식에 도달하기 때문이다. 전문지식에 도달하면, 축적된 지식으로 문제해결 능력이 가능하며, 자동적으로 정보를 꺼내 와서 분석할 능력을 갖출 수 있다. 전략적 사고가 가능하며, 자신의 전문 영역에서 창의적일 수 있다. 이처럼 자신의 꿈을 향해 질주할 수 있는 원동력은 바로 학습을 통한 철저한 자기 훈련에 있는 것이다.

학교가 아닌 바깥 세상에 나와 보면 온 천지가 학습장이다. 매일매일 깨닫고 배울 일이 삶의 현장에서 이루어진다. 직장의 상사가 일을 고되게 시킨다고 불만 갖지 마라. 같은 근무시간 동안 더 많은 업무를 접하고 처리하면 실력은 향상되는 법이다. 나 역시 나를 아끼는 미국의 멘토 교수님 덕분에 AERA 학회일을 하면서 힘들었지만 많은 논문을 읽고 발표할 기회를 가지면서 결국 실력 향상에 도움이 되었다는 것을 깨달았다. 내 경험에 따르면 힘들지만 도전할 만한 일을 할 때 성장한다. 어느 순간에나 배우려는 자세와 겸손한 태도가 선행되어야 한다. 학습 능력이 있는 사람은 책에서 업무에서 인간관계와 자연현상에서 매일 새로운 것을 배우고 익힌다.

파울로 코엘료의 『연금술사』에서 우리는 더 나은 존재로 변하기 위해 노력하고, 고유한 개별성으로 자신만의 신화를 창조하기 위해 나아가는 삶을 선택해야 한다. "우리 모두 자신의 보물을 찾아 전보다 더 나은 삶을 살아가는 것, 납은 세상이 더 이상 납을 필요로 하지 않을 때까지 납의 역할을 다하고 마침내는 금으로 변하는 것, 이 불가능해 보이는 일이 우리가 간절히 원할 때 온 우주가 소망을 실현하도록 도와준다." 나이에 상관없는 꾸준한 자기계발 학습은 자신을 사람들과 다른 독특한 존재로 거듭나게 한다. 자신만의 신화를 창조하는 일은 끊임없는 자기계발 학습에 있다.

실패 극복하기

"가치 있는 모든 것에는 실패의 위험이 따른다."

-리 아이아코카

이 세상에 실패하는 것을 좋아하는 사람은 없다. 하지만 누군가는 실패에 좌절하여 주저앉는 반면에 누군가는 실패를 딛고 일어선다. 세상을 살다 보면 고난과 역경을 겪지 않은 사람은 거의 없다. 나쁜 일을 겪고도 교훈을 얻어 다시 새롭게 태어나는 사람들은 어떤 부류의 사람들일까? 긍정적인 마음으로 몰입과 열정의 자세를 갖춘 사람들은 넘어지면서 포기하지 않는 노력을 기울인다. 실패 후 오히려 더 강인해진다.

나는 우리가 실수하고 실패하는 것이 당연한 과학자나 기술자라고 생각했으면 좋겠다. 실패하지만 실패 속에서 자신을 바꾸고 발전시킬 수 있다는 확신을 가지길 바란다. 중요한 것은 실패의 전과 후의 결과가 변화되어 있어야 한다. 나는 이전에도 많은 실패를 했고 앞으로도 더 할지 모른다. 하지만 실패는 과정이고 내 인생의 결과는 아니다.

날개 없는 선풍기로 인기 있는 영국 전자제품 기업 다이슨(Dyson)의 CEO인 맥스 콘체(Max Conze)는 수천 번의 실패가 명품을 만들었다고 말했다. 실패의 결과가 교훈이 될 때 명품으로 남는다.

"수천 번에 달하는 실패가 지금의 명품 다이슨을 만들었습니다. 다이슨은 먼지 봉투 없는 진공청소기를 만들기 위해 무려 5,127번의 실패를 겪었습니다."

나는 내 인생의 '리더'다

실패에 대한 인식

영국에서 있었던 실화이다. 어느 화가가 흥분하며 처칠에게 불만을 토로했다. "도대체 그림 한 번 그려 본 적 없는 심사위원이 내 그림을 대회에서 낙방시키다니, 그런 실력 없는 심사위원이 어디 있단 말입니까?" 처칠은 빙긋이 웃으면서 말했다. "나도 알을 낳아 본 적은 없지만 계란을 보면 어느 계란이 좋고 신선한지 구분할 수 있소. 그러니 모든 사람이 보았을 때 잘 된 그림, 감동할 수 있는 그림을 그리시오." 자신의 실수와 실패를 인정하는 마음가짐이 바로 실패 극복으로 가는 첫 단계이다.

실패는 누구에게나 기분 좋은 일은 아니다. 그러나 성공한 사람들이 성공만 한 것으로 보이지만, 실은 수많은 실패와 좌절을 이겨 낸 사람들이다. 미국 TV 프로듀서이자 작가인 노먼 레어(Norman Lear)는 "당신이 발에 걸려 넘어진 곳이 보물이 놓여 있는 곳이다."라고 말했다. 많은 사람들이 뜻밖의 역경과 시련에 접했을 때, 그리고 실제로 실수와 실패를 했을 때 좌절과 실망을 한다.

세상에는 성공한 사람보다 실패한 사람이 더 많은 법이며, 실패를 다음 도약의 기회로 삼는 사람 역시 극소수다. 그렇다면 과연 어떠한 사람들이 어려움을 이겨 내어 회복탄력성을 발휘하느냐 하는 점은 나에게 여전히 의문이다. 나는 실패를 극복한 사람들에게는 세 가지 공통점이 있다고 본다. 첫째는 긍정적 사고, 둘째는 포기하지 않는 노력, 그리고 실패 후 새로운 교훈을 얻는 태도이다.

레이건 대통령과 더불어 미국에서 가장 존경받는 대통령은 링컨이다. 노예 해방과 미국 통합에 힘쓴 링컨 대통령의 업적 때문도 있겠지만, 계속된 실패의 역경을 극복한 그의 용기, 그리고 좌절하지 않는 불굴의 정신에 많은 사람들이 존경을 표하기 때문일 것이다. 에디슨에게 실패란 '전구가 안 되는 이치'를 발견하는 일이었고, 라이트 형제는 동력 비행기의 지속적인 비행에 성공하기 위해 1,000번의 실험과 모형으로 200회 이상, 100회에 이르는 글라이드 시험 비행을 한 것으로 알려지고 있다. 에디슨과 라이트 형제의 성공 요인은 실패를 실패라기보다는 내일을 위한 교훈으로 삼은 긍정적 사고와 포기하지 않는 노력의 결과이다.

성공한 유명인사 중에서 자신의 재능을 한 번에 인정받은 사람들은 거의 없다. 계속되는 오디션의 실패, 부정적인 피드백, 계약 파기 속에서도 자신들의 꿈을 향해 달려간 사람들이다. 감미로운 목소리의 주인공 엘비스 프레슬리(Elvis Presley)는 음악 과목에 C를 받고 음악 선생님으로부터 "너는 노래하지 않는 게 좋겠다."는 충고를 들었고, 20세기 폭스사는 섹스 심벌로 여전히 사랑받는 매릴린 먼로(Marilyn Monroe)가 성적 매력이 없다고 1년만에 계약을 파기했으며, 조앤 롤링(Joan K. Rowling)은 끄적거리는 습관 때문에 비서직에서 해고되었다.

마이클 조던(Michael Jordan)은 자신의 고교 축구팀에 들지 못했으며, 록그룹을 전전하고 오디션에 실패하고 가까스로 만든 앨범에 실패한 사람은 바로 엘튼 존(Elton John)이다. "너에게 더 이상 기대할 게 없다."라는 말을 듣고, 첫 영화를 찍자마자 해고된 자가 미국의 영화배우이자 감독인 클린트 이스트우드(Clint Eastwood)이다.

〈추노〉라는 드라마로 연기를 인정받고 〈뿌리깊은 나무〉 드라마에서 맹활약한 탤런트 장혁은 자신이 연기자가 되기 위해 오디션에 119번 떨어지고 120번만에 붙었다고 말했다. 긍정적인 성격인데도 12번, 13번째

316

떨어지니 자신의 길이 아닌가 좌절했지만, '나름대로', '이 정도면' 되겠다는 생각을 버리고 상대방이 원하는 연기를 위해 간극을 메우고자 노력했다고 말했다.

실패의 원인을 분석하고 더욱 발전하기 위해 노력했기 때문에 그의 연기가 더욱 사랑을 받는다고 생각한다. 성공한 사람들은 실패를 하지 않았던 것이 아니라 그 실패를 긍정적 사고와 다음 기회를 위한 교훈으로 삼아 포기하지 않는 자세에 있었다. 그리고 때론 오랜 기간의 좌절 속에서도 두려움과 자기 불신, 실망과 원망이라는 감정을 조절하여 극복한 사람들이다.

어린아이들은 돌이 안 돼서, 개인차가 있지만, 10~12개월이 되면 걸음마를 시작한다. 가만히 살펴보면 기어 다니다가 어느 순간 물건을 잡고 일어서는 동작을 반복하며, 뒤뚱거리며 몇 발자국 가다가는 크게 다치지 않을 정도로 넘어져 버린다. 그리고 다시 시도해서 엄마가 손뼉 치고 칭찬하는 방향으로 다섯 보 이상을 걷게 된다. 이런 반복된 연습 속에서 홀로 서고 걷는 것을 익히게 된다. 기어다니는 것부터 혼자 쉽게 걷기까지 10가지의 단계를 거친다(머리 들고 기어다니기-가슴 들고 기어다니기-뒤집기-발로 몸무게 지탱하기-지탱 없이 앉기-지탱 없이 서기-붙잡고 서기-가구 이용하여 걷기-쉽게 서기-쉽게 걷기). 아기들의 홀로 걷기는 태어나서 15개월까지 끊임없이 실패 속에서 연습한 결과이다. 이 시기의 뇌구조는 유연하며, 회복탄력성이 빠르다. 그래서 실패에 대한 두려움이 없다.

이 세상의 어느 아기도 자신이 걷지 못할지도 모른다고 지레 겁 먹고 좌절하지 않는다. 각자 다르게 10단계를 거치면서 넘어지고 일어나며 자기 식대로 걸음마를 배운다. 빨리 걷고 늦게 걷고의 차이는 단지 몇 개월이다. 이른 봄에 피는 매화가 있고 겨울에 피는 동백이 있듯이 그 역시 몇 개월 차다. 인생에서 중요한 것은 시기가 아니라 자신의 꽃을 피우는 데 있다.

어른이 되면, 어느 순간 우리는 뇌구조의 위대함을 망각하게 된다. 할 수 없다는 자기 불신에 남들의 부정적 시선, 심리적 두려움이 먼저 앞서고, 최선은 고사하고 노력도 해 보지 못한 채 포기한다. 성공하기를 원한다면 실수와 실패를 할 준비가 되어 있어야 한다. 실제로 우리가 하는 걱정 가운데 40%는 절대 일어나지 않는다고 한다.

'기우'란 말은 '기(杞)나라 사람의 근심(憂)'이란 말에서 유래되어 '앞일에 대해 쓸데없는 걱정을 함'이란 의미로 쓰인다. 기(杞)나라 사람은 하늘이 무너질까 걱정되어 식음을 전폐하다가 그 다음 해와 달이 떨어지지 않는지, 나중에는 땅이 꺼지지 않는지 걱정하자 이를 딱하게 여긴 사람이 이 모든 자연은 기운으로 만들어져서 아무런 일도 없다고 말하자 근심을 멈추었다고 한다.

실패를 걱정하지 않는 자세 역시 긍정적 사고와 포기하지 않는 노력, 실패를 배움으로 받아들이는 태도의 기운으로 만들어진 것이다. 그 기운은 유아기 10단계를 거쳐 넘어짐을 두려워하지 않고 홀로 걸었던 것처럼 자신의 연습과 훈련으로 키워진다.

실패에 대처하기

처칠은 '성공이란 열정을 간직한 채 실패와 실패 사이를 건너가는 능력'이라고 말했다. 나폴레온 힐(Napoleon Hill)은 계속 성장·발전하는 사람들

나는 내 인생의 '리더'다

의 가장 큰 공통점은 실패에 대처하는 법에 있다고 말했다. 실패를 인생 전체의 실패가 아니라 오히려 성공을 위한 발판으로 받아들여 더욱 힘차게 앞으로 나아가는 생활 태도에 있었던 것이다.

첫 번째, 실패의 원인을 분석하라.

실패해도 좌절하지 않고 긍정적 태도를 나타낸 일본의 기업가가 있다. 일본의 최고의 부자로 꼽히는 자는 다름 아닌 글로벌 패스트 패션 사업으로 유명한 유니클로(UNIQLO)의 모회사 패스트 리테일링(Fast Retailing)의 야나이 다다시(柳井正) 회장이다. 오늘의 유니클로가 되기 위해 실패의 연속이었지만, 실패 속에서 교훈을 얻어 성공으로 이어지게 만들었다. 유니클로는 실패에도 불구하고 끊임없이 기능성 의류 개발과 마케팅 전략, 저가 전략에 몰두했다. 그의 경영철학은 '1승 9패'로 9번 실패해도 한 번의 대승으로 만회한다는 말이다. "중요한 건 실패했을 때 빨리 인정하고, 냉정히 그 원인을 분석해 성공의 밑거름으로 삼는 것이다."

두 번째, 어차피 실패는 누구에게나 있다.

이왕 하는 실패면 즐기면서 다음을 기약하라. 미국의 유명 앵커 래리 킹(Larry King)은 사회적으로 성공한 사람들의 특징이 실패를 즐기는 데 있다고 말했다. 개그 엔터테인먼트를 창업한 개그맨 박준형은 실패를 즐기는 사람이다. '중앙 비즈니스 포럼'에서 개그란 실패가 쌓여 완성된다고 말하면서 실패의 중요성을 역설했다. 그에게 대학로 소극장은 실패를 체험하는 공연장인 셈이다. 관객이 웃지 않으면 웃게 될 때까지 개그 바꾸기를 계속하면 마침내 주말에는 관객들이 웃는다고 말했다. 그는 실패 속에서 새로운 아이디어를 창출해 내는 것이다.

세 번째, 실패의 원인을 분석하고, 새로운 해결책을 시도하라.

세계적인 프라이드 치킨인 KFC의 매장에 보이는 할아버지 창설자 할 랜드 데이비스 샌더스(Harland David Sanders)는 6세에 아버지를 여의고 10세에 농장일을 했으며, 늦은 나이에 레스토랑 사업을 시작했으나 경제 대공황으로 모든 것을 잃은 나이가 65세였다. 사회보장금으로 지급된 105달러를 가지고, 1,008번의 실패 후 첫 번째 KFC 1호 사업을 시작할 수 있었다. "훌륭한 생각을 하는 사람은 많지만 실천으로 옮기는 사람은 드물다. 나는 65세가 되었어도 포기하지 않았다. 대신 무언가를 할 때마다 그 경험에서 배우고 다음 번에는 더 잘할 수 있는 방법을 찾아냈다." 실패를 경험한 후 성공한 사람들의 공통점은 깨달음에 있었고 그것을 값진 교훈으로 받아들였음을 알 수 있다. 그는 포기하지 않으면 언젠가는 이루어진다는 신념을 가진 자였다.

우리들이 도전보다는 안정을 추구하는 원인이 우리 사회가 실수와 실패를 용납하지 않는 문화에 있다고 생각한다. 실패를 했어도 영웅으로 추앙받은 사람이 있었는데, 그가 바로 1914년 8월 27명의 선원을 이끌고 남극탐험을 기도했던 영국의 어니스트 섀클턴(Ernest Henry Shackleton)이다. 그는 빙벽에 갇혀 인듀어런스호가 난파되자 목표를 수정하여 26개월의 추위와 배고픔, 절망의 역경 속에서 27명 선원을 모두 무사 귀환시켰다.

실패를 했음에도 '경'이라는 직호를 하사받고, 역경을 이겨 낸 위대한 리더로 칭송받는 섀클턴의 이야기는 1등만이 성공으로 칭송받는 우리의 사회에 던지는 의미 있는 메시지다. 마라톤을 하다가 최선을 다했지만 중간에 넘어진 것이 실패는 아니라는 것, 고통을 이겨 내면서 다시 뛰

나는 내 인생의 '리더'다

어 결승점에 도달했다면 1등 못지않은 값진 인간 승리라는 소중한 메시지를 우리 모두 가슴 깊이 새겼으면 한다.

미국의 어느 초등학교 교실 뒤 칠판에 "실수하는 게 재미있다."라고 쓰여 있는 곳이 있다. 어릴 때 실수를 통한 깨달음과 동시에 도전하는 자세를 북돋아 주기 위한 문장인 것이다. 우리 사회의 젊은이들은 언제부터인가 위험을 무릅쓰는 용기보다는 평범함을 추구한다. 이는 우리의 교육이 단답적이고 객관적인 답안을 요구하고 한 개의 실수가 학급 등수에 커다란 지장을 주기 때문에 실수를 하지 않으려는 자세가 몸에 배어 있기 때문이다. 또한 잦은 실수는 바로 실패로 직결되기 때문이다. 한국의 젊은이들은 어릴 때 실수하고 실패할 수 있는 경험 자체를 상실한 것이다. 실수나 실패가 두려운 것은 성공에 대한 지나친 갈망이다.

영화배우 김윤석은 40세에 첫 주연을 맡은 영화 〈추격자〉로 남우주연상을 수상한 연기파 배우다. 그는 성공을 조급해 하지 말라고 말했다.

| 인생에서 실수와 실패를 겪었을 때 필요한 자기 훈련 방법 |

① 남의 탓보다는 자신의 실수와 실패 인정하기
② 이 역경이 보다 자신을 발전시킬 것이라고 안심시키기
③ 이 순간도 곧 지나갈 시련임을 확신하기
④ 실수나 실패의 원인이 내부적인지, 외부적·환경적인 요인인지 분석하기
⑤ 다른 사람의 피드백 구하기
⑥ 문제에 대한 해결책 강구하기
⑦ 필요하다면 주변에 도움 요청하기
⑧ 변화된 새로운 시도 실천하기

먼저 출발하는 것보다 기회가 왔을 때 준비되어 있느냐가 더 중요하다는 것이다. 즉, 빠른 성공보다는 준비된 성공을 하라는 말이다. 도전해야하는 20대여! 지금부터라도 실패하는 것을 두려워하지 마라. 실패는 준비된 성공으로 가는 중간역이다.

리더의 시행착오

존슨앤존슨의 CEO였던 제임스 버크는 "더 많은 경험을 쌓고 더 많은 시련을 이겨 낼수록 좋은 리더가 되기 쉬워진다."라고 말했다. 이 말은 리더란 난관에서 극복할 수 있는 능력 발휘, 역경을 이겨 낼 잠재력 발현, 고통과 좌절로부터 얻는 지혜와 통찰력을 통해 서서히 리더로 발전한다는 뜻일 것이다. 성장하고 발전하는 과정 속에서 그들은 실수와 실패를 겪게 되는 것이다.

나는 대학생들에게 셀프 리더가 되기 위해 실수나 실패를 해도 괜찮다는 말을 늘 역설하곤 한다. 그러나 분명히 짚고 넘어가야 할 점은 리더십에서 강조하는 실수와 실패는 무책임과 무성의, 무모함이 아니다. 그리고 반복적인 실수와 실패를 말하는 것이 아니다.

오스트리아의 작가인 칼 하인리히 바거를은 "바보는 늘 같은 실수를 되풀이하는 반면 똑똑한 사람은 늘 다른 실수를 한다."는 말을 남겼다. 리더십에서 강조하는 실수와 실패는 시행착오(trial and error)를 말한다. 새로운 것을 시도하는 혁신, 위험을 무릅쓰고 계속 정진하는 도전정신으로 야기되는 실수와 실패를 의미한다. 중요한 것은 실수와 실패 다음에 자기 반성과 성찰, 분석과 평가의 시간을 가져야 한다는 것이다.

나는 내 인생의 '리더'다

허버트 윌리엄 하인리히(Herbert William Heinrich)는 1920년대 미국 여행보험사의 직원이었는데 대형사고 한 건이 발생하기 이전 이와 관련된 소형사고가 29회 발생하며, 소형사고와 같은 원인의 징후가 300번 일어난다는 통계를 파악하였다. 이를 1대 29 대 300의 법칙, '하인리히의 법칙'이라고 한다. 작은 사소함의 실패가 계속되면 결국은 대형사고가 일어난다는 것을 통계적으로 경고한 셈이다. 개인적으로도 똑같은 실수와 실패를 계속한다면, 치명적 결과를 안게 될 것이다. 앞서 말한대로 반복된 실수와 실패는 커다란 손실을 불러일으키지만, 다양한 일회성 실수와 실패를 거울삼아 분석하고 교훈을 삼는다면 커다란 도약이 될 수 있다.

인간은 누구나 실수를 하고 실패를 한다. 그것을 극복하느냐 극복하지 못하느냐의 차이는 어떻게 그 어려움을 긍정적 에너지로 전환시키느냐에 달려 있다. 어느 예능 프로그램에서 개그맨 강호동은 "인생에는 성공과 또 한 가지가 있다."라고 동료 개그우먼 조혜련에게 말하자 그녀는 대뜸 "실패?"냐고 물었다. 그러자 그는 "인생에는 성공과 그 과정이 있을 뿐이다."라고 말했다. 미국의 영화배우이자 감독인 우디 앨런(Woody Allen)은 "한 번도 실패하지 않는다는 것은 새로운 일을 전혀 시도하지 않았다."라는 말이라고 했다. 성공한 사람들의 이면에는 실패의 연속과 반복된 실수가 있었지만 용기를 내어 새로운 시도를 하였다는 점을 우리는 가슴 깊이 기억해야 한다.

성공한 사람들을 보면 역경과 실패를 겪었기 때문에, 그리고 긍정적 태도로 극복하였기 때문에 도리어 더 위대한 업적을 남길 수 있었다. 시행착오인 실수와 실패는 도리어 발전을 위한 밑거름이 된다. 젊은 시기에 아무것도 시도하지 않은 사람보다는 다양한 실수와 실패를 맛본 사람들이 보다 크게 성공하기 마련이다. 개인적으로 자기 긍정성을 습관화하는 것이 중요하지만, 거기에 그치는 것이 아니라 자기 반성 후 재설계를 할 줄 알아야 한다.

혼다 모터스의 설립자 혼다 소이치로(本田宗一郞)는 "많은 사람들은 성공을 꿈꾼다. 나에게 성공이란 계속되는 실패와 자기 반성을 통해 얻어진다."라고 말했다. 어렸을 때 실수와 실패를 경험해 보지 못한 우리나라의 젊은이들이 직장에 들어가 이런저런 실수를 남발해 조직에 치명적인 실패를 안겨 준다면 어느 상사와 조직이 좋아하겠는가? 성인이 되어서의 실패는 충분한 자기 성찰과 반성, 분석을 바탕으로 조직에 피해를 주지 않도록 최상의 솔루션을 제시할 수 있는 분석 능력이 요구된다.

휠라 본사 인수에 이어 골프용품 업체인 아큐시네트를 인수한 윤윤수 회장은 자신의 살아온 이야기의 절반 이상이 실패담이라면서 다음과 같이 말했다. "내 성공의 자산은 경험, 특히 실패의 경험이다. 실패의 경험이 재산이다. 실패의 경험은 내 근성을 키웠고, 창의적 아이디어는 실패 속에서 나왔다." 그가 성공이라는 단어를 좋아하지 않는 이유는 인생이란 한순간에 멈추어지는 것이 아닌 삶의 연속이며, 고정된 개념이 아니기 때문이다. 그보다 자신에게 주어진 기회를 잡는 것, 그리고 짜릿한 성취감을 맛보는 것이 더 중요하다고 강조했다(『포브스코리아』, 2011. 8).

21세기 경쟁 사회에서 살아남기 위해서는 창의적 인재가 필요하다고 한다. 우리나라의 기업도 초특급 인재를 육성해야 한다고 강조한다. 창의적이고 도전적인 인재는 새로운 시행착오를 두려워해서는 안 된다.

창의적이고 도전적인 인재를 원하는 사회는 시행착오적인 다양한 일회성 실수와 실패에 너그러워야 한다.

기업에서 직원의 무책임과 무계획성에서 나온 실수와 실패에는 엄격해도 도전 정신으로 무장된 새로운 일에 대한 시행착오에는 너그럽기를 희망한다. 당장의 손실이 있을 수는 있어도 장기적으로는 편안함에 머무르는 구성원보다는 새롭게 도전하고 시행착오를 하는 직원이 창의적인 인재이기 때문이다. 어느 정도의 실패는 자연스러운 것으로 용인하고, 같은 실패가 반복되지 않도록 직원들이 적극적으로 일을 할 수 있는 기업문화 환경을 조성하는 것이 중요하다.

에이미 에드먼슨(Amy C. Edmondson) 하버드 경영대학원 교수는 최근 『하버드 비즈니스 리뷰』 기고를 통해 "효율성을 강조하는 과거의 권위적 조직과 혁신에 중점을 둔 최근의 학습 조직의 결정적인 차이는 바로 실패에 대한 태도의 차이에 있다."라고 지적했다. 생산적 실수와 창의적 실패에 너그러운 긍정적 마인드가 개인과 조직을 발전시킨다. 가정과 사회에서 개인의 실수와 실패에 처벌하기보다는 그 속에서 무엇을 배웠는가를 깨닫게 하는 문화가 절실한 시점이 아닌가 생각한다.

펜실베이니아 대학에서 강연과 저술 활동을 하던 스콧 니어링(Scott Nearing) 박사는 부인 헬렌과 보다 조화로운 삶을 실천하기 위해 버몬트의 조그마한 시골 마을로 들어간다. 그곳에서 문명화되지 않은 소박하고 전원적인 삶 속에서 인생의 가치와 삶의 행복을 추구하고, 지혜로운 삶을 통해 사회가 두루 잘살고자 하는 가치관을 가지고 살았다. 그는 "인생은 그 자신의 길을 따라가면서 거기에서 통행료를 내는 것이다. 통행료를 내는 데 인색하지 말라."고 말했다.

인생을 살아가면서 대부분의 사람들이 우여곡절(迂餘曲折)을 겪는다. 그리고 그 시련과 어려움은 모두 다르게 마련이다. 넘어지고 좌절할 때마다 인생이라는 긴 도로에 시금 통행료를 내고 있다고 긍정적 태도를 취한다면, 그리고 통행료를 많이 지불함을 불평하지 않고, 그 통행료의 의미를 반추하고 새로이 다르게 시도하고 도전한다면 당신은 리더의 자격을 충분히 갖춘 자다.

시냇물이 흘러 강물이 되고 다시 바다로 들어가 거대한 파도가 되듯이 하루의 수고와 노력이 내일을 만들고 올해의 실패가 내년을 기약한다. 중요한 것은 시도하는 일이며 지속적으로 노력하는 일이다. 내 자신의 재능과 잠재력을 알고도 노력하지 않는다면 내 자신에게 미안한 일이다.

브라이언 트레이시(Brian Tracy)는 "신은 당신에게 선물을 줄 때마다, 그 선물을 문제라는 포장지로 싸서 보낸다."란 말을 했다. 문제라는 포장지를 뜯고, 그 안의 선물을 얻기 위해서는 어려움을 극복해야 한다는 것이다. 그리고 그 일을 극복할 때 신은 우리에게 값진 선물을 보여 준다. 우리의 인생은 모두 다양한 포장지에 쌓인 선물이다. 진정한 인생의 승리를 맛보고 싶다면 그 문제에 싸여 있는 신의 선물에 감사하라! 자기 브랜드를 만드는 일은 자기 극복을 통한 성취이며, 그 성취에 대한 감사를 타인과 사회를 위해 베푸는 일이다. 그 일을 해내는 사람은 바로 자기 자신이다.

나는 내 인생의 '리더'다

셀프리더십이란 행동과학이다

TV드라마가 교육적으로 유익하다고 생각하는 몇 개의 작품이 있다. 그 중의 하나가 〈미생〉이다. 취업하기 전 모두들 이 드라마를 다시 한 번 보면 좋겠다. 직장은 학교와 다르고, 나의 학업 성적이 사회에서 요구하는 업무 성과와 많이 다르다. 드라마의 명언대로 "길은 모두에게 열려 있지만 모두가 그 길을 가질 수 있는 것은 아니다."

나의 KISMET 이론에 따라 〈미생〉의 명언을 대입해 보았다.

K-"뭔가 하고 싶다면 일단 너만 생각해. 모두를 만족시키는 선택은 없다."

I-"나의 노력은 질이 다르다."

S-"남에게 보이는 것은 상관없다. 화려하진 않지만 필요한 일을 하는 게 중요하다."

M-"체력이 약하면 빨리 편안함을 찾게 되고 그러면 인내심이 떨어진다. 이기고 싶다면 네 고민을 충분히 견뎌 줄 몸을 만들어. 정신력은 체력 없이는 구호밖에 안 돼."

E-"성취동기가 강한 사람은 토네이도 같아서 주변을 힘들게 하거나 피해를 준다. 하지만 그 중심은 고요하다. 중심을 차지해."

T-"인생은 반복, 반복에 지치지 않는 자가 성취한다."

각 챕터마다 수강생들의 성찰글을 싣기로 결정하고 그들의 허락을 받기 위해 며칠 날을 잡아 전화를 돌리기 시작했다. 덕분에 학생들의 근황을 알게 된 데다가 좋은 소식도 전해 들었으니 나로서는 여간 반가운 일이 아니었다.

"갭분석 보고서대로 방학 동안 하나하나 실천했더니 정말 원하는 결과를 얻었어요. 교수님께 정말 감사드려요."

나는 자신의 갭분석 보고서대로 실천하고 있는 수강생들이 얼마나 자랑스러운지 모른다. 20대에 비전을 가슴에 품고 자신의 가치철학을 바탕으로 인생 목표를 수립했다면, 힘든 시작의 반을 한 셈이다.

내가 생각하는 청춘은 젊음의 나이가 아니라 마음의 나이다. 세상이 급속하게 변화해도 가슴에 품은 꿈과 비전은 퇴색되지 않기를 바라며, 세상에 대한 호기심과 탐구정신으로 젊음의 열정만은 간직하길 바란다. 자기 자신을 세상이 정한 울타리에 가두지 않기를 바란다. 여러분은 자신이 생각하는 것보다 훨씬 더 뛰어난 잠재력을 가지고 있다. 그것을 끄집어내는 사람은 바로 자기 자신이다.

자신의 무한한 가능성을 찾아 자신만의 고유한 브랜드를 갖추기를 응원하면서 ⋯.

Question

- 자신을 부정적으로 만드는 심리적, 인적, 환경적 요인은 무엇인가?
- 긍정적 사고와 태도를 유지시키는 방법은 무엇인가?
- 몰입을 경험한 적이 있다면 어떠한 상황에서 보다 강력한가?

Activity

- 자신을 브랜드 리더로 성장시킬 목표에 도달하기 위해 필요한 지식과 정보, 동기부여, 환경적 방해 요소에 따른 문제를 어떻게 해결할 것인가에 대한 갭 분석 보고서 작성(지식+동기+환경적 문제와 해결책)하기.

Reflection

- 자신이 열정적으로 일에 임했을 때가 언제인지 그리고 그 일이 무엇이었는 지 생각해 보기.
- 실패의 경험이 있다면 그것을 어떻게 극복하고 어떠한 교훈을 얻었는지 생 각해 보기.
- 자신은 KISMET 중 가장 어려움을 느끼는 부분은 어떠한 것이며, 그 원인과 해결책 찾아보기.

열정-지역아동센터를 방문하며

서승현(2017년 수강생)

대하생이 되면 다양한 경험을 해 보리라 다짐한 만큼 매헤 학기 중이나 방학 때에도 다양한 대외 활동을 알아봤었다. 학교동아리가 아닌 다른 학교와 전공의 대학생들을 만나 소통하고, 관심 있는 주제를 가지고 친구들과 밤샘을 하면서 공모전을 준비하고, 몇 번의 불합격 끝에 자격증 시험에 합격하기도 했다. 다양한 활동을 하면서, 바쁘지만 활동 내내 늘 새로운 것을 배울 수 있었고, 사람들과 교류하는 것도 즐거웠다. 그러나 이러한 활동 대부분도 사실 대한민국을 살아가는 대학생으로서 이른바 스펙 쌓기의 압박에서 시작한 경우가 대부분이었고, 정말로 본인이 원해서라기보다는 맡은 일에 대한 의무와 책임감을 먼저 의식하곤 했다. 그럼에도 불구하고 대학 생활을 통틀어 내가 열정적이었을 때를 생각해 본다면, 어김없이 떠오르는 것이 3학년 때 했던 다양한 교육 봉사활동이다.

어떤 일을 열정적으로 한다는 것은 그 일에 몰입되어 있다는 것이며, 이러한 몰입은 사실 본인이 좋아하지 않는 일이거나 강제적으로 하는 일에서는 찾기 힘들다. 그런 의미에서 나는 교육봉사 활동 자체를 진심으로 즐기고 좋아했다. 개인적으로 나는 아이들의 연령에 상관없이 정말 좋아한다. 단순히 TV에 나오거나 거리를 지나다 보게 되는 아이들을 눈으로 이뻐하는 것이 아니라, 실제 아이들과 몸으로 부딪히면서 어울려 함께 하는 것을 좋아한다. 주변 친구들에게 내 정신연령이 또래보다 낮아 보인다는 말을 자주 듣는데, 실은 나는 이것을 아이들 눈높이에 맞춰 그들과 더 거리낌없이 소통할 수 있는 나만의 장점이라고 생각한다. 명절에는 어린 사촌과 육촌들을 통솔하는 편이고, 베이비시터 일을 하던 어머니의 일도 어릴 때부터 옆에서 열심히 보고 도와드리기도 했다.

대학생이 되어서도 이런 성향은 크게 바뀌지 않아서, 처음에는 스펙 쌓기의 일환으로 시작한 다양한 교육봉사 활동도 다른 어느 활동보다 더 열정적으로 임했던 것 같다. 짧게는 하루에서 길게는 1년 가까이 다양한 교육봉사 활동을 했는데, 맡은 아이들의 연령은 달랐지만 모두 최선을 다해 지도했다. 경제학과의 전공을 살려서 초, 중학생들을 대상으로 기초적인 경제 지식을 알려주고 그와 관련된 활동들을 간접적으로 체험할 수 있는 게임을 같이 하기도 했으며, 크리스마스 때는 일일 산타로 분장해서 지역아동센터 아이들에게 선물을 나눠주고 게임도 같이 했다. 그 해 여름 방학 때는 세종시의 초등학교를 찾아가 3박4일간 과학 캠프에서 일일 선생님으로 아이들과 함께 투석기를 만들면서 지레의 원리를 가르치기도 했다.

또한 바쁜 학기 중에도 집 근처의 지역아동센터를 방문하여 중·고등학생들을 대상으로 영어나 수학을 가르쳤는데, 시험 기간에도 학생들과 만나는 시간을 지켰고, 일부러 교육학개론 수업을 들으면서까지 학생들과 소통하는 여러 가지 방법들을 실천해 보기도 했다. 교육봉사 기간이 끝났지만, 아직도 그때 만난 학생들과 가끔 연락을 주고 받고 있다. 내게 진로와 학교생활에 관해 진지한 고민 상담을 하면 기꺼이 들어준다.

실패-CPA 불합격 이후 '자기 브랜드 리더십' 수업을 들으면서

최동규(2015년 수강생)

대학교에 입학하기 전 학생들은 기존의 교육체계대로 입시 관문들을 통과해야만 한다. 그것은 선택이 아니라 의무이다. 따라서 나는 대학입시의 실패를 진정한 의미의 실패라고 생각하지 않는다. 각자가 스스로의 도전을 선택하고, 그 결과를 달성하지 못할 때 느끼는 감정이 진정한 의미의 실패라고 생각하기 때문이다.

나는 CPA를 선택했고, 1차 시험에 2번이나 떨어졌다. 열심히 노력한 만큼 탈락을 받아들이기가 힘들었다. 사람들을 만나는 것도 싫었고, 열등감에 빠져 그 무엇에도 도전할 생각도 갖지 못했었다.

시간이 모든 것을 해결해 주지는 않았다. 아픔을 잊기 위해서는 수없이 많은 노력을 해야 하는 것이다. 시험에 불합격한 이후 3개월 정도의 시간이 흘렀고, 나는 실패의 감정을 완전히 떨쳐낸 상태가 되었다. 나의 죽마고우 권준진이라는 친구가 소개해 준 '자기 브랜드 리더십' 강의가 큰 도움이 됐다.

한국의 교육체계 속에서 나름 명문대를 다닌다는 26살 학생이 체계적으로 자기 자신과 비전에 대해 생각해 본 적이 없는 것이 현실이었다. 자기 브랜드 리더십을 통해 자아 성찰의 시간을 갖고 보니, CPA라는 시험이 실패의 문제가 아니라 내 인생에서 하나의 과정으로 받아들여야 하는 부분인지, 스스로를 잘못 파악하고 선택한 도전이었는지 분명하게 알 수 있었다.

나의 성향과 적성을 고려했을 때, 세상에 도움을 주고 싶은 세무/금융 전문가가 되겠다는 비전을 세울 수 있었다. 따라서 CPA는 이 분야의 공부를 위한 필수적인 과정이고, 내 비전을 향한 밑거름이 될 것이다. CPA 공부를 위한 시간들은 결코 잘못된 시간이라고 정의내릴 수 없는, 소중한 시기였다고 생각한다.

실패를 극복하기 위해서는 남과 비교하는 것이 아니라, 자아 성찰의 시간을 가져야 한다. 우리는 지나칠 정도로 다른 사람의 성공과 시선을 의식하며 살아간다. 하지만 중요한 것은 자신의 비전과 미션을 잘 설정하고, 충실히 실행하며 전진하는 것이다. 즉, 인생은 속도가 아니라 방향인 것이다. 그리고 우리는 1년, 2년에 집착하여 조바심을 내지 말아야 할 것을 명심해야 한다.

또한 실패를 받아들이고, 회복하는 과정에서 절대 환경을 탓하지 말아야 한다. 모든 것을 직면하고자 할 때 더욱 긍정적인 사고와 태도를 형성할 수 있다. 혹은 자신에게 주어진 환경적인 문제점을 핸디캡으로 생각하는 것도 좋다. 누구에게나 하나씩의 핸디캡은 있기 마련이고, 나의 경우에는 경제적인 것이다. 흔히 극복할 수 있을 정도의 시련만 주어진다고 한다. 우리는 외부적인 시련을 넘어설 수 있다는 긍정적이고 강한 믿음의 자세가 필요하다.

최근 82학번 경제학과 황대하 선배님으로부터 장학금을 받을 수 있는 기회가 있었다. 나를 포함하여 장학금을 받은 10명 내외의 학생들은 선배님과 저녁식사 시간을 가졌다. 질문을 할 기회가 있었고 나는 동문 장학금을 주게 된 계기가 무엇인지 묻게 되었다. 그 분께서는 자신의 학창시절 행정고시나 CPA 등에 도전하고 싶었는데, 가정 형편상 그럴 수 없었던 것이 성공한 지금까지도 마음에 남아서 장학금을 지원하게 되었다고 말씀하셨다.

후회없이 도전하고 실패한 사람보다도 더 가슴 아픈 분들은 바로 도전자체를 포기해야만 했던 사람들일 것이다. 도전하는 사람들이 명심해야 하는 것은 바로 실패에 대한 두려움이 아니라, 도전할 수 있는 현재의 상황에 감사하는 마음임을 깨달았다.

어려운 상황에 부딪혔을 때는 항상 '그럼에도 불구하고'라는 말을 뒤에 붙여본다. 그러다 보면 마음 속에 긍정의 에너지가 솟아 넘치는 것을 느낄 수 있다. '나는 가정 형편이 좋지 않아.' 보다는 '나는 가정형편이 좋지 않아. 그럼에도 불구하고!'라고 말하는 것이 훨씬 나와 어울리는 방법인 것 같다. 그리고 실패라는 단어로 규정짓는 것을 최대한 멀리하는 것이 좋다.

우리는 단지 성공을 향한 시련의 과정에 있을 뿐이지, 결코 실패한 것이 아니다.

KISMET ACTION PLAN

K : 재능, 지식, 기술

I : 가치철학과 대인관계 철학

S : 비전과 목표설정

M : 건강, 스트레스, 인맥관리 방법

E : 동기부여 방법

T : 긍정과 열정의 '나' 훈련법

KISMET : 내가 하고 싶은 일

Gap Analysis

본인의 가치철학

본인의 리더십(대인관계철학)

본인의 비전 (10~20년 후) : 자신의 40세 즈음

미션

5~10년 목표 :

Knowledge Cause

Motivation

Culture

Knowledge Solution

Motivation

Culture

구체적인 2개월(방학)~1년 목표:

Knowledge Cause

Motivation

Culture

Knowledge Solution

Motivation

Culture

Evaluation plan

비전과 미션을 위한 갭 연구

Knowledge, Motivation, Culture를 통한 목표설정 연구

서강대 경영학과 장현호(2011년 수강생)

(현재 B자산운용사 과장)

서론

지금 내게 주어진 것은 오늘뿐 내일을 오늘로 앞당겨 쓸 수도, 지나간 어제를 끌어다 부활시킬 수도 없기 때문에, 지금 이 순간에 몰입하라고 말한다. 바로 지금 이 순간(The Present)이야말로 세상이 당신에게 주는 가장 소중한 선물(The Present)이라는 교훈이다(『선물』, 스펜서 존슨, 2003).

많은 사람들이 자신의 삶의 방향성은 어디를 향해야 하는지, 나는 지금 어디에 있는지를 치열하게 고민하면서도 정작 삶의 방식을 달리하고 있지 않다. 내 자신도 누구보다 열심히 살아왔다고 자부했으나 보다 구체적으로 목적이 있는 삶, 목적이 이끄는 삶 그리고 열정이 있는 삶에 대해서 생각해 보고 싶었다. 더불어 내 자신에게도 나와 맞는 길을 누구보다 꾸준히 가고 있다는 확신을 주고 싶었으며, 더 나은 내가 되기 위해 나 스스로를 어떻게 이끌어야 하는지에 대한 답을 구하고 싶었다. 그래서 이번 학기 '자기 브랜드 리더십' 과목을 수강하게 되었다.

일반적으로 '리더십 교육'은 타인과의 관계에서 동기부여와 의사소통을 그 주된 내용으로 생각하기 쉽다. 하지만 자기 리더십의 출발점인 '비전 설정'은 타인간의 관계에서 출발하는 것이 아니라, 나 자신에 대한 이해를 전제로 한 자신의 가치철학의 수립에서 시작한다. 따라서 본 갭 연구는

1) '내가 누구인가'를 과거와 현재를 통해서 이해하고
2) 타인이나 환경에 의해 포기할 수 없는 나의 가치는 무엇인지 규정한 후
3) 위 과정을 통해서 정립된 비전을 이루기 위한 미션과 세부전략 수립의 과정을 거쳐 이루어질 것이다.

나는 내 인생의 '리더'다

나는 어떤 사람인가-성장 과정 조명을 통한 나의 문화 이해

Bolmen and Deal's leadership frameworks에 따른 리더십 분석결과는 합리성, 분석, 논리, 사실과 데이터 강조 등에 적합한 구조화 리더십의 점수가 가장 높았다. 실제로 현재 내가 희망하고 있는 진로인 애널리스트가 수행하는 일의 성격도 이와 유사하며, 공모전 등 타인과 함께 업무를 수행할 때도 논리와 분석력에서 가장 큰 비교우위를 가졌다. 세부 결과는 다음과 같다.

구분	Structural	Human Resource	Political	Symbolic
점수	21점	18점	15점	6점

이를 좀 더 구체적으로 뒷받침하고, 향후 미션 설정과 뒷부분에 대한 내용의 이해를 돕기 위해 중학교, 고등학교, 대학 진학 이후의 각각 중요했던 성장과정을 간략히 제시함으로써, 나를 제 3자의 시각에서 객관적으로 성찰할 수 있는 기회를 갖고자 한다.

1) 중학교-하고자 하는 일의 '핵심가치'는 무엇인가.

중학교 때 나는 학교 합창단 활동 및 학교 농구부 활동을 하였다. 이러한 활동을 통해 합창단의 핵심은 '노래 잘하는 개인'이 아닌 평범한 사람들이 만들어 내는 '하모니'임을, 농구팀의 핵심은 '골을 잘 넣는 선수'가 아닌 서로의 마음을 읽어 줄 수 있는 '유기적인 연계 플레이'라는 것을 깨달을 수 있었다.

2) 고등학교-자기가 이끄는 삶. '가슴 뛰는 일을 체계적으로 하자'

나는 고등학교 진학 후 공부를 통해서 이루고자 하는 가치가 무엇인지 생각했다. 그 가치를 이루기 위해서는 30년 후 20년 후 10년 후 난 무엇을 해야 하며, 그것을 행동으로 옮기기 위해서 무엇을 준비해야 하는지 등을 일주일 내내 정리했다. 이때 내 자신에 대한 확신과 믿음 그리고 가슴 뛰는 일을 하기 위한 준비과정이 얼마나 중요한지 깨달을 수 있었다.

3) 대학교 진학 후~현재 – 타인에게 신뢰를 줄 수 있는 나만의 장점 극대화

대학교를 경영학과로 진학한 후 나는 금융권에 관심을 가지고 투자 동아리 가입, 각종 명사 특강과 대회 참여 등을 통해 데이터를 구조화하여 논리적으로 제시하는 능력 등 많은 것을 배웠다. 그러나 타인을 움직일 수 있는 비전으로 제시해 이끌 수 있는 능력은 부족했고, 항상 내가 가진 장점보다는 내가 가지지 못한 약점을 어떻게든 채우려고 노력했다.

그러나 『지금 우리에게 필요한 것은』(안철수, 2003)에서는 조직의 영혼, 직업의 영혼이라는 표현을 사용하면서 '핵심가치'의 중요성을 이야기한다. 그런 관점에서 보면 결국 내가 하고자 하는 애널리스트의 핵심가치는 '논리력'이라는 것이다. 그리고 지금 내가 할 일은 내가 가진 장점을 극대화하는 것, 그리고 그 장점이 타인에게 신뢰를 줄 수 있도록 나 자신을 개발하는 것이라는 생각이 들었다.

가치철학과 브랜드 리더십

나의 성장배경을 통해 정립된 나만의 가치 철학은 절제, 긍정, 발전 지향성으로 정리된다. 이를 좀 더 구체화하면 자기 자신과의 약속을 지킬 줄 아는 사람, 타인이 준 긍정의 가치를 타인에게 전달할 수 있는 능력과 여유를 가진

사람, 날로 발전하는 인재로의 성장이다. 각 가치 철학에 대한 세부 내용은
다음과 같다.

1) 절제 – 자기자신과의 약속을 지킬 줄 아는 사람

- 자존감 : 나는 돈보다는 내가 정한 원칙을 따르는 삶을 살겠다.
- 건강 : 비전 달성을 위해 술을 절제하고 금연하며 건강관리에 힘쓰겠다.
- 자기신뢰 : 나를 돌아봤을 때 부끄러운 결정은 하지 않겠다.

금융권에서 많은 정보를 보고 분석하는 일을 하고자 하는 나는 타인 혹은
사회의 유혹에 흔들리지 않고 원칙을 따르는 삶을 사는 것이 중요하다고 생
각한다. 이를 통해서 내가 나를 신뢰할 수 있다고, 그러니 나를 믿어도 된다
고 당당히 이야기 할 수 있는 사람이 되고자 한다.

2) 긍정 – 타인이 나에게 준 긍정의 가치를 나누는 능력과 여유를 가진 사람

- 나는 '이래서 안 돼.'라는 말보다 '이렇게 하면 할 수 있다.'고 말하겠다.

『폰더 씨의 위대한 하루』에서 폰더 씨는 실직, 가족의 중병까지 겹쳐 인생
의 절망의 끝에 서게 된다. 하지만 가상의 현실에서 '긍정의 스승' 안네는 이
렇게 말한다. '오늘 나는 행복한 사람이 되기를 선택하겠다'(앤드루스, 2003) 많은
사람들이 본인이 조절할 수 없는 상황에 대해서 '이래서 안 돼.'라는 생각을
가지고 임한다. 스탠포드 대학교 졸업식에서 '오늘의 내 선택이 미래의 나와
어떤 식으로든 이어질 수 있다.'는 가능성을 열어 두라는 애플의 CEO 스티브
잡스(2005)의 말처럼 지금 이 순간 긍정을 선택하는 것은 나의 비전 달성을 위
한 최고의 선택일 것이다.

3) 발전 지향성 – 역하인리히 법칙(300개의 성공의 씨앗을 뿌려라)

 -나는 끊임없이 공부하는 자세를 견지한다.
 -성장을 위한 위험감수(risk-taking)의 시대에서 위험관리(management)의 시대
  로의 전환을 준비한다.

안철수(2004)는 『지금 우리에게 필요한 것은』에서 소득 2만 불 이상의 시대에서는 위험 감수가 아닌 위험관리의 사회가 되어야 한다고 한다. 나는 금융시장의 첨병으로서 경제의 성장과 시장의 안정 사이의 균형을 도모하며, 이를 위해 최신 투자기법과 시장 정보에 대해 지속적으로 공부하는 자세를 견지한다. 나는 이러한 나만의 가치철학을 바탕으로 나만의 브랜드를 신뢰, 배려, 그리고 시너지로 삼았다. 세부적인 내용은 다음과 같다.

① 신뢰

절제를 통해서 도덕적, 윤리적으로 한 인간으로서 타인에게 신뢰를 줄 수 있는 장현호, 날로 발전하기 위해 노력하고 결과를 내면서 전문가로서 타인에게 신뢰를 줄 수 있는 장현호가 되는 것이다.

② 배려

나의 절제라는 가치철학 저변에는 자존감이 있음을 항상 잊지 않고, 이를 통해서 타인의 자존감도 존중해 줄 수 있는 성숙한 장현호가 되는 것이다.

③ 시너지

소득과 교육 수준이 높아지면서, 사람들의 '존중과 관계에 대한

갈망'은 점차 커져 가고 있다. 이는 책임 있는 리더십은 임파워먼트 (empowerment)로 완성된다는 워렌 베니스의 주장과 일맥상통하는 부분이 다(Warren Bennis, 2008). 나의 브랜드 '배려'가 동기부여로 이어지고, 동기부여 는 성과로 이어질 수 있는 역량을 갖춘 장현호가 되는 것이다.

비전, 미션 및 중·단기 목표 설정

비전(방향점) : 시장엔 신뢰를 주는 금융전문가, 세상엔 행복을 전하는 사회 구성원

Slogan: "Be the T(Trust) · O(Optimism) · P(Passion) Analyst in Asia"

미션(자기경영전략)

1) 기본을 중시하는 마음을 가지자.

2) 동기부여와 구조화를 통한 청사진 세우자.

3) 숫자를 가지고 타인을 설득하는 논리력 배양하자.

지금부터 10년 후 목표는 내가 하고자 하는 분야의 지식과 노하우를 집대 성한 책을 출간하여, 이 분야를 준비하고자 하는 학생들이 이론과 실무적으 로 어떻게 준비해야 하는지에 대한 도움을 주는 것이다. 이러한 저술 활동을 바탕으로 20년 후에는 모교인 서강대학교에 강의를 나가서, 모교가 금융분 야 최고의 경쟁력을 갖추는 인재를 배출하는 데 기여하겠다. 이러한 비전과 미션, 장기목표를 바탕으로 현재 나의 상황을 파악하고, 이를 바탕으로 단기,

2년, 5년 목표를 설정하였다.

구분		현재	단기(2~12개월)	향후 2년 목표	향후 5년 목표
전문성	지식	매일 경제신문 매주 이코노미스트 매월 투자서적 1권	엑셀을 이용한 통계분석 공부 외국 투자서적 공부	Bloomberg 활용/Search 능력 극대화	
	자격증	CFA lv.1 Pass 투자자산운용사 금융3종	CFA lv.2 Pass AFPK+CFP취득	FRM(2013) CAIA lv.1(2013)	CFA holder CAIA (2018) 대안투자전문가
	경험	리서치대회 참가/ 수상 각종세미나 참가	리서치센터 RA 자산운용회사 인턴	참여 가능한 각종 컨퍼런스 및 세미나 참석	
외국어	영어	TOEFL : 95점	토익스피킹 7급 미국 교환학생	원어민 회화반 지속 수강 영문 report 활용한 영어 학습	
	중국어	중국어 회화 초중급 수준	신 HSK 4급(2011)	신 HSK 5급(2012) 비즈니스 중국어 학습 시작	원어민 회화반 지속 수강

중기 및 단기 목표 달성을 위한 갭 분석

중기 목표 (향후 2년 이내)

1. 목표 : 블룸버그 등 Data Source Pool 활용으로 포트폴리오 관리 등 응용

구분	현재	단기(2~12개월)
지식, 정보, 기술	블룸버그 활용능력 부족	블룸버그와 연계된 UIC를 통해 각 종 교육과 컨퍼런스 참여
동기부여	의지는 있으나 블룸버그 등 활용 기 회가 없다는 핑계로 점차 포기	블룸버그를 활용하고 있는 연대 등 과의 교류 통해 자기반성 지속
환경	Data pool 단말기 구축된 곳 없음	실질적으로 단말기 대여는 불가능 하므로, 현재 갖춰져 있는 연합인포 맥스 등 활용 노력 지속 입사 후 블룸버그 등 적극 활용

2. 목표 : 대안투자, 리스크 관련 전문 지식 갖추기 – 중기 커리어 관리

구분	현재	단기(2~12개월)
지식, 정보, 기술	현재 일반운용 전문인력과 CFA 등 운용 및 리서치 관련 자격증만 취득	지금 하고 있는 매월 투자서적 읽기 관련하여 주제를 이 쪽으로 넓히기 향후에는 CAIA, FRM 응시
동기부여	연이은 자격증 취득이 실제적으로 취업에 도움이 안 된다는 이야기를 듣고 매너리즘에 빠진 상태	취업의 문제만 보지 말고, 현업에 계신 분들과 대화하는 기회를 가져서 동기부여 받기
환경	학생 수준에서 비싼 응시료 (120만 원 수준)	입사 후 자기계발비 통장을 별도로 만들어서 응시료를 모은다.

단기목표 (향후 6개월 이내)

1. 목표 : 엑셀을 이용한 통계 분석 개념잡기 – 직무 기본

구분	현재	단기(2~12개월)
지식, 정보, 기술	실무적으로 필요한 함수와 통계적 응용이 부족한 상태	『엑셀을 이용한 통계분석』 책을 이번 방학 때 학습한다.
동기부여	이미 이번 학기 공모전 나가면서 계량분석에 대한 동기부여 받음	
환경	인턴경험 전무	여름 방학 혹은 다음 학기 휴학을 통해 추천 받은 KB 투자증권 R.A 혹은 다른 인턴 경험을 쌓는다.

2. 목표 : OPIC(IH), Toeic Speaking(7급) 등 스피킹 점수 확보 – 리서치센터 요구점수

구분	현재	단기(2~12개월)
지식, 정보, 기술	대략적인 의사소통 가능한 수준이나 수험 영어에 대한 유형 파악 부족 좋지 않은 발음	시험별 유형을 사전에 파악 해외 뉴스를 반복해서 들으면서 반복 교정 노력
동기부여	토플 스피킹 19점 맞은 충격으로 동기부여 충분한 상태	
환경	지속적으로 영어 말하기 할 수 있는 환경 부족	외국인 교환학생과 교류활동 할 수 있는 단체 가입 검토

단기와 중기 목표의 결합 목표

목표 : 중국어를 중급 수준으로 향상시킨다.

구분	현재	단기해결책	중기해결책
지식, 정보, 기술	현재 초급 수준에 머물러 있는 회화수준, 본격적인 수험 중국어에 대한 어휘 및 문법 부족	하세 학원 수상을 통해 수험 중국어 어휘와 문법 집중 학습	비즈니스 중국어 원어민반 수강을 통해 해외 출장 가능한 수준으로 실력 향상
동기부여	반복적인 학습에도 불구하고 정체되어 있는 것 같은 실력	스터디를 조직하여 직접 말해 보는 기회를 가지고, 이를 통해 동기부여가 될 수 있도록 한다. HSK 취득을 통해 성취감을 경험한다.	
환경	전문가의 진단을 받지 못해 일목요연하게 정리되지 못한 학습법	전문가에게 의뢰하여 중국어 공부를 가장 효율적으로 할 수 있는 계획을 세운다.	

평가계획

목표는 측정 가능하여야 하며, 도전적인 단계별 설정을 통해 스스로 동기부여를 받을 수 있어야 한다(Carnegie, 1993). 좀 더 구체적으로 목표는 계속해야만 하는 일, 쌓이면 성과가 보이는 일, 마스터해야 하는 일 세 유형으로 구분될 수 있다. (에츠오, 2008)

각 목표 유형은 각각 예외, 불안, 슬럼프라는 목표 달성을 어렵게 하는 요인이 있다. 나는 실질적인 목표 관리를 위해서는 단순히 매일 할 일을 기록하는 것, 그 일의 중요도를 설정하는 것, 마지막으로 그 일의 수행 여부를 체크하는 것을 넘어서 본인의 목표는 어떠한 유형에 속하는지 목표 달성을 어렵게 하는 요인에 대한 지속적인 모니터링까지 동시에 실시하겠다.

결론

이상의 갭 분석을 통해 시장엔 신뢰를 주는 금융전문가, 세상엔 행복

나는 내 인생의 '리더'다

을 전하는 사회 구성원이라는 비전과 "Be an Best Asia Analyst with T(Trust)·O(Optimism)·P(Passion)"이라는 슬로건을 달성하기 위해 단기/중기/중기 목표를 살펴보고 이에 대한 제약 조건과 해결책을 검토했다.

분석 과정에서 느낀 것은 분석 전 나의 단기 목표가 주로 나의 단점 개선에 초점을 맞췄던 반면, 진정으로 내가 원하는 것을 이루기 위해 체계적으로 수행한 결과 장점을 극대화하는 쪽으로 맞춰져야 한다는 것이었다. 미래 비전은 단숨에 공유되는 것이 아니라 서서히 전파되며, 꾸준한 갱신과 지속적 평가가 필요하다는 말처럼(맥스웰, 2010) 본 연구의 결과물도 지속적으로 평가되고 큰 틀은 유지하는 범위 내에서 세부사항을 수정 및 업그레이드 해 나갈 것이다.

참고문헌

김민주, 『하인리히 법칙』, 토네이도, 2008.
스펜서 존슨, 형선호 역, 『선물』, 랜덤하우스중앙, 2003.
안철수, 『CEO 안철수, 지금 우리에게 필요한 것은』, 김영사, 2004.
앤디 앤드루스, 이종인 역, 『폰더 씨의 위대한 하루』, 세종서적, 2003.
오오하시 에츠오, 이광철 역, 『계속모드』, 다산라이프, 2008.
존 맥스웰, 이애리 역, 『꿈이 나에게 묻는 열 가지 질문』, 미즈니스맵, 2010.
Warren Bennis, 류현 역, 『워렌 베니스의 리더』, 김영사, 2008.

Dale Carnegie, 『The Leader in You』, Pocket Books, 1993.

그대가 인생의 주인공이다

나는 누구인가 그리고 어떤 사람이 될 것인가?

이 세상을 사는 데 가장 중요한 질문입니다.

우리 모두 처음 살아 보는 인생인지라

어느 누구도 그 해답을 알진 못합니다.

우리 자신의 보이는 모습 안에 숨겨진

내면의 본질을 찾기 위해 시간을 보내야 하는 이유입니다.

액자 안에서는 액자 틀이 보이지 않습니다.

자신이 사랑하고 동경하는 일에 주저 말고 매진해 보세요.

내 자신이 무엇을 할 때 행복하고 근사해 보이는지

다양한 시도를 하면서 계속 움직이며 답을 구하세요.

이 일이 모든 것을 보상해 줄 만한 가치가 있는지

잠자고 배고픈 것을 잊을 만큼 몰입되는지

가슴 뛰는 열정의 순간이 언제인지를 기억해 내세요.

더 이상 누군가의 그림자로 살지 마세요.

사람들에게 내가 무얼 잘하는지 물어봐도

내가 누구인지 묻지 말아요.

내 자신의 내면의 소리에 귀를 기울이고
모든 해답은 내 안에 있다는 것을 잊지 마세요.

젊음의 인생에 고난을 두려워하지 마세요.
껍질이 단단해서 망치로 두드려야 깨지는 호두의 묘목은
햇빛을 받지 못하면 금새 죽어 주변의 풀을 바로 제거해 주어야 합니다.
속 안이 텅 빈 오동나무과라서 좀벌레가 생기면 바로 고사해 버리지요.
탄저병에도 동절기 냉해와 건조함에 아주 약하답니다.
이렇게 15년 매 절기를 정성껏 보살펴야지 튼실한 호두가 맺힙니다.

남이 떠다 옮겨 심은 화분이 되어 장식품으로 살기보다
지금 당장 아무도 거들떠보지 않는 야생화일지라도
언젠가 자생으로 꽃과 열매를 맺도록 자신을 여물게 만드세요.
시간이 걸려도 당장 손에 잡히는 대가가 없어도
어제의 수고가 모여 오늘이 되고
오늘의 결과가 내일의 밑거름이 된다는 사실을 기억하세요.

연필과 같은 사람이 되세요.
자신을 계속 깎아 나가며 고통을 이겨 내야
비로소 연필심이 나오는 것처럼
자신을 늘 갈고 닦기 바랍니다.
인생에서 이 길이 아니다 싶으면
절망하지 말고 위에 달린 지우개로 지워 가며

용기 내어 다시 시작해 보세요.

세상에 글을 남기는 것이 연필의 목적인 것처럼

세상에 무엇을 남기는 것이 내 인생의 목적인가 고민해 보세요.

세상이라는 무게에 굴복하지 않고

가슴속 숨겨 둔 그 벅찬 꿈이 이루어지는 그 날을 위해

부딪히고 넘어지고 좌절해도 다시 일어나기에

우리는 그대 이름을 '젊음'이라 부릅니다 ….

개정판 서문

박찬영, 『성공과 행복을 부르는 좋은 습관 50가지』, 리베르, 2005.

Charles Handy, 이종인 역, 『코끼리와 벼룩(The Elephant and the Flea, 2001.)』, 생각의나무, 2001.

Daniel H. Pink, 김명철(기업인) 역, 『새로운 미래가 온다(A Whole New Mind: Why Right-Brainers Will Rule the Future, 2006.)』, 한국경제신문사, 2012.

Diane Mulcahy, 이지민 역, 『긱 이코노미(The Gig Economy, 2016.)』, 더난출판사, 2017.

Marion McGovern, 『Thriving in the gig economy』, careerpress, 2017.

Marion McGovern·Dennis Russel, 이설희·김현숙 그림, 마이구루 0740팀 역, 『구루의 시대가 온다(A New Brand of Expertise, 2001.)』, 마이구루, 2007.

Patrick J. McGinnis, 문수민 역, 『나는 직장에 다니면서 12개의 사업을 시작했다(The 10% Entrepreneur: Live Your Startup Dream Without Quitting Your Day Job, 2016.)』, 비즈니스북스, 2016.

Stephen Nachmanovitch, 이상원 역, 『놀이, 마르지 않는 창조의 샘(Free play : improvisation in life and art, 1991.)』, 에코의서재, 2008.

Stephen M. Pollan·Mark Levine, 조영희 역, 『2막(Second Acts: Creating the Life You Really Want, Building the Career You Truly Desire, 2004.)』, 명진출판사, 2003.

Thomas L. Friedman, 김상철·이윤섭·최정임 역, 『세계는 평평하다(The world is flat, 2005.)』, 창해, 2005.

Tom Peters, 최은수 역, 『리틀 빅 씽(Little Big Things)』, 더난출판사, 2010.

Yuval Noah Harari, 김명주 역, 『호모 데우스(Homo Deus, 2017.)』, 김영사, 2017.

네이버 지식백과
〈매일경제신문〉, 2017. 6. 5.
〈서울신문〉, 2017. 7. 17.
〈전자신문〉, 2015. 6. 4.
〈조선일보〉, 2017. 7. 10.
KBS 〈넥스트 휴먼〉

'The Brand Called You', http : www. fastcompany.com/28905/brand-called-you.

나는 내 인생의 '리더'다

Class 1

김광웅, 『창조! 리더십』, 생각의 나무, 2009.

신완선, 『컬러 리더십』, 더난출판사, 2004.

안철수, 『지금 우리에게 필요한 것은』, 김영사, 2010.

최진, 『대통령 리더십』, 나남출판사, 2008.

Dale Carnegie. 『The leader in you』, Pocket Books., 1993.

Warren Bennis, 류현 역, 『워렌 베니스의 리더(On becoming a leader)』, 김영사, 2008.

〈중앙일보〉, 2010. 12. 28., 2011. 3. 19.

Class 2

임석진 외, 『철학사전』, 중원문화, 2009.

Jeremy Rifkin, 이희재 역, 『소유의 종말(The age of access : The new culture of hypercapitalism, where all of life is a paid-for experience, 2000.)』, 민음사, 2001.

Spencer Johnson, 이영진 역, 『누가 내 치즈를 옮겼을까?(Who moved my cheese, 1998.)』, 진명출판사, 2000.

Thomas L. Friedman, 신동욱 역, 『렉서스와 올리브나무(The lexus and the olive tree, 1999.)』, 창해, 2000.

Thomas S. Kuhn, 김영자 역, 『과학 혁명의 구조(The structure of scientific revolutions, 1962.)』, 까치글방, 2007.

삼성경제연구소.

Class 3

LG 경제연구원, 『2020 새로운 미래가 온다』, 한스미디어, 2010.

Charles Leadbeater, 이순희 역, 『집단 지성이란 무엇인가?(We think: Mass innovation, not mass production, 2008.)』, 21세기북스, 2009.

Jeremy Rifkin, 이경남 역, 『공감의 시대(The empathic civilization)』, 민음사, 2009.

Thomas L. Friedman, 김상철·이윤섭·최정임 역, 『세계는 평평하다(The world is flat, 2005.)』, 창해, 2005.

〈매일경제신문〉, 2010. 6. 18., 2010. 10. 27.

〈삼성경제연구소〉, 세리경영노트, 53호.
〈전자신문〉, 2008. 11. 4.
〈조선일보〉, 2011. 1. 27.
〈중앙일보〉, 2011. 1. 5., 2011. 1. 11., 2011. 1. 17., 2011. 2. 22., 2011. 3. 4.
〈한국일보〉, 2011. 1. 9.
〈YTN 뉴스〉, 2011. 1. 18.

Class 4
강형기, 『논어의 자치학』, 비봉출판사, 2006.
김영수, 『사기』, 김영사, 2007.
니콜로 마키아벨리, 강정인·김경희 공역, 『군주론』, 까치글방, 2008.
막스 베버, 전성우 역, 『직업으로서의 정치』, 나남출판사, 2007.
신완선, 『컬러 리더십』, 더난출판사, 2004.
안상헌, 『명언노트』, 랜덤하우스, 2005.
안철수, 『지금 우리에게 필요한 것은』, 김영사, 2010.
조말수, 『21세기 지도자』, 한국경제신문사, 1999.
최진, 『대통령 리더십』, 나남출판사, 2003.

Daniel Goleman, Richard Boyatzis, & Annie Mckee, 『Primal leadership』, Harvard Business
    School Press, 2002.
John P. Kotter, 신태균 역, 『변화의 리더십(John P. Kotter on What Leaders Really Do, 1999.)』,
    21세기북스, 2003.
Laurie Beth Jones, 송경근·김홍섭 역, 『최고 경영자 예수(Jesus CEO, 1996.)』, 한언출판사,
    2001.
Max D. Pree, 『Leadership is an art』, Doubleday, 2004.
Peter G. Northouse, 『Leadership-theory and practice』, Sage, 2007.
Warren Bennis, 류현 역, 『워렌 베니스의 리더(On becoming a leader, 2003.)』, 김영사, 2008.

〈조선일보〉, 2011. 1. 29.
〈중앙일보〉, 2010. 4. 20.

Class 5
김광수·신명숙·이숙영·임은미·한동숭, 『대학생과 리더십』, 학지사, 2003.
노성일, 『1인치의 혁신』, 북하우스, 2010.

나는 내 인생의 '리더'다

안철수, 『지금 우리에게 필요한 것은』, 김영사, 2010.
이지훈, 『혼·창·통』, 쌤앤파커스, 2010.

Inder Sidhu, 김하락 역, 『투 래빗(Doing Both, 2010.)』, 모멘텀, 2011.

James M. Kouzes & Barry Z. Posner, 『The leadership challenge』, John Wiley & Sons, Inc, 2007.

John P. Kotter, 신태균 역, 『변화의 리더십(John P. Kotter on What Leaders Really Do, 1999.)』,
    21세기북스, 2003.

Kenneth Blanchard & Jesse Stoner, 조천제 역, 『비전으로 가슴을 뛰게 하라(Full Steam Ahead,
    2003.)』, 21세기북스, 2006.

Oren Harari, 『The leadership secrets of Colin Powell』, McGraw-Hill, 2002.

Sam Walton & John Huey, 김미옥 역, 『불황 없는 소비를 창조하라(Sam Walton : Made in
    America, 1993.)』, 21세기북스, 2008.

Thomas J. Sergiovanni, 『Moral leadership: Getting to the heart of school improvement』, Jossey-
    Bass, 1992.

Warren Bennis, 류현 역, 『워렌 베니스의 리더(On becoming a leader, 2003.)』, 김영사, 2008.

Warren Bennis & Burt Nanus, 김원석 역, 『워렌 베니스의 리더와 리더십(Leaders, 2003.)』, 황
    금부엉이, 2005.

〈조선일보〉, 2009. 10. 16., 2011. 1. 29.
〈중앙일보〉, 2011. 4. 16., 2011. 4. 20., 2011. 7. 19.
〈포브스코리아〉, 2010. 12., 2011. 1.

Class 6

김난도, 『아프니까 청춘이다』, 쌤앤파커스, 2010.
박미희, 『아이의 재능에 꿈의 날개를 달아라』, 폴라북스, 2008.

Daniel Goleman, 『Emotional intelligence』, Bantam Books, 1995.

Elliot Aronson, 『The social animal』, Worth Publishers, 2008.

Elizabeth Gilbert, 노진선 역, 『먹고 기도하고 사랑하라(Eat pray love, 2006.)』, 솟을북, 2007.

Howard Gardner, 『Frames of minds』, Basic Books, 1983.

Howard Gardner, 문용린 역, 『열정과 기질(Creating minds, 1993.)』, 북스넛, 2004.

John W. Santrock, 『Life-span development』, McGraw Hill, 2008

Ken Robinson, 승영조 역, 『엘리먼트(The Element, 2009.)』, 승산, 2010.

Marcus Buckingham, 박정숙 역, 『위대한 나의 발견 강점혁명(Now discover your strengths)』

청림출판, 2001.

Maria Shriver, 노혜숙 역,『삶은 항상 새로운 꿈을 꾸게 한다(Just Who will you be, 2008.)』, 라
　　이프맵, 2009.

Michale J. Sandel,『Justice. Farrar』, Straus and Giroux, 2009.

Rolf Potts, 강주헌 역,『떠나고 싶을 때 떠나라(Vegabonding: An uncommon guide to the art
　　of long- term world travel, 2002.)』, 넥서스 Books, 2004.

Steven R. Covey, 김경섭 역,『성공하는 사람들의 7가지 습관(The 7 habits of highly effective
　　people, 1989.)』, 김영사, 2003.

삼성경제연구소, 삼매경.

Class 7

안철수,『지금 우리에게 필요한 것은』, 김영사, 2010.

이지훈,『혼·창·통』, 쌤앤파커스, 2010.

신웅진,『바보처럼 공부하고 천재처럼 꿈꿔라』, 명진출판사, 2007.

조신영·박현찬,『경청』, 위즈덤하우스, 2007.

Anders Ericsson·Robert Pool, 강혜정 역,『1만 시간의 미래가 온다(Peak, 2016)』, 비즈니스북
　　스, 2016.

Dale Carnegie,『The leader in you』Pocket Books, 1993.

Daniel H. Pink, 김명철(기업인) 역,『새로운 미래가 온다(A Whole New Mind: Why Right-
　　Brainers Will Rule the Future, 2006.)』, 한국경제신문사, 2012.

John C. Maxwell, 이애리 역,『꿈이 나에게 묻는 열 가지 질문(Put your dreams to the test: Ten
　　questions to help you see it and seize it, 2009.)』, 비즈니스맵. 2010.

Ken Robinson, 승영조 역,『엘리먼트(The Element, 2009.)』, 승산, 2010.

Maria Shriver, 노혜숙 역,『삶은 항상 새로운 꿈을 꾸게 한다(Just Who will you be, 2008.)』, 라
　　이프맵, 2009.

Max D. Pree,『Leadership is an art』, Doubleday, 2004.

Oren Harari,『The leadership secrets of Colin Powell』, McGraw-Hill, 2002.

Steven R. Covey, 김경섭 역,『성공하는 사람들의 7가지 습관(The 7 Habits of highly effective
　　people, 1989.)』, 김영사, 2003.

Stuart Avery Gold, 유영만 역,『리스타트 핑!(Restart ping, 2009.)』, 웅진윙스, 2010.

〈중앙일보〉, 2011. 6. 11.

나는 내 인생의 '리더'다

〈포브스코리아〉, 2011. 5.

Geoffrey Colvin, What it takes to be great-Secrets of greatness. Retrieved June. 15, 2011. from http://money.cnn.com/magazines/fortune/fortune_archive/ 2006/10/30/8391794/index. htm, 2006.

Class 8

Dale Carnegie, 『The leader in you』 Pocket Books, 1993.

Joe Dispenza, 김재일·윤혜영 역, 『꿈을 이룬 사람들의 뇌(Evolve your brain, 2007.)』, 한언출판사, 2010.

Kenneth Blanchard & Jesse Stoner, 조천제 역, 『비전으로 가슴을 뛰게 하라(Full Steam Ahead, 2003.)』, 21세기북스, 2006.

Les T. Giblin, 김호진 역, 『성공으로 가는 길 : 대화법(Skill with People)』, 새벽이슬, 2011.

Robert B. Dilts, 김광열·전경숙 역, 『비전실현 리더십 스킬(Visionary leadership skills, 1996.)』, 한국생산성본부, 2006.

Stephen M. Pollan & Mark Levine, 조영희 역, 『2막(Second Acts)』, 명진출판사, 2003.

〈중앙일보〉, 2011. 9. 16., 2011. 9. 17.

Class 9

강형기, 『논어의 자치학』, 비봉출판사, 2006.
김영수, 『사기』, 김영사, 2007.
김주환, 『회복탄력성』, 위즈덤하우스, 2011.
이경훈, 『인맥 만들기』, 일터와 사람, 1992.
이지훈, 『혼·창·통』, 샘앤파커스, 2010.
황농문, 『몰입』, 랜덤하우스, 2011.

Clotaire Rapaille, 『The culture code』 Broadway Books, 2006.

Dika, S. L. & Singh, K., 『Applications of social capital in educational literature: A critical synthesis』 Review of Educational Research, 72(1), 31-60, 2002.

Jeanne Ellis Ormrod, 『Educational psychology』 Pearson, 2007.

John C. Maxwell, 김고명 역, 『사람은 무엇으로 성장하는가(The 15 Invaluable Laws of Growth: Live Them and Reach Your Potential, 2012.)』, 비즈니스북스, 2012.

John W. Santrock(2008). Life-span development. McGraw Hill, 2008.

Ken Robinson, 승영조 역, 『엘리먼트(The Element, 2009.)』, 승산, 2010.

Nakano Akira, 고은진 역, 『피터 드러커의 자기계발(Pokketo zukai Peter Drucker no jikojitsugenron ga wakaru hon, 2006.)』, 비즈니스맵, 2010.

Stanton-Salazar, R. D., 「A social capital framework for understanding the socialization of racial minority youth」, Harvard Educational Review, 67(1), 1-40, 1997.

Steven R. Covey, 김경섭 역, 『성공하는 사람들의 7가지 습관(The 7 habits of highly effective people, 1989.)』, 김영사, 2003.

Warren Bennis, 류현 역, 『워렌 베니스의 리더(On becoming a leader, 2003.)』, 김영사, 2008.

〈중앙일보〉, 2011. 6. 22.

Class 10

Jack Stanley, 김정수 역, 『동기부여 시크릿(Motivating and supporting skills for the network marketer, 1995.)』, 도서출판 용안미디어, 2009.

Schunk, D. H., 「Motivation in education」, Pearson, 2008.

Wigfield A. & Eccles J. S., 〈Expectancy-Value theory of achievement motivation〉, Contemporary Educational Psychology, 25, 68~81., 2000.

Zimmerman B. J., 〈Self-efficacy: An essential motive to learn〉, Contemporary Educational Psychology, 25, 82~91., 2000.

Time Jan. 31, 2011. Tiger moms: Is tough parenting really the answer? Retrieved from http://www.time.com/time/magazine/article/0,9171,2043477,00.html #ixzz1SqQC1cKH

Class 11

김민주, 『하인리히법칙』, 토네이도, 2008.

신완선, 『컬러 리더십』, 더난출판사, 2004.

윤석금, 『긍정이 걸작을 만든다』, 리더스북, 2009.

이지성, 『18시간 몰입의 법칙』, 맑은소리, 2009.

이지성, 『스물일곱 이건희처럼』, 다산북스, 2010.

한경희, 『청소 안 하는 여자』, 랜덤하우스코리아, 2005.

황농문, 『몰입』, 랜덤하우스, 2011.

Brian Tracey, 강조헌 역, 『내 인생을 바꾼 스무 살 여행(Success is a journey, 1998.)』, 작가정신,

2002.

Dale Carnegie, The leader in you. Pocket Books, 1993.

Francesco Alberoni, 정선희 역,『실패한 사람의 말 8할이 부정이다(Publico e Privato, 1987.)』 스마트비즈니스, 2010.

Jerry Porras, Stewart Emery, & Mark Rhompaon, 선대인 역,『성공하는 사람들의 포트폴리오 (Success built to last, 2006.)』럭스미디어, 2007.

Joe Dispenza, 김재일·윤혜영 역,『꿈을 이룬 사람들의 뇌(Evolve your brain, 2007.)』한언출 판사, 2010.

John C. Maxwell, 박산호 역,『어떻게 배울 것인가(Sometimes you win, sometimes you learn : life's greatest lessons are gained from our losses, 2013.)』비즈니스북스, 2014.

Martin E. P. Seligman, 김인자·우문식 역,『긍정심리학(Authentic Happiness: Using the New Positive Psychology to Realize Your Potential for Lasting Fulfillment, 2004.)』물푸레, 2014.

Mihaly Csikszentmihaly, 최인수 역,『몰입(Flow: The psychology of optimal experience, 1991.)』 한울림, 2004.

Nakano Akira, 고은진 역,『피터 드러커의 자기계발(Pokketo zukai Peter Drucker no jikojitsugenron ga wakaru hon, 2003.)』비즈니스맵, 2006.

Napoleon Hill, 김정수 역,『꿈꿔라! 인생이 바뀐다(The law of success, 2000.)』중앙경제평론 사, 2009.

Santrock, W. John,『Life-span development』McGraw Hill, 2008.

Victor Frankle, 이시형 역,『죽음의 수용소에서(Man's search for meaning: An introduction to logotherapy)』청아출판사, 2005.

Yann Martel, 공경희 역,『파이 이야기(Life of Pie, 2001.)』작가정신, 2004.

あんどうただお(Ando Tadao), 이진민 역,『안도다다오 일을 만들다(安藤忠雄仕事をつくる : 私の履歴書)』재능교육, 2014.

〈경향신문〉, 2011. 5. 30.
〈동아일보〉, 2002. 12. 20., 2011. 7. 12.
〈여성신문〉, 1140호[특집/기획](2011. 6. 24)
〈중앙일보〉, 2011. 4. 16., 2011. 6. 18., 2011. 8. 2., 2011. 9. 27. 2011. 12. 10.
〈충청일보〉, 2011. 7. 27.
〈포브스코리아〉, 2011. 6., 2011. 8.
〈한국경제〉, 2009. 4. 27.
〈한국능률협회〉, 원격평생교육원 "당신은 이 나이에 무엇을 하셨습니까?"
〈SBS, 생활의 달인〉, 193회.

나는 내 인생의 '리더'다

언터처블 '나'를 만드는 수업

2018년 1월 10일 초판 1쇄 인쇄
2018년 1월 15일 초판 1쇄 발행

지은이   최혜림
펴낸이   박호식
디자인   심정희
펴낸곳   호연글로벌
          서울시 강남구 압구정로 20길 15 금호빌딩 301호

전화번호 02-549-7501
팩스번호 02-549-7431
홈페이지 www.thesageleadership.com

ISBN 979-11-960662-1-5   03320

이 도서의 국립중앙도서관 출판예정도서목록(CIP)은 서지정보유통지원시스템 홈페이지
(http://seoji.nl.go.kr)와 국가자료공동목록시스템(http://www.nl.go.kr/kolisnet)에서 이용하
실 수 있습니다. (CIP제어번호 : CIP2017032444)